한국어, 그 파란의 역사와 생명력

한국어, 그 파란의 역사와 생명력

백낙청 · 임형택 · 정승철 · 최경봉 지음

창비

책을 펴내며

우리는 평소에 한글의 우수성에 대해 수많은 이야기를 듣는다. 심지어 한글이 세상에서 가장 과학적인 문자라고도 한다. 훈민정음의 제자원리나 창제정신을 배울 땐 한국사람으로서 우쭐해지기까지 한다. 이런 자부심이 '내 것이 최고'라는 국수주의로 흐르면 곤란하겠지만 민족의 정신유산을 갈고 닦고 나아가 인류문화의 다양성을 지키는 데 밑거름이 된다면 뜻깊은 일일 것이다. 그런데 한글뿐 아니라 우리말 자체에 대해서는 어떠한가? 우리는 한글만큼 한국어에 대해서도 잘 알고 있을까?

새삼스러운 얘기지만 우리는 1443년 한글 창제 훨씬 이전부터 우리말을 써왔다. 한민족의 반만년 역사와 함께해온 한국어는 유구한 변천을 겪다가 근대에 들어 오늘날과 비슷한 모습을 갖추기 시작했다. 하지만 한반도가 개항과 함께 외부세계로 열리며 받은 충격은 수천년 한자문화권에 머물러온 우리말에도 심대한 영향을 미쳤다. 근대와 더불어 시작된 제국주의 열강의 침입과 식민지배 그리고 이어진 한국전쟁과 분단은 한반도 언중의 말에도 커다란 굴곡을 남겼고

'한국어'와 '조선어'로 분열되었다.

이 책은 『창작과비평』 2020년 여름호 '대화'를 위해 4월 24일 창비 서교빌딩에서 열린 좌담회에서 출발했다. 이 좌담은 문학평론가이자 영문학자인 백낙청 서울대 명예교수가 사회를 맡고, 한문학자 임형택 성균관대 명예교수, 국어학자인 정승철 서울대 국문과 교수와 최경봉 원광대 국문과 교수가 참석했다. '대화'의 제목(「근대 한국어, 그 파란의 역사와 희망찬 오늘」)처럼 근대전환기부터 오늘날까지 한국어가 겪어온 우여곡절의 역사를 살피고, 우리말을 좀더 민주적이고 창의적인 공동의 자산으로 가꿔나가기 위해 무엇을 할지 토론하는 자리로 기획되었다.

이 좌담은 임형택 교수의 제안과 백낙청 교수의 구상이 만나 꼴을 갖춘 셈인데, 각각 고전연구자이자 한문학자로서, 그리고 문학평론가이자 편집자로서 평생을 보낸 두분이기에 우리말에 대한 깊은 관심과 남다른 감각은 충분히 짐작하고도 남는다. 그리고 한층 본격적인 논의를 위해서 국어학 전문가가 필요했다. 그 가운데서도 각각 방언학과 국어사전학을 전공하고 대중적으로도 호평을 받은 저서를 펴낸 정승철 최경봉 두분에게 동참을 부탁드렸다.

이렇듯 다채로운 배경과 식견을 지닌 참석자들 덕분에 지금의 한국어를 여러 면에서 바라볼 수 있게 되었다. 한문 전통의 오랜 영향과 그로부터의 탈피, 일제강점기 민족문화운동과 해방 후 '국어순화운동', 권위주의 정권의 표준어정책, 영어나 일본어 등 다른 언어들과의 비교, 현행 어문규범의 문제점과 남북 간 언어정책의 과제 등을 두루 짚으면서 논쟁을 벌이지만 한국어가 강대국의 위세 속에서도 기적처럼 살아남은 소중한 문화유산이기에 앞으로 우리가 한층 풍요롭고 품격있는 소통수단이자 민주적인 공동영역으로 가꿔나가야 한다는 데는 이의가 없었다.

'대화'를 계간지에 수록할 때는 지면 사정상 전체 원고의 일부밖에 살리지 못했다. 논의의 전체적인 면모를 보여준다는 뜻과 함께 한글과 한국어에 관한 이런 대중적인 토론의 장을 한권의 책으로 남기는 일은 우리 말글살이에 적으나마 기여하는 바가 있을 거라 여기고 단행본으로 구성하게 되었다. 아울러 그간 창비가 지녀온 어문원칙에 대한 문제의식을 드러내 보이고 그에 대한 토론을 해나가자고 제안하는 것도 이 책의 발간 목적 중 하나이다.

무려 7시간이 넘는 좌담이 끝나고도 원고를 정성스레 보완하고 못다한 이야기를 '후기'로 보충해주신 참석자들께 깊은 감사의 인사를 드린다. '대화'의 구성과 진행에 도움을 주신 강경석 평론가와 이를 단행본으로 기획하신 염종선 편집이사, 기초원고를 마련해주신 계간지 편집팀에도 사의를 표한다. 이 책의 편집자도 그런 열의에 값하고자 근대 한국어의 발자취를 좀더 선명하게 보여주는 문헌자료를 찾아 본문과 '부록'을 꾸며보았다. 또다시 찾아온 한글날을 맞이하며 독자 여러분과 함께 우리 말과 글의 활기찬 생명력을 체감할 수 있기를 기원한다.

2020년 10월
창비 인문출판부장 강영규

후기

부록

일러두기
1. 인용한 문헌자료는 원문을 살려 싣되 오늘날 독자의 이해를 돕기 위해 부록9 '인용
   문 현대어 풀이'에 현대의 표기법으로 바꾸어 수록했다.
2. 이해를 돕기 위해 편집자가 덧붙인 내용에는 모두 '〔 〕'를 사용했다.

1장

어떤 한국어인가

대화를 시작하며

백낙청 우선 제가 좌담의 취지에 대해서 말씀드리겠습니다. 오늘 우리 좌담의 가제를 '근대 한국어 그 파란의 역사를 돌아보며 미래를 생각하다'로 잠정적으로 정해봤습니다. 내용의 일부를 『창작과비평』 2020년 여름호에 먼저 발표하고 뒤에 전문을 단행본으로 낼 계획인데, 제목이 그때그때 달라질 수 있겠습니다. 한국어를 주제로 좌담하자는 얘기가 창비 편집위원회에서 나온 지는 오래됐어요. 그때 임형택 선생께서 적극적으로 제의를 하셨고 저도 동조했는데, 이런저런 다른 현안들도 있고 또 개인적으로 바쁜 일도 있어서 이번에야 진행하게 됐습니다. 사실 발의는 임선생이 먼저 하셨지만 오랫동안 저에게는 일종의 숙원사업이었어요. 저도 글을 쓰는 사람으로서 당연히 우리 말과 글에 관심이 많고 편집자로서 창비 나름의 어떤 '하우스 스타일'을 결정하는 데도 관여했지요. 그러나 국어학과는 거리가 먼 사람이고 영문학을 전공했어도 영어학은 별로 안 했거든요.

좌담을 하려는 또다른 이유는, 우리 말과 글살이에 대한 개인적인 저서로 훌륭한 것들이 있겠지만, 제가 과문한 탓인지 몰라도 일반 대중의 관심사를 논의하는 일이 요즘 국어학계에서는 드물지 않은가 합니다. 문학하시는 분들이나 평론가들도 사람마다 차이가 있습니다만 국어에 대해 아는 바가 별로 없거나 관심이 크지 않은 것 같아요. 그냥 책 읽고 글 쓰면 된다, 이런 식으로 대충 지내는 것 같은 생각이 드는데, 어느 언어나 그렇지만 특히 한국어의 경우는 정말 파란만장한 역사를 거쳤기에 좀더 깊은 애정을 가지고 봐줘야 하는 언어라고 생각합니다. 그래서 전문가들을 모시고 한번 의견을 들어봤으면 좋겠다는 생각을 오래 해오던 차에 임선생께서 그런 말씀을 하신 겁니다. 그야말로 울고 싶은데 뺨 때려줬다고 덥석 제의를 수용해서 추진하는 쪽으로 했습니다. 창비 편집위원회에서도 해보자는 결정을 내려줬습니다.

먼저 각자 자기소개를 간단히 해주시고 오늘 좌담의 의의랄까 특별히 하시고 싶은 말씀을 머리발언으로 해주시면 좋겠습니다. 여기 국어학자 두분, 그야말로 전공자 두분이 계시고 임형택 선생께서는 국어학 전공은 아니지만 한국한문학, 동양의 고전한문학, 또 고전문학과 현대문학에 두루 밝으시면서 어문 문제에 깊은 관심을 가져오셨지요. 그래서 세분을 모시고 저 같은 사람이 배우기도 하고, 또 일반인이 잘 모르겠다 싶은 말씀을 하실 때 제가 다시 묻기도 하면 독자들을 위해서 좋은 좌담이 되지 않을까 합니다. 머리발언은 임선생님께서 먼저 해주시죠.

임형택 말씀하신 국어학과의 거리라면 백선생님보다는 제가 조금 더 가깝겠습니다.(웃음) 저는 대학에서 국어국문학과를 들어갔으니 국어학에 대한 기초적인 공부는 했던 셈이죠. 그렇지만 그후 더 전문적으로 공부하기는 어려운 형편이었고 국어학계의 동향에도 관심을 갖지는 못했습니다. 다만 한국의 한문학을 전공으로 하다보니 우리말과 한문의 관계라든가 한문학의 위상을 짚어보기 위해서는 국어와 연관해 생각하게 되고 우리의 어문생활 전체에서 따져봐야 할 대목들이 있었습니다. 자연히 우리 글과 말에 대해 고민도 하고 관련된 글을 몇편 쓰기도 했습니다.

　제가 편집회의에서 우리 국어 문제에 관해서 이런 대화의 자리를 마련했으면 좋겠다고 발언했던 전후 맥락이 지금은 잘 기억나지 않습니다. 다만 창비는 우리 말과 글을 통해 존재의미를 갖는 곳이고, 근래에 우리 문학적 글쓰기가 어떻게 지금과 같은 양상이 됐는지 저로서는 이해나 공감이 안 되는 면이 있어 근원적 반성이 필요하겠다는 생각이 제안의 밑바탕에 있었을 것 같고요. 물고기가 물속에 살면서도 물속에 있는 걸 의식 못하고 살 듯이 사람도 공기나 물처럼 필수적인 언어를 별로 의식하지 못하면서 살지 않나 싶어요. 글을 쓰는 입장에서는 언어에 대해 좀더 자각적인 의식이 필요하지 않을까 싶은데, 창비에서는 이 문제를 아직 한번도 대화형식으로 다뤄본 적은 없었죠? 제가 여기서 무슨 역할을 할 수 있을지 퍽 걱정스럽습니다만 정선생님과 최선생님은 전문 연구자로서 저의 부족한 점을 많이 메꿔주시리라 기대합니다. 그리고 차제에는 이 좌담이 우리말 우리글 쓰기를 근본적으로 성찰하는 기회가 됐으면 합니다.

백낙청 국어국문학과에서 국어학 전공이라는 게 있고, 이를 다시 세부적으로 분류할 때 정선생님은 어디에 들어가십니까? 말하자면 대학원 재학 당시에 원래 하시던 공부는 무엇인지요?

정승철 크게 보면 국어학은 음운 전공과 문법 전공으로 나뉘는데 저는 대학원에서 음운론을 공부했고 그 세부영역 중 방언학을 전공했습니다. 처음에는 언어 내적인 문제에 주로 관심을 가졌다가 표준어 등의 언어규범, 그리고 규범이 만들어지고 보급되는 과정에 대해서도 자연스럽게 관심을 기울이게 되었습니다. 규범을 논의하기 시작하던 개화기부터 실제로 규범들이 생성되던 일제강점기, 그리고 광복 이후에 규범을 보급하는 과정을 살폈습니다. 이 규범화 과정의 공과 과, 득과 실은 어떤 것들이 있을까 하는 문제에 주목하게 되기도 했고요.

이제는 지금껏 우리가 만들어놓은 규범들이 정당한 근거를 갖추고 있었는지, 그리고 나름대로의 역할을 충분히 수행하고 있는지 점검해봐야 할 때가 됐다고 생각합니다. 언어, 특히 문자언어에 가하는 규제들이 개인의 자유로운 언어생활을 제약하는 문제가 발생하고 있어서 그것이 한국어의 발전에 걸림돌이 되지 않나 싶기 때문이죠. 이런 생각을 하던 차에, 마침 이번 좌담에서는 오늘날의 관점에서 지금껏 한국사회에 언어규범이 보급된 과정이 얼마나 타당한지, 그리고 그 득실을 점검해볼 수 있겠다는 기대를 안고 참여하게 됐습니다.

백낙청 그럼 최경봉 선생님께서도 말씀해주시죠.

최경봉 저는 국어학의 세부분야 중 어휘의미론을 전공했습니다. 그러다보니 자연스럽게 국어사전학을 접하게 되었고, 『고려대 한국어대사전』(전3권, 고려대학교민족문화연구원 2009) 편찬 사업에 참여했습니다. 어휘와 사전 쪽에 관심을 갖다보니 초기 사전 편찬이 이루어지던 시기의 국어학 논의를 자주 접하면서 국어학사로 연구영역을 넓히게

왼쪽부터 임형택 백낙청 최경봉 정승철.

되었습니다. 우리 근대 국어학사는 국어정책론과 깊게 연관되어 있어 그런 맥락에서 국어정책론 연구를 하기도 했고요. 그 과정에서 국어의 규범화 정책을 우리 근대사의 흐름과 분리하여 이해할 수 없음을 깨닫고 더 넓은 시각에서 국어학적인 논의를 펼쳐나갔으면 좋겠다는 생각을 해왔죠. 그런데 국어학 내부의 시각만으로는 이런 생각을 풀어나가기가 쉽지 않았습니다.

백선생님께서는 근대 한국어의 역사를 돌아보자는 취지의 말씀을, 임선생님께서는 우리말과 글쓰기에 대한 근본적 성찰의 필요성을 말씀하셨고, 정선생님께서는 기존 규범의 정당성과 현재적 효용성을 짚어보자는 말씀을 하셨는데, 모두 제가 관심을 갖는 주제입니다. 나아가 언어규범이 형성된 맥락을 돌아보고 그와 관련된 우리 근대사의 흐름을 함께 이야기해보면서 이 시간을 채워나갔으면 좋겠습니다. 이번 좌담을 통해 존경하는 선생님들과 깊은 지적 교류를 하며

서, 제 연구의 지평을 넓히는 계기를 마련해볼 수 있겠다 싶습니다.

백낙청 최선생님은 실제로 대중과 소통하면서 국어학 논의를 넓히기 위해 많은 노력을 기울이셨지요? 정선생님의 『방언의 발견』(창비 2018)도 훌륭한 교양서라는 생각을 했는데, 두분 다 각자의 전공 작업을 열심히 하셨을 뿐 아니라 국어학 논의의 대중화를 위한 노력을 하신 걸 알고 일부러 모셨습니다. 『한글민주주의』(책과함께 2012) 같은 책은 그런 노력의 산물이었다고 생각합니다. 이것과 관련해서 최선생님께서 그동안의 작업을 소개해주시면 어떨까요.

최경봉 현실에서 우리 말과 글을 사용할 때 부딪히는 문제를 다루는 게 국어학자의 일이라고 생각하는 분들이 많습니다. 그런데 사실 말과 글을 사용하는 문제에 대해서는 다양한 전공분야에서 발언할 수 있고, 사회의 각 분야에서 이를 쓰는 대중들이 당사자의 문제로 함께 이야기할 수 있지요. 언급하신 『한글민주주의』라는 책에서는 우리 말과 글에 얽힌 문제들을 우리 삶과 생활의 문제로서 다룰 때 그에 대한 합리적인 해결방안이 나올 수 있다는 것을 근현대사의 역사적 경험을 통해 보여주고자 했습니다. 이를 국어학사의 관점에서 심화한 책이 『근대 국어학의 논리와 계보』(일조각 2016)입니다. 언어사용이라는 문제에 국어학이 학문적으로 어떻게 대응했는지 살펴본 책이지요. 여기선 근대 어문규범이 형성된 맥락을 근대 국어학사와 관련지어 논의해보았습니다. 그리고 그간 어휘를 중심으로 우리 말과 글에 대한 문제를 많이 이야기했습니다. 일반인들은 음운이나 문법보다는 어휘를 매개로 말과 글의 문제에 접근하는 경우가 많기 때문이죠.

임형택 '한글민주주의'라고 할 때 '한글'은 '문자로서의 한글'에 한정되는 것이 아니고 '입말로서의 우리말'까지 포함해 쓰시는 개념이죠?

최경봉 네.

임형택 사실 한글 창제 당시 훈민정음 서문을 보면 우리말이 중국말과 달라서 사람들이 쉽게 배워서 일상에 편히 쓰도록 하기 위해 새로운 문자를 만든다는 세종대왕의 뜻이 표현되어 있잖아요?[부록1] 바로 그 세종의 의도에, 요즘 식으로 표현하면 민주주의적인 의미가 담겨 있다고도 말할 수 있죠. 한글 창제 당시에는 그 의도가 실현되지 못했고 무려 약 500년의 시차를 두고 19세기 말, 20세기 초에 이르러서야 실현의 계기가 마련된 셈이지요. 차차 이야기하겠지만 한글민주주의는 곧 세종의 근본정신을 계승한다고 볼 수 있지 않을까요?

백낙청 동의하십니까?

최경봉 광의의 민주주의를 말한다면 세종의 정신도 민주주의의 일면을 보여준다 말할 수 있겠습니다. 그런데 창제 당시 한글의 의미와 민주주의 실현을 위해 활용된 한글의 의미는 경우를 달리해 생각해볼 문제인 것 같습니다. 세종이 창제한 한글 자체에 민주주의적인 의미가 담겨 있다기보다는 500년 후 시대적 여건이 마련되자 민주주의를 실현하기 위해 한글을 활용했기 때문이지요.

'한글민주주의'를 말하면서 저는 우리의 언어실천에서 민주주의적인 원칙을 구현할 필요가 있다는 메시지를 전하고 싶었고 언어와 실천의 관계 속에서 규범을 만들고 적용할 때 그 원칙을 어떻게 세우는 것이 좋을지 질문하고자 했습니다. 결론적으로 『한글민주주의』에서는 그동안 국어정책에서 민주주의의 원칙을 잘못 적용한 부분, 언어적 관습을 중요하게 다루지 않은 측면 등을 지적했습니다. 우리 어문이 근대적으로 기획될 때 소수의 엘리트들은 관례와 관습을 존중하기보다는 언어를 어떻게 정리하는 게 좋겠다는 자신들의 원칙을 가지고 이 문제에 접근했습니다. 그것이 근대적 기획의 한계였고 이제 그 시효가 끝났다면 앞으로는 민주주의 원칙에 근거해 새로운 방향을 모색할 필요가 있겠다는 생각에 '한글민주주의'를 말했던 겁니다.

백낙청 세종대왕의 훈민정음 서문은 그 자체로만 보면 민본주의지 민주주의는 아닌 것 같아요.

임형택 네, 그렇죠. 민주주의를 실천할 수 있는 시대도 아니었으니까요. 그렇긴 해도 인민 다수가 의사소통할 수 있는 문자를 만들어 보급하겠다는 취지와 통한다고 봅니다.

백낙청 두분 다 거기엔 실질적으로 동의하시는데 창제 당시 그런 뜻으로 만들어놓은 게 500년 뒤에 민주주의의 중요한 수단으로 활용됐고, 우리가 그것을 활용하는 기본적인 태도 역시 민족주의보다는 민주주의여야 한다는 취지로 말씀하신 거죠?

최경봉 네.

백낙청 저는 개인적으로 언어민족주의적인 동기나 명분이 지금도 완전히 사라졌다고 생각하진 않아요. 그러나 여러해 전에 「한글전용과 한자교육」(부록7)이라는 짤막한 칼럼을 쓰면서 이런 이야기를 한 적이 있습니다. 한자를 모르는 사람도 읽을 수 있게 하려면 한자를 병용하더라도 우선 한글로 써야 한다, 이게 민족주의적인 원칙이 아니고 민주주의적인 관점이라고 말한 적이 있어요. 그러니 저도 두분과 같은 생각입니다.

나중에 더 본격적으로 토론할 문제들이 많습니다만 이야기가 나온 김에 매끄러운 진행을 위해 '한글'과 '우리말'이라는 용어의 사용에 관해 미리 정리하고 가겠습니다. 첫째, 최선생님은 『한글민주주의』에서 문자와 입말을 통칭하는 개념으로 '한글'이라는 말을 쓰셨고 이미 언중도 두 단어를 구분하지 않고 사용하고 있죠? 더군다나 책 제목을 지을 때는 한 단어를 선택해야지 여러 단어를 나열할 수는 없으니까요. 그런데 최선생님께서는 『더 나은 언어생활을 위한 우리말 강화』(책과함께 2019)를 쓰기도 하셨지요. 그 책에서는 '한글 강화'가 아니라 '우리말 강화'라고 하셨단 말이죠.

이 자리에서는 '우리말'과 '한글'을 구분해서 쓰면 좋겠어요. 그래야 혼동이 없어요. 언중이 이를 혼동하게 된 데는 말과 글을 구별하는 식견이나 조심성이 부족해서 그런 면도 있거든요. 일반 대중뿐 아니라 문학을 한다는 사람들도 한글의 우수성을 말하다가 곧바로 우리 한국어가 얼마나 과학적이고 우수한 언어인가 이야기하는데 가만 들어보면 한국어가 아니고 한글이 우수하단 얘기를 하고 있어요. 우리가 두 단어를 혼용하게 된 데에는 남북분단이라는 역사적 배경이 있습니다. 예를 들어 남북분단 때문에 '한국어'나 '조선어'를 구분할 필요가 생기지만 번번이 그러기가 불편하잖아요. 그래서 그냥 '한글'이란 말을 쓰죠. 특히 일본에서는 '조선어'라는 말이나 '한국어'라는 말이나 모두 익숙한데, 남한이든 북한이든 어느 한편을 든다는 인상을 주지 않으려면 '한글'이라고 표현하는 게 편하고요. 외국의 많은 학교가 사실은 한국어를 가르치면서 '한글학교'라고 하기도 합니다. 역시 '한국어'란 말을 써서 굳이 남한 편이라는 걸 티내지 않으려는 의도인 것 같기도 합니다. 이렇게 혼동을 야기한 여러가지 배경이 있지만 문자와 입말을 복합적으로 다룰 예정인 만큼 이 토론에서는 '한글'과 '우리말'을 구분해서 썼으면 해요.

한국어의 기원과 발자취

백낙청 '근대 한국어'란 낱말이 좌담 제목에도 들어 있는데, 제가 이해하기로는 이 개념이 국어사에서 말하는 근대국어하고 조금 다를 것 같아요. 그래서 그 논의를 하기 전에 한국어의 역사에 대한 아주 짧은 강의를 들어볼 수 있을까요. 한국어의 기원은 무엇이며 통상적인 시대구분은 어떻고 그 기준이 뭔지, 대개는 잘 모르거든요. 그에 대한 속성강의를 정승철 선생님께 부탁드려볼까 합니다.

정승철 우선 문헌자료가 거의 없는 고조선, 부여, 한(韓) 등의 언어를 선사(先史) 정도로 해두고요. 신라어부터 현재의 국어까지 고대, 중세, 근대, 현대 네가지로 시대구분을 합니다. 한글 창제로 언어상태가 비교적 잘 알려진 조선시대의 말이 백제, 고구려, 신라 중에 신라어와 상당부분 일치합니다. 그래서 10세기 이전의 신라어를 '고대국어'라고 합니다. 경주 중심의 언어일 텐데 된소리가 아직 형성되지 않았다는 점이 이 시기의 두드러진 특징이고요, 통일신라 때부터 한자어가 대량으로 유입되기 시작합니다.

국어사의 시대구분과 흐름

선사 (先史)
- 고조선·부여·한(韓) 등의 언어
- 문헌자료 거의 없음

⬇ 삼국시대 시작(기원전 1세기)

고대국어 (~10세기)
- 신라어, 경주 중심의 언어
- 현대국어의 기원, 된소리 미형성
- 통일신라(676~936) 때 한자어 대량유입

⬇ 고려 건국(918)

중세국어

전기 (~14세기)
- 한문 기록이 대다수. 자료 거의 없음
- 개경의 언어는 신라어의 한 방언으로 추정됨
- 된소리 등장
- 몽골어 유입

조선 건국(1392)

후기 (~16세기)
- 어두자음군 등장. 모음조화 현상 강화
- 훈민정음 창제(1443)로 여러 한글문헌이 간행됨
- 순경음비읍(ㅸ) 소멸
- 고유어와 한자어의 경쟁
- 주체·객체·상대높임법 확립

⬇ 임진왜란(1592~1598)

근대국어 (~19세기)
- 16세기부터 일어난 변화가 임진왜란 계기로 확산
- 중앙어에서 반치음(ㅿ), 아래아(·), 성조 등 소멸
- 어두자음군의 된소리화
- 'ㅔ, ㅐ'의 단모음화
- '-았/었-, -겠-' 등의 시제 표현 정립
- 상당수의 고유어가 한자어로 바뀜

⬇ 갑오개혁(1894)

현대국어 (~오늘날)
- 언어의 표준화 시작
- '했다'체의 확립
- 장단음 구별의 약화, 경어법 간소화
- 일제강점기에 일본어계 외래어, 해방 후 영어계 외래어 유입

이어 918년에 고려가 건국되면서 경주에서 개성으로 언어의 중심이 이동합니다. 이때부터 조선 전기를 아울러 '중세국어'의 시대라 하지요. 그중 고려의 언어를 '전기 중세국어', 15~16세기 조선 전기의 국어를 '후기 중세국어'라 부릅니다. 고려 때 몽골어가 상당수 유입되고 된소리 계열의 자음이 등장하는 한편 국가의 중심세력이 바뀌는 조선 전기부터는 몽골어의 유입이 중지되고 자음과 모음, 그리고 문법상의 여러 변화가 나타납니다. 그래서 중세국어를 전기와 후기로 나누는 것이지요.

그뒤 현대의 국어와 매우 유사해지는 언어상태에 다다르는 17세기부터 19세기까지의 국어를 '근대국어'라고 부릅니다. 이전 시대와 확연히 구분되는 변화가 출현하지요. 그런 변화의 전국적 확산에 크게 기여했다고 추정되는 사건이 임진왜란입니다. 음운적으로는 순경음비읍(ㅸ)과 반치음(ㅿ) 그리고 특정 위치의 아래아(ㆍ)가 사라지고, '어이, 아이' 하는 소리가 단모음 'ㅔ, ㅐ'로 바뀝니다. 문법적으로는 시제 표현의 선어말어미, 즉 과거를 나타내는 '-앗/엇-'이나 미래를 나타내는 '-겟-' 등이 성립되며, 어휘적으로는 상당수의 고유어가 한자로 바뀌는 등의 변화가 있었죠. 현대국어와 유사한 언어상태에 이르게 된 이유입니다.

20세기 초부터 현재까지가 '현대국어'인데요, 광복과 6·25 같은 역사적 사건을 기준으로 전기와 후기로 나눕니다. 전기, 특히 20세기 초에는 문장의 종결형으로 '갔다, 먹었다' 할 때의 '했다'체가 확립되고 일반화되기 시작했습니다. 또 일제강점기를 통해서 일본어계 외래어들이 무수히 유입됩니다. 후기, 그러니까 광복 후에는 일본어계 외래어가 사라지고 영어계 외래어가 유입되죠. 그외에 '에'와 '애' 구별이 안 된다든지 음장(音長), 즉 길고 짧은 '눈:(雪)'과 '눈(目)'의 구별이 혼란해진다든지, 경어법이 간소화된다든지 하는 등 오늘날의 두드러진 언어변화가 지속적으로 일어나서 확산되고 있습니다.

백낙청 감사합니다. 뭐 덧붙일 말씀들 없으세요?

임형택 국어 계통상 고구려어와 신라어가 상당히 다르다는 견해가 유력한데 이 문제에 대해서 조금 소개를 해주시면 좋을 것 같네요.

정승철 일반적으로 삼국의 언어가 한국어의 시작, 뿌리라고 하면서 고구려, 백제, 신라의 언어가 아주 다르다는 견해가 있습니다. 고구려는 자료가 워낙 적으니까 그걸 가지고 언어가 다르다고 할 정도로 큰 차이가 있다고 보기는 어렵다는 견해도 공존하고 있고요. 어쨌든 일반적으로는 그 이전에 '부여·한(韓) 공통어'가 있었고, 거기에서 고구려, 백제, 신라의 언어가 갈라져나왔다고 이야기합니다. 물론 '부여·한 공통어'는 알타이어에서 갈라져서 만주어, 몽골어, 터키어 등의 언어와 차이가 생겼다고 보는 게 통설입니다.

백낙청 삼국의 언어 차이에 대한 이야기를 할 때 대체로 백제 얘기는 별로 안 합니다. 자료가 없어서 그런지. 백제어가 같은 삼한지방인 신라의 언어보다 고구려의 언어하고 더 가까웠던 건가요?

정승철 자료가 너무 적어서 단정적으로 말씀드리긴 어렵지만 백제의 지배층이 고구려 계통이기 때문에 아마도 백제는 그러한 고구려 계통과 원래 신라, 백제 지역에서 쓰던 계통의 언어가 공존했던 지역이 아닌가 보고 있습니다.

'근대 한국어'라는 문제

백낙청 지금 말씀을 들으니 우리 좌담이 설정한 '근대 한국어'와 국어사에서 말하는 '근대국어'는 확연히 다른 거 같아요. 오히려 우리는 '현대국어'에 가까운 시기를 다루는데 그것하고도 또 조금 다르지 않나 싶습니다. 영문학도로서 일종의 영어중심적인 생각인지 모르겠지만, 저는 근대 한국어를 '오늘을 사는 교양있는 한국인이 특별한 전문학습 없이도 읽고 이해할 수 있는 한국어'라고 이해하거든요. 그렇다면 기점이 19세기 말엽까지는 소급해 올라가지 않나 싶습니다.

영어의 경우에는 소위 '모던 잉글리시'(Modern English)라는 영어사의 기간이 훨씬 깁니다. 16세기부터 해서 셰익스피어의 영어도 포함됩니다만 16~17세기의 영어는 아무래도 조금 다르기 때문에 그것을 초기 근대영어라고 다시 분류하기도 합니다. 영문학에서는 초서(G. Chaucer)라는 시인이 14세기에 활약했는데, 어떤 사람들은 그를 영문학의 아버지라고도 하고, 그가 영어의 표준어가 생기기 전부터 런던 중심의 영어를 가지고 글을 썼기 때문에 런던어가 영어의 표준말로 정착하는 데 기여했다, 이렇게까지 평가합니다. 물론 런던이라는 도시 자체가 중요해서 그런 것이지만요. 그런데 초서의 영어를 읽으려고 하면 표기를 현대화하거나 주석 몇개 달아주는 걸론 부족하거든요. 발음이나 어휘가 다르기 때문에 따로 공부를 해야 합니다. 그걸 '미들 잉글리시'(Middle English), 중영어(中英語)라고 하죠.

18세기에 와서는 영어가 많이 정비되는데 그 이전을 초기 근대영어, 이후를 그냥 모던 잉글리시라고 하기도 합니다. 그런데 영어에서는 모던(modern)이라는 말이 우리말로 하면 '근대'란 뜻도 되고 '현대'란 뜻도 되거든요. 사실 이 점에서 동아시아 언어에 비하면 훨씬 표현력이 저개발된 언어라고 할 수 있는데. 그래서 18세기 이후로 오늘까지의 영어를 현대영어 내지 근대영어라고 말합니다. 그런 식으로 따진다면 가령 19세기 말에 한글로 나오는 『독립신문』의 경우, 물론 표기법 같은 건 현대화해줘야죠. 현대의 맞춤법으로 제대로 띄어쓰기도 하면 대체로 의미파악은 될 것 같아요. 그러나 20세기의 글이라도 국한문으로 나온 3·1 독립선언문을, 아무리 대학생이라도 그걸 읽을 수 있는 사람은 많지 않잖아요. 근대 한국어의 역사가 19세기 말엽까지는 소급하는데, 그렇다 하더라도 영어나 다른 나라의 언어에 비하면 그 역사가 무척 짧죠. 반면에 짧은 것 치고는 그 사이의 변화가 많기도 합니다. 그래서 아주 독특한 역사예요. 최선생님은 이런 식의 근대 한국어라는 개념 설정에 대해서 어떻게 보세요?

최경봉 국어학계에서 정교수님이 개괄한 것처럼 시대구분을 하는 일차적인 이유는 언어 외적인 기준이 아니라 내적 기준, 그러니까 언어변화의 큰 변곡점에 주목하기 때문입니다. 이기문(李基文) 선생이 이런 관점으로 시대구분을 하면서 근대와 현대를 구획한 것 같고요. 그런데 국어학의 영역을 벗어나서 한국어의 전반적인 모습이 변화하는 흐름을 보자 했을 때는 일반적인 시대구분과 연결지을 필요가 있다고 생각합니다. 근대사회에서 쓴 우리말을 근대국어라 하는 것으로요.

백선생님께서 영어의 경우는 16세기부터 '모던 잉글리시'라고 부른다고 말씀하셨는데, 이를 규범화의 시작 단계로 볼 수 있을 것 같습니다. 이후 공적인 부문에서 영어의 쓰임이 확대되고 그에 따라 문법서를 편찬하고 사전을 만드는 움직임이 본격화하면서 언어변화를 제어하는 시대적인 분위기가 형성되었을 텐데요, 그런 점에서 보면 언어적 근대를 구획할 때는 규범화에 좀더 주목할 필요가 있겠습니다. 규범화가 완결되면 중심언어로 귀속되는 경향이 무척 빨라지는 경향을 보이고 그렇게 공통어가 정립되고 나면 언어변화가 이전보다 훨씬 더뎌지는 면이 있습니다. 한국어의 경우에는 19세기 말 정도에 근대적인 개혁이 이루어지면서 국문을 공문서의 본(本)으로 설정했고 이에 따라 자연스럽게 언어규범화와 관련한 이야기가 나오죠. 이런 과정을 거치며 오늘날 공통어의 기본적인 모습이 형성됐다고 볼 수 있을 겁니다.

백낙청 서양언어들의 규범화는 저도 잘 모르는 분야이긴 합니다만, 일반적으로 소위 주체적인 근대화를 한 나라들에서는 자연발생적인 큰 변화가 먼저 일어난 후 일정한 시기가 지난 다음부터 규범화가 시작되어 규범화와 근대전환의 시기가 일치하지는 않는 것 같습니다. 영어의 경우에는 규범화가 일어나고 사전이 편찬되는 시기가 18세기예요. 그래서 18세기 사람들은 16세기나 17세기의 영어는 아직 야만상태였고 자기들이 언어를 제대로 정비한다고 생각했어요. 시나 셰익스피어의 드라마 같은 게 어렵긴 해도 현대식으로 철자를 적어주고 주(註)를 좀 달아주면 웬만한 교양인들이 읽을 수가 있거든요.

저는 문학도 그렇다고 봅니다. 한국 근대문학의 기점 논쟁이라는 게 있지 않습니까. 영정조까지 소급해서 근대문학의 시발점을 구한 사람도 있지만 어떤 의미에서 거기에는 선진국의 사례를 따라가고 싶은 욕망이 작용하지 않았나 싶어요. 가령 서구에서 근대문학의 개척에 앞장선 나라는 이딸리아지요. 영국보다 앞섰습니다. 그런 데서 시대구분상으로는 중세 사람인 단떼라는 시인이 나타났거든요. 13세기에 그가 나타나서 작품을 라틴어로도 쓰고 이딸리아어로도 썼는데, 유명한『신곡(神曲)』(1308~21)이 당시로서는 방언에 해당하는 이딸리어어로 쓴 작품이죠. 그가 로마 사람이 아니고 피렌쩨 사람이라서 또스까나 지방 언어가 이딸리아 표준말로 정착하는 데 결정적인 기여를 합니다. 본격적인 자본주의의 발달 등은 오히려 그후의 일이 되고요. 제가 아까 초서 얘길 했습니다만, 영어권에서도 14세기 초서의 문학 활동으로 근대 영문학이라는 독자적인 국내문학이 먼저 시작되고, 빨리 잡아야 그다음 세기쯤에 가서 영국에서 자본주의 시대가 시작되거든요. 그래서 규범화 시기가 나라마다 다 다른 것 같아요.

우리 경우는 강제로 근대에 편입당하고 병자수호조약(1876) 이후 자각해가는 과정에서 어문생활의 큰 전환을 주체적으로 추진하는 동시에 규범화 노력이 진행된 게 아닌가 합니다. 이런 식으로 우리가 근대 한국어를 설정하면 현대 한국어도 국어사에서 말하는 현대 국어하고는 다른 개념이죠. 실제로 우리가 다루는 기간이 대부분은 국어사에서의 현대국어 시기인데 그것을 근대 한국어와 별도의 현대 한국어로 볼 건가 아니면 19세기 말엽부터 성립되어온 근대 한국어의 역사에서 그냥 우리 시대하고 가까운 시대, 당대와 가까운 시대라는 뜻으로 현대 한국어라고 말할 건가, 이런 문제들을 구별해야 할 것 같습니다.

그리고 제가 조금 전에 병자수호조약으로 1876년에 강제로 근대에 편입됐다는 표현을 썼는데, 그것을 한국 근대의 기점으로 보느냐 마느냐 하는 것도 여러가지 학설이 있을 수 있지요. 일반사에서 말하는 근대/현대하고 국어의 변화에서 말하는 근대/현대, 그리고 국어학에서의 근대 국어학/현대 국어학이 구분되는 시기가 각각 다르다는 점을 유념해야 할 것 같아요. 국어사학계에서는 광복 이후를 분기점으로 잡기도 하고 최선생님은 1960년대부터를 현대국어의 시작으로 보시는데, 이렇게 우리가 어떤 분야를 대상으로 하느냐에 따라서 근대, 현대의 시대구분이 달라지지 않습니까? 임형택 선생님은 최근에 쓰신 글(「3·1운동, 한국 근현대에서 다시 묻다」, 백영서 엮음 『백년의 변혁』, 창비 2019, 48면)에서 3·1운동이 한국 근대의 본격적인 출발이었다는 말씀을 하셨어요. 그러면 1876년을 근대전환의 시기로 보는 것하고는 상당한 차이가 있을 수 있는데 어떻게 생각하세요?

한국사의 근대, 한국어의 근대

임형택 저는 3·1운동 이후가 본격적인 근대 또는 근대문학의 출발이고, 그 지점까지 오는 데 몇개의 계단이 있었다고 봅니다. 전환의 획기적인 첫 단계는 역시 1876년인데, 서구 주도의 근대세계에 진입한 계기지요. 다음 두번째 단계는 1894년입니다. 이 한해에 동학농민전쟁, 갑오경장, 청일전쟁, 이 세가지 사건이 상호연동해서 일어납니다만 역사적·문화적으로 미친 영향이나 의미는 변별해볼 필요가 있겠습니다. 이에 대해서는 뒤에 좀 언급이 될 것 같네요. 이어 1900년에서 1910년에 이르는 시기를 일반적으로는 개화기로 표현하는데, 저는 이와 관점을 달리하고 있습니다. 물론 개화라 볼 수 있는 현상도 있었지만 당장 위기에 처한 민족국가를 어떻게 구하는가의 문제, 즉 구국(救國)의 과제가 더 중대하고 긴급하게 대두됐기 때문이죠. 풍전등화처럼 존망의 위기에 처한 우리의 국가와 민족을 어떻게 구할지의 문제에 근대세계를 향한 계몽의 과제가 아울러 급선무로 대두됐기 때문에 그 시기를 애국계몽기로 부르는 것이 타당하다고 봐요. 결과적으로 애국계몽운동이 실패해서 일제에 의한 식민지배의 상태로 들어간 겁니다. 그런데 10년이 안돼서 전(全)민족적인 저항, 즉 3·1운 동이 일어나자 고양되고 각성된 의식이 발휘되고 1920년대로 접어들면서 본격적인 근대, 근대문학, 근대문화가 성립되기에 이르렀다고 봅니다. 제 생각은 대강 이렇게 정리해볼 수 있겠습니다.

정승철 국어학계에서 시대구분을 할 때 사용하는 '근대'와 같은 용어는 그 의미가 충분히 논의되기 전부터 통상적으로 사용해온 것이었다고 생각합니다. 그러니 더 합당한 용어가 있다면 얼마든지 바꿀 수 있겠지요. 아까 백선생님께서도 '근대국어'와 '근대 한국어'가 구별될 수 있겠다고 말씀하셨듯이, 저는 어문활동으로서의 근대와 언어상태로서의 근대가 있을 수 있다고 생각합니다. 어문활동으로서의 근대를 규범화가 활발하게 일어나던 시기라 한다면, 언어상태로서의 근대는 19세기 말부터라고 볼 수 있을 것 같아요. 근대를 중세에서 벗어난 상태라고 말할 수 있을 텐데, 당시 중세의 중요한 두가지 축은 '중화적 질서'와 '신분제'였다고 생각합니다.

언어상태의 측면에서 먼저 중화적 질서를 탈피한 때를 보면요, '방언'이라는 말은 원래 중국어의 변방어를 가리킬 때 사용됐지 중국어를 가리키는 말은 아니었습니다. 그런데 19세기 말의 『독립신문』 등을 보면 '한어(漢語, 중국어)'를 포함하여 각국 언어를 방언이라 부릅니다. 탈중화를 보이는 언어상태의 예시라는 생각이 들어요. 또 무너진 신분제를 반영하는 언어상태의 사례로는 '양반(兩班)'이라는 말을 들 수 있을 것 같아요. 예전에는 양반/상놈 할 때처럼 신분을 뜻하는 말이었는데 요즘 "이 양반이 왜 그래?"라고 할 때는 일반 남성을 가리키잖아요.(웃음) 언제부터 이렇게 변했을까 찾아봤더니 『독립신문』(1896)에 "인도국의 어떤 양반이……"라는 말이 나와요. 신분을 이야기하는 건지 아닌지는 모르지만 문장으로만 보면 그냥 일반 사람을 지칭하거든요. 1900년대 신소설에서도 "그 양반이 무슨 죄가 있어서 잡아가누?"(이인직 『은세계(銀世界)』, 동문사 1908), "날마다 오시던 양반이 오늘은 어쩐 일일까?"(이해조 『우중행인(雨中行人)』, 신구서림 1913) 하는 표현이 나오는데 '양반'이라는 단어의 용법이 지금과 거의 비슷하죠. 이런 사례들을 본다면 언어상태에서의 근대란 19세기 말 정도부터겠다 싶습니다.

또 근대와 현대를 구별하는 경우에, 저는 국어학계에서 편의상 시대를 구분해서 명칭을 붙였다고 생각했는데, 임형택 선생님 논문(「소설에서 근대어문의 실현 경로」, 임형택 외 공저 『흔들리는 언어들』, 성균관대 출판부 2008)에 근대 주체가 성립되고 자기표현을 하는 시대를 근대라고 보자는 말씀이 있더군요. 근대 주체의 자기표현에서는 언문일치가 상당히 중요할 텐데 염상섭(廉想涉)의 「만세전(萬歲前)」(1924)에 근대 주체가 자기표현하는 이야기가 나오니까 3·1운동부터 근대가 시작됐다는 임선생님 말씀에 크게 공감했습니다. 그런데 다시 생각해보면 19세기 말, 20세기 초의 언문일치는 '일부' 근대 주체의 자기표현이에요. 일부만 쓰는 이런 표준어를 사용하지 않으면 근대 주체를 벗어난 사람들이라 여기기 때문에 진정한 의미에서의 민주주의적인 근대는 아니었다는 생각도 들어요. 어쩌면 지금까지도 근대는 미완성이 아닌가, 그러면 근대와 현대를 명확히 구분하기는 어렵지 않은가 하는 생각을 합니다.

「만세전」에 나타난 근대 주체의 자기표현

나도 스스로를 구하지 않으면 아니될 책임을 느끼고, 또 스스로의 길을 찾아가야 할 의무를 깨달아야 할 때가 닥쳐오는가 싶습니다…… 지금 내 주위는 마치 공동묘지 같습니다. 생활력을 잃은 백의(白衣)의 백성과, 백주에 횡행하는 이매망량(魑魅魍魎)같은 존재가 뒤덮은 이 무덤 속에 들어앉은 나로서 어찌 '꽃의 서울'에 호흡하고 춤추기를 바라겠습니까. 눈에 보이는 것, 귀에 들리는 것이 하나나 내 마음을 부드럽게 어루만져주고 용기와 희망을 돋우어주는 것은 없으니, 이러다가는 이 약한 나에게 찾아올 것은 질식밖에 없을 것이다. 그러나 그것은 장미 꽃송이 속에 파묻히어 향기에 도취한 행복한 질식이 아니라, 대기(大氣)에서 절연된 무덤 속에서 화석(化石) 되어가는 구더기의 몸부림치는 질식입니다. 우선 이 질식에서 벗어나야 하겠습니다.

— 염상섭 「만세전」, 『20세기 한국소설-염상섭』, 창비 2005, 199면.

최경봉 근대의 어문이 지속되고 있다는 백낙청 선생님의 말씀에 저도 동의합니다. 근대 개혁기에 세워놓은 국어규범화의 틀이 현재까지 계속되고 있으니까 근대의 국어생활도 지속되고 있는 거라 생각하는데요, 국어학사적으로 보자면 규범문법을 세우고 국어사전을 펴내는 일들이 국어학의 근대적인 과제였고 1965년 정도에는 그 과제가 끝납니다. 1957년에 한글학회 편 『큰사전』이 나오고(부록5) 뒤이어 이희승(李熙昇) 선생이 1961년에 『국어대사전』을 편찬합니다. 우리말에 대한 어떤 기초적인 규범화가 이때쯤 완성됐다고 봐요, 그리고

1963년 「학교문법통일안」이 나와서 교과서에 적용되죠. 그런 걸 보면 국어학에서는 근대 규범화에 대한 연구 및 규범을 완성해야 한다는 문제의식이 1965년에 끝난다고 할 수 있습니다. 그리고 새로운 활로를 모색하는데 그 시기에 촘스키(N. Chomsky)의 이론이 언어학의 새로운 조류로 들어옵니다. 그게 저는 국어학에서 인식전환이 급격하게 일어난 기점이라고 봅니다. 그전까지는 규범연구와 국어학연구가 일치될 수 있었던 기간이었죠. 규범을 완성하고자 했던 시기에 민족어가 민족의 세계관을 반영한다는 훔볼트주의나 언어가 인간의 사고방식을 결정한다는 싸피어-워프 가설(Sapir-Whirf hypothesis) 같은 것들이 일반적으로 받아들여졌다면, 촘스키의 이론이 들어오면서부터는 인간의 보편적인 언어능력, 보편문법 같은 것들이 강조되다보니까 국어의 특수성에 주목하기보다는 보편문법을 규명하는 차원에서 국어문법을 연구하고 보편문법에 기대어 국어문법을 설명하는 쪽으로 가거든요. 그러다보니까 이건 발전한 언어고 저건 열등한 언어다 하는 구분이 사라지고 언어를 발전시킨다는 논리 자체가 무의미해집니다. 언어에 대한 과학적 탐구를 목적으로 하는 국어학이 국어정책에 관여할 명분이나 필요성 자체가 없어진 거죠. 저는 국어학계에서 그러한 분위기가 형성된 시점이 역시 1965년이라고 생각합니다.

백낙청 근대에 대해서 일반사와 국어사와 국어학사의 시대구분이 각기 달라진다는 점에는 대개 합의하신 것 같네요. 일단 제가 한국 근대의 시발점을 1876년으로 잡자고 말씀드린 이유는 크게 두가지입니다. 하나는, 근대라는 것은 세계사적 개념인 만큼 공통된 기준이 있어야겠다는 생각입니다. 모두가 동의하는 건 아니지만 저는 근대는 자본주의 시대라고 이해하는 게 불필요하고 소모적인 논쟁을 줄이는 면도 있고 우리 시대의 문제를 성찰하는 데도 꼭 필요하지 않을까 합니다. 자본주의가 먼저 시작되었다는 서양에서도 근대의 시작점에 대한 일치된 견해는 없습니다. 그렇다면 그런 근대를 자기들이 독자적으로 개척을 했든 아니면 식민지로 편입이 됐든 세계시장질서에 편입되는 것 자체를 근대의 시작으로 보는 게 타당하지 않느냐는 겁니다. 흔히 주체적인 근대화 노력을 중심으로 생각하는 걸 더 멋있다고 여기지만 사실 그건 근대는 좋은 거고 우리가 노력해서 성취해야 한다는 근대주의적인 사고가 많이 작용한 결과라고 봐요.

근대는 자기가 좋은 걸 찾아서 성취하는 과정에서도 이루어지고 아니면 억지로 끌려들어가서 주로 당하는 경험이 될 수도 있습니다. 억지로 끌려들어가서 내내 종노릇을 하는 백성이나 지역도 있고, 이전부터 어떤 준비가 있었지만 강제편입의 경험을 계기로 더욱 분발해서 적극적으로 대응하고 근대에 적응하는 한편 동시에 그걸 극복하려는 노력을 하는 민중이나 지역들이 있습니다. 후자를 두고 저는 근대의 이중과제라는 표현을 씁니다. 우리 경우에는 그전에 주체적인 근대의 싹이 얼마나 있었냐 하는 문제를 떠나서 1876년에 억지로 세계시장질서에 끌려들어갔다고 보는 게 정확한 인식이 아닌가 싶어요. 그렇게 강제로 편입당하고 20년이 채 안돼서 1894년에 일차적으로 주체적인 대응이 시작됐다고 보면 굉장히 빠른 겁니다. 그런데 그 무렵의 운동은 1910년에 일단 실패하죠. 국권수호에 실패했으니까요. 하지만 거기서 9년 만에 또 3·1운동이 벌어집니다. 이것도 엄청 빨리 일어난 거예요. 임형택 선생이 '본격적인 근대화'란 표현을 쓰셨지만, 말하자면 그 당시에 주체적인 대응능력과 적응력, 극복하려는 노력 모두가 한 단계 높아지고 동시에 '본격적'이라는 표현이

어울리는 수준까지 갔다고 보는 게 세계사적 이해와도 일치할 소지가 많다고 봅니다.

또 하나 중요한 건 그렇게 볼 때 우리가 살고 있는 현대의 과제가 여전히 자본주의 시대인 근대의 과제라는 인식이 투철해질 것 같습니다. 국어학계에서 보듯이 광복과 6·25라는 역사적 사건을 전후해서 일어난 국어의 변화도 굉장히 중요할 것이고 최교수님이 말씀하셨듯이 1965년을 기점으로 국어의 규범화 기획이 어느정도 완료되었다는 상황 변화도 중요할 수 있겠습니다. 그렇지만 우리가 근대에 적응하면서도 극복하려는 이중과제를 안고 있다는 점은 국어학의 관점에서나, 일반사의 관점에서나 여전히 현재진행형이 아닌가 해요. 가령 1965년경에 국어의 규범화와 국어의 근대적인 기획이 완성됐다고 하지만 사실 일상적인 문장을 한글만으로 쓸지 혹은 한자와 병용해 어떻게 달리 쓸지 하는 문제도 아직 정리가 안 됐잖아요. 사전도 남쪽과 북쪽이 서로 달라서 그걸 어느정도 통합해보려는 『겨레말큰사전』 작업이 진행 중이지요.〔부록6〕 그러니 국어의 근대적 기획이 어문에서도 완성됐다고 보기는 어렵지 않나 싶습니다. 물론 초기 국어운동의 과정에서 일부 엘리트들이 설정한 규범에 따라 국어를 정립하겠다는 것은 근대적 기획 중에서도 극단적인 근대주의자들의 기획인데 그게 안 된다는 건 이미 상당히 드러났죠. 그러나 더 넓은 의미의 근대적 기획은 아직 살아 있지 않나 싶습니다. 이 얘기는 나중에 더 해보기로 하십시다.

2장

근대적 어문생활이 시작되다

한자문화권에서 심화해온 문명의식

백낙청 우선 근대적 기획이 진행 중이라고 본다면, 그 역사를 좀더 살펴볼 필요가 있겠습니다. 19세기 말엽부터 일제강점기에 걸쳐 벌어지는 '국어정립운동'이라고 할까요? 그 역사를 짚어보면 좋을 것 같아요. 임선생님을 비롯해서 여러 사람이 지적하는 바이지만 우리나라에서 근대 어문운동은 문법이나 국어의 어휘 정비, 규범화보다 어떤 문자를 쓸 거냐 하는 문자 문제가 앞섰던 거 같아요. 그럴 만한 역사적인 연유가 있기 때문인데, 임형택 선생께서 이 문제에 대해 누구 못지않게 많은 생각을 하시고 글도 쓰셨습니다. 조금 정리해주시면 어떨까요.

임형택 그 문제로 들어가기에 앞서, 아까 정선생님도 탈중국을 중대한 변화의 계기로 말씀하셨는데 그와 관련해 먼저 이야기를 꺼낼 필요가 있겠군요. 1894년 한해에 동학농민전쟁과 갑오경장, 청일전쟁

세가지 사건이 연달아 일어나는데 동아시아 차원에서는 청일전쟁의 의미가 크다고 봅니다. 청일전쟁에서 중국이 일본에 패배하면서 동아시아에서의 주도권을 상실하고 동시에 중국 중심의 체제가 붕궤되는 결정적 계기가 됐거든요. 한자·한문은 중국이라는 대국을 통치하고 통일하는 데 크게 기여했다고 봅니다. 중국을 밖으로 지키는 방어벽을 만리장성이 담당했다면 한자·한문은 안으로 중국이란 대국을 유지하는 데 대단히 긴요했고 중국 주변의 민족국가에 문화적 영향도 지대했죠. 그래서 중국 중심의 세계가 한자문화권, 즉 동문세계(同文世界)와 겹친다고 생각되기 쉽습니다.

그러나 실상을 들여다보면 그렇지도 않습니다. '용하변이(用夏變夷)'라고 하여, 중화의 문명으로 변방의 민족들을 동화하고 문명화한다는 말이 있긴 했지만 중국에서 대외정책으로 이 방향을 밀어붙인 것 같지는 않습니다. 오히려 주변의 일부 지역에서 한문을 기초로 한 중화문화를 받아들이려고 적극적으로 나섭니다. 현존하는 국가로 예를 들어보자면 우리 남북한 그리고 일본과 베트남이 한자문화권에 속한 국가였거든요. 반면에 현재 중국 영토에 속해 있는 소수민족들은 대부분 한자문화를 수용하지 않았습니다. 이 현상을 어떻게 설명할 수 있을지, 똑 떨어진 해답을 대기는 어렵습니다. 다만 저는 이 현상이 농경지역과 유목지역의 생활문화 차이에서 기인하지 않았나 싶습니다. 어쨌건 중국 주변의 민족국가들이라고 해서 한자문화가 자동적으로 흘러들었거나 강제적으로 주입되었느냐 하면 그렇지는 않습니다. 수용자 측에서 능동적으로 받아들이고 배우려고 한 결과지요. 서구제국주의 국가의 지배하에 놓였던 피식민지인들이 기독교 문화에 침식된 사실과는 아주 대조적입니다.

우리 한반도의 경우 중국과 국경을 맞대고 있어 유사 이래 오늘에 이르도록 끊임없이 중국과 긴밀한 관계를 맺으며 교류해왔습니다. 고려에서 조선으로 전환하는 역사과정을 하나의 생각거리로 들어볼까 합니다. 원나라는 세계사적으로 유례가 없는 대제국이잖아요. 우리 고려국이 몽골, 즉 원나라의 야수적 침략에 항거해서 오랜 기간 엄청난 고난을 겪었던 것은 역사적으로 강조되는 사실입니다. 무려 40년의 대몽항쟁 끝에 강화하여 대원(大元)제국의 체제에 참여하게 되지요. 그래서 대원제국과 백여년간 밀접한 관계를 가지면서 역사가 진행됩니다. 이 기간을 한국사에서는 '원 간섭기'로 표현하는데 저는 그 시대를 해석하는 데 꼭 적절한 용어는 아니라고 봅니다. 물론 몽골의 침략을 막아내지 못해서 '간섭'을 받기에 이르렀지만 그 시기를 부정적으로만 평가할 수 없다고 생각하기 때문입니다. 원나라는 광대한 지역의 다양한 인종과 문화를 통합해 그야말로 대제국을 형성하였고 그에 따라 역사상 전에 없던 문명이 소용돌이쳤던 거죠.

우리가 주목할 사실은, 고려의 지식인들이 원나라에 유학을 가거나 거기에서 벼슬하며 활동하는 등으로 문명전환의 약동하는 기운을 직접 체감하게 됐다는 겁니다. 그것이 계기가 되어 고려 말의 문인·지식인들은 문명의식과 동인의식(東人意識)을 각성하게 되지요. 다양한 문명이 뒤섞여 소용돌이치는 가운데 문명지향의 의식을 갖는 한편, 수많은 인종이 어울린 속에서 동국사람인 '나', 중국과도 다른 나라라는 자아의식을 갖게 되었다는 것입니다. 대원제국은 차츰 해체의 길로 들어서는데, 이때가 고려 말엽입니다. 이 시기에 동방의 우리도 문명국가를 건립해야겠다는 시대정신을 각성하고 실천을 도모하게 되는 겁니다. 고려 말 지식인들의 문명의식과 동인의식이 정치적으로 실현된 형태가 다름 아닌 조선왕조의 건국입니다. 14세기는 세계사적으로 유라시아 대륙에 걸쳐 역사의 대전환이 일어난 시간대인데, 고려 말 지식인들 또한 세계사적 전환에 보조를 같이 했다고 평가할 수 있습니다.

조선왕조는 말하자면 그 주체인 사대부 지식인들이 가졌던 문명의식과 동인의식의 혼성형식인 셈이지요. 그리하여 피어난 꽃이 훈민정음이라고 저는 말하고 싶습니다. 우리 동국도 독자적인 문자를 가져야 한다는 의식이 구체적으로 드러난 것이 한글이죠. 조선왕조 성립 후 반세기 정도를 경과해서 훈민정음이 창제되는데 이 또한 나라 만들기의 일환이었다고 말할 수 있을 것 같아요. 그런데 왜 한자에서 벗어나지 못했느냐? 당연히 이런 의문이 나올 수 있겠습니다. 이 의문점과 관련해서 『동문선(東文選)』(1478)의 편찬을 예로 들어보지요. 『동문선』은 한문이 이 땅에 통용된 이래 우수한 문학작품들을 집대성한 문헌입니다. 우리도 이처럼 훌륭한 문화가 있다는 실체로서 한문세계에 보여주기 위한 것입니다. 『동문선』은 훈민정음과 쌍벽을 이뤘다고 말할 수 있어요. 앞에서 강조한 문명의식이란 보편적인 한문문화와 다른 것이 아니고 중심을 형성한 것임을 유의할 필요가 있습니다. 백성 일반이 사용하는 나라말을 표기하는 것이 훈민정음의 일차적인 목적이긴 해도 당시 민(民)이 나라의 주인은 아니었습니다. 민주국가가 아닌 군주국가요, 민을 배려하는 것도 유교적 민본의 차원을 넘어선 정치이념이라고 말하기도 어렵겠지요.

서두가 길어졌습니다만, 근 500년을 기다려 청일전쟁으로 중국의 정치적 자장에서 이탈하면서 드디어 갑오경장에 "법률 칙령은 모두 국문으로 본을 삼고 한문번역을 붙이며 국한문을 혼용함"이라는 조항이 들어가게 된 것입니다. 국문이 본의 위치를 획득하고 한문은 종(從)으로 밀려난 모양이지요. 중국 중심의 어문생활에서 탈피한 자국의 독자적인 어문생활, 자주적 문화의 지향으로서 이 조항의 역사적·상징적 의미가 지대함은 더 말할 것이 없습니다. 하지만 한자·한문으로부터의 탈피란 안 쓰면 그만인 그런 일은 결코 아닙니다. 민족국가 건설과 함께 근대문화로 전환·발전하는 데 중차대한 과제이고 또 거기에는 지극히 어렵고 복잡한 문제가 수반되어 있다는 점을 다각도로 고려하지 않을 수 없습니다.

근대전환기, 이중문어체계의 성립

백낙청 중국 중심의 세계가 결국 한자문화의 세계라고 말씀하셨는데 그건 한자(漢字)의 세계인 동시에 한문(漢文)의 세계예요. 그렇죠? 소위 세계사적으로는 중세공동문어라고 하는 것이 동아시아에서는 한문이었습니다. 서양과 달리 특이한 점은 동아시아가 한문의 세계인 동시에 한자가 중국어를 모르는 사람도 쓸 수 있는 표의문자다보니 근대로 전환하면서 한문세계에서는 벗어나더라도 한자는 어떻게 할지의 문제가 남았다는 겁니다. 일본은 오늘날까지도 한자혼용을 하고 있고 서양에서는 일부 그리스 문자라든가 슬라브계 문자를 공유하기도 합니다만, 그렇기 때문에 문자와 공동언어의 문제가 동시에 제기된 건 아니었어요. 공동문어를 포기하더라도 공동으로 쓰던 문자로 자국 고유의 언어를 표기하면 됐는데 동아시아는 그렇지 않았다는 거지요. 우리 어문생활의 근대적 전환과정에서 문자 문제가 특별히 중요해진 데는 그런 요인이 작용했다고 봐요. 거기에 대해서 국어학 연구자분들이 더 부연해주시면 어떨까요.

임형택 원래 자(字)와 문(文)은 구분이 분명치 않습니다. 문이 곧 글자를 뜻하기도 하거든요. 문제는 한자의 특성이 서양문자처럼 표음문자가 아니라는 데 있습니다. 세종대왕이 "나라말이 중국과 다르다"〔부록1〕라고 지적했듯 자국어를 곧 한자로 표기할 수 없기 때문에 한자·한문을 받아들인 동아시아 국가들은 이 난제를 놓고 오랜 기간 고민한 끝에 나름으로 창안해낸 방식들이 있습니다. 우리의 경우 한자를 이용한 표기방식이 여러가지입니다. 하나는 한자의 음과 뜻을 차용해서 의사를 표현하는 향찰(鄕札)표기법이죠. 향가는 바로 이 향찰로 표기한 것입니다. 다른 하나는 한문문장에 토(吐), 즉 조사나 특수한 용어를 부분적으로 삽입하는 방식으로 이두(吏讀, 吏頭)표기법이라는 것입니다. 주로 공문서에서 사용했지요. 그리고 순한문체입니다. 이는 한자권의 동아시아세계에서 보편성을 가진 문어지요. 여기에 따로 한가지가 있는데 구결(口訣)이란 것입니다. 구결은 요컨대 불경을 포함한 한문경전의 원문을 학습하기 위해 한자의 음과 뜻을 차용해서 고안한 방식이지요. 향찰과 유사하지만 향찰은 문장 전체를 표기하는 방식이고 구결은 조사에 한정된 방식이라는 점에서 다릅니다. 이 구결방식에는 아주 주목할 점이 있는데 바로 한자를 약호화해서 사용했다는 사실입니다. 이 약호는 그대로 발음기호입니다.

구결처럼 한자를 약호화하여 자연어를 표기하는 문자로 발전시킨 것이 일본어입니다. 카따까나는 행서체(行書體)를 이용한 것이고 히라가나는 초서체(草書體)를 이용한 것이거든요. 그리하여 화한혼용체(和漢混用體)를 널리 통용한바 한문체의 범위는 우리처럼 넓지 못했습니다. 이처럼 일본이 한자의 약호화 방식으로 자국문자를 만들었다면 우리는 독자적으로 한글을 창제한 것이지요. 눈을 베트남으로 돌려보면 역시 한자를 차용하여 '쯔놈(字喃)'이란 문자를 만들어냅니다. 그러나 쯔놈은 표기수단으로서는 워낙 복잡했기 때문에 현재는 이를 포기하고 서구문자를 차용한 표기법인 '꾸옥응으(Quốc Ngữ)'를 사용하는 실정입니다. 덧붙여 몽골의 문자 문제까지 간단히 언급하면 우리보다 먼저 원나라 시기에 '파스파 문자(八四巴文字)'라는 것을 만들었으나 20세기로 들어와서 그것은 폐기되고 러시아어에 쓰이는 끼릴문자를 이용한 표기법을 사용하게 됩니다. 어쨌건 베트남과 몽골의 경우 한자를 포함해 기존의 문자를 폐기했으니 한자 문제는 일단 해소된 셈입니다. 일본의 경우 화한혼용체의 전통이 그대로 이어져서 안정된 데 비해 우리나라는 한문이 폐지된 이후에도 한자 문제는 두고두고 난제이자 쟁점으로 남을 수밖에 없는 것이 당연한 듯합니다. 제 말이 길어졌네요. 그럼 최선생님 말씀을 듣도록 하지요.

한자의 차자(借字)표기법

차자표기의 방법으로는 역사적으로 향찰(鄕札) 및 이두·구결이 있었다. 한자의 음과 뜻을 이용해서 우리말을 표기한 점에서는 모두 마찬가지인데, 향찰은 전면적으로 쓰고, 이두는 부분적으로 특수용어나 어미에 쓰며, 구결은 한문에 붙이는 토이니, 각각 쓰임새로 구분지은 것이다. 향찰은 향가 이후 용례를 찾을 수 없으므로 고려시대로 들어와서 이미 소멸한 표기법이다. 참고로 이두와 구결의 예를 들어본다. 가령 '짐짓'은 이두로 故只, '다짐'은 이두로 侤音이라고 썼던 것이다. 가령 또 이두의 是如爲乃는 '~이다 하나'란 말이다. 구결은 '國之語音異乎中國'이란 한문을 해독하기 위해 편의상 토를 붙여 '國之語音이 異乎中國하야'라고 하는 따위다. 구

결은 한글이 나오기 전에는 한자를 이용해서 붙일 수밖에 없었는데 그 한자가 약호되기에 이르렀다. 위의 '이'는 伊→亻, '하야'는 爲也→ソ→가 되는 것이다. 이처럼 구결은 일종의 발음기호의 성격을 띠었는데 그 형태가 일본글자의 카따까나와 유사한 꼴이다. 일본은 이 방식을 자기들의 문자로 확대·발전시킨 것이다.

— 임형택「한민족의 문자생활과 20세기 국한문체」,
『한국문학사의 논리와 체계』, 창비 2002, 431면.

최경봉 유길준(俞吉濬)은 근대적 어문생활로서 언문일치를 이야기하면서 한자와 한문은 다르다는 것을 유난히 강조합니다. 그래서 한문을 축출해야 한다고 하면서도 한자는 국어의 일부가 되었다고 봤어요. 한자를 국어문법에 따라 활용하여 국한문을 구현하려 했던 거죠. 이처럼 국한문 글쓰기를 강조하면서도 『노동야학독본(勞動夜學讀本)』(1908)이라는 교과서를 저술하면서 한자에 국문을 부기하여 자연스러운 우리말 문장을 만드는 훈독식 국한문을 썼습니다. 그 책을 개정한 『노동야학(勞動夜學)』(1909)에서는 거의 국문으로만 썼고요. 중세 때 언문과 한문의 이중문어체계가 존재했다면 근대 초에는 국문과 국한문의 이중문어체계가 있었던 겁니다. 『독립신문』은 국문으로, 『황성신문(皇城新聞)』은 국한문으로 발행하고, 성경을 국문과 국한문으로 발행하는 등 두가지 문어양식이 이중으로 사용되었죠. 유길준의 경우에는 근대적 이중문어체계에 대한 인식이 분명했던 것 같아요. 논설류나 사상을 풀어낸 글은 국한문으로 쓰고 일반 대중을 대상으로 하는 쉬운 글은 국문으로 써야 한다는 생각을 갖고 있었거든요.

그런데 사람들이 점차 이중문어체계를 단일화해야 한다는 생각을 하게 됩니다. 1920년대부터는 그럼 어느쪽으로 단일화할지 고민하다가 근대적인 정신을 구현하는 것은 결국 국문 글쓰기라는 합의가 이루어지죠. 그렇게 문체는 국문체가 됐지만 또 한자를 어떻게 할 것인가 하는 문제가 제기됩니다. 그 결과 20년대 이전과 이후의 국한혼용문은 질적으로 많이 다릅니다. 20년대 후부터는 국한문이라 하더라도 문체상 순국문과 거의 차이가 없고 단지 국문 문장의 한자어에 한자를 쓸지 말지가 문제였지요. 그래서 우리가 지금 이야기하는 국한혼용의 문제는 사실은 20~30년대 글쓰기 양식에서의 국한혼용 문제입니다. 우리말을 우리글로 쓰는 것을 자연스럽게 생각할 때 한자의 위상을 어떻게 설정할 것인가의 문제로 질적인 변화를 하게 된 거죠.

임형택 이게 바로 공동문어체제를 탈피하는 과정에서 발생한 문제입니다. 최선생님은 20세기 초에 국한문과 국문의 이중문어체계가 형성됐다고 지적하셨는데 그게 맞습니다. 이 문제와 관련한 당시의 어문현실을 설명하겠습니다. 이 시점에 부상한 국문체와 국한문체는 그 이전 단계와 질적인 차이가 발생했다고 봐요. 국한문체는 전에도 있기는 했지만 실상은 용도가 극히 한정되어 있었죠. 경서(經書)의 언해(諺解), 『청구영언(靑丘永言)』(1728) 같은 노랫말 가사뿐이었거든요. 언해는 경전 원문의 해독을 목적으로 했지 일반적으로 읽고 쓰는 글은 아니었고, 가사도 노래 전수의 목적이었지 일반 시하고도 다르지요. 한시 형식을 갖춘 것이 시이고 가창을 위한 국문시가 따로 존재했으니까요. 근대 이전까지 글쓰기 형식으로서의 국한문체는 부재한 상태였다고 말해도 과언이 아닙니다. 그러다가 19세기 말부터 국

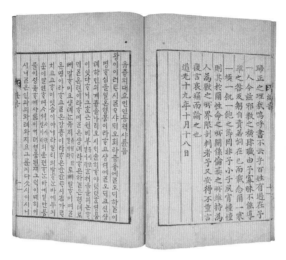

「유중외대소민인등척사윤음(諭中外大小民人等斥邪綸音)」. 1839년(헌종 5년) 10월 18일에 천주교의 폐해를 알리고자 백성에게 반포한 윤음이다. 한문본 7장과 언해본 9장을 수록해 누구나 읽을 수 있게 했다.

한문체의 의미와 위상이 확연히 달라집니다.

국문체는 근대 이전에도 제법 통용이 되긴 했습니다. 일반 백성에게 문자를 제공한다는 당초의 취지에 따라 윤음(綸音), 즉 임금이 신하나 백성에게 두루 알리고 깨우치기 위한 문건에는 일반적으로 한문과 국문을 나란히 실어 공표했습니다. 하층 남자들의 국문 해독률은 그리 높지 못했지만 규방 여성들이 국문으로 된 편지, 즉 언간(諺簡)을 주고받았고 국문소설이 상당한 범위로 읽혔습니다. 국문은 주로 여성들 사이에서 사용되거나 여성을 대상으로 사용됐지요. 허다히 생각하듯, 남자들이 국문을 비하해서 안 썼다는 것은 꼭 실상에 부합하지는 않습니다. 남성들도 여성들에게 글을 쓸 때는 국문으로 썼지요. 흥미롭다면 흥미로운 현상입니다. 앞서 일본은 일찍이 화한

혼용체가 통용되었다고 말했는데 그 폭이 넓었던 셈이고요. 『매천야
록(梅泉野錄)』(1864)에서 국한문체를 두고 일본인들의 방식이라고 말
한 것은 이런 까닭이죠.

중세국어로 쓴 언간

① 죽산안씨가 아들 정철과 정황에게 보낸 편지

　　아기네 젼 답샹빅

　　나는 의심 업시 이대 인노이다 형뎨부니 이대

　　겨쇼셔 나리 하 험하니 더욱 분별 〃 하옵

　　노이다 이 고여리 조심돌 하쇼셔 우리 큰집도

　　대되 무소히 인느이다 시위 큰 마리도 두 고대셔

　　부조로곰 주려 하신단느이다 사디 말라

　　코 주여니 이리도 여느이다

　　모안

　　신미 뉴월 스므여두랜날

　　　　　　　　　　　　—「죽산안씨언간(竹山安氏諺簡)」, 1571.

② 효종이 딸 숙명공주에게 보낸 편지

　　너는 싀집의 가 바틴다는

　　하거니와 어이 괴양이는 품고

　　잇는다 힝혀 감모나 하얏거

　　든 약이나 하야 먹어라

　　　　　　　　　　　—『숙명신한첩(淑明宸翰帖)』, 1652~59년 작성 추정.

백낙청 남자들끼리 글을 쓸 때는 국문으로 안 썼지요. 그건 남자를 더 높이 본 거 아닌가요?

임형택 그런 차원은 아니라고 봐요. 자기 어머니를 낮춰볼 순 없거든요.

백낙청 여성이라는 점에서는 낮춰보는 거죠. 아버지만 못하게 보는 거죠.(웃음)

임형택 글쎄요.(웃음) 가부장제라는 틀에서 보면 어머니가 한 등급 낮지만 효라는 최고의 윤리에 비추어 모친도 결코 낮추볼 수는 없어요. 또한 가부장제라는 사회구조는 극복해야 할 제도이긴 해도 당시의 문화적 관행으로 보는 것이 옳지 않을까요. 어쨌든 19세기 말부터 국한문체의 의미와 위상이 확연히 달라집니다. 또한 전통적인 성적분할 구도, 즉 남성은 한문체를 쓰고 여성은 국문체를 쓰는 관행을 탈피해 국문체도 일반적인 글쓰기로 격상되고요. 국문체와 국한문체의 이중문어체계란 이렇게 성립한 것입니다.

국문체와 국한문체, 이중문어체계의 변화

임형택 근대계몽기를 주도한 문체인 국한문체와 국문체의 관계에 대해서도 잠깐 거론하죠. 국문체는 최초의 일간지인 『독립신문』에서 먼저 들고 나옵니다. 놀랍도록 혁신적인 일인데, 그래서 독자들이 따라주지 못했어요. 2년 후 『황성신문』이 국한문혼용체로 발행되고 이어 잡지나 교과서 등 속속 발간되는 계몽적 출판물들도 국한문혼용체를 쓰면서 대세를 이루지요.『황성신문』창간호의 발간사에 해당하는 글에서는 국한문체를 유교문명의 전통이 담긴 문자와 세종대왕이 창조하신 문자를 병용하는 방식이라고 당당하게 천명합니다. 근대계몽기의 국한문체는 한문체로 문화적 관습을 이루었던 질곡에서 빠져나오는 과도기적인 결과이긴 했지만 나름대로 이데올로기적 성격을 지닌 것이었습니다. 당시 광무정권의 지향과도 무관하지 않다고 봅니다. 반면 국문체는 열세에 놓이긴 했지만 이미 국한문체를 부정하는 의식이 제기되기도 했지요. 한국의 정신사에서 한자, 한문을 부정하고 배제하는 의식은 이 단계에서 나타난 현상인데 후일에 한글전용 대(對) 한자혼용이란 20세기 문화적 대논쟁의 서막이 되었던 셈이지요.

『독립신문』과 『황성신문』의 문체 비교

우리 신문이 한문은 아니 쓰고 다만 국문으로만 쓰는 거슨 샹하 귀쳔이 다 보게 홈이라. 또 국문을 이러케 귀졀을 쩨여 쓴 즉 아모라도 이 신문 보기가 쉽고 신문 속에 잇는 말을 자셰이 알어 보게 홈이라 각국에셔는 사룸들이 남녀 무론ᄒ고 본국 국문을 몬저 비화 능통ᄒ흔 후에야 외국 글을 비오는 법인듸, 죠션셔는 죠션 국문은 아니 비오드리도 한문만 공부ᄒ는 까둙에 국문을 잘 아는 사룸이 드물미라. 죠션 국문ᄒ고 한문ᄒ고 비교ᄒ여 보면 죠션 국문이 한문 보다 얼마가 나흔 거시 무어신고 ᄒ니 첫지는 비호기가 쉬흔이 됴흔 글이요, 둘지는 이 글이 죠션글이니 죠션 인민들이 알어셔 빅ᄉ을 한문듸신 국문으로 써야 샹하 귀쳔이 모도 보고 알어

보기가 쉬흘 터이라. 한문만 늘 써 버릇ᄒ고 국문은 폐혼 짜둙에 국문으로 쓴건 죠션 인민이 도로혀 잘 아러보지 못ᄒ고 한문을 잘 알아보니 그게 엇지 한심치 아니ᄒ리요.

— 1896년 4월 7일자 『독립신문』 창간 논설 일부.

大皇帝陛下끠셔 甲午中興之會롤 適際ᄒ샤 自主獨立ᄒ시ᄂ 基礎롤 確定ᄒ시고 一新更張ᄒ시ᄂ 政令을 頒布ᄒ실시 特이 箕聖의 遺傳ᄒ신 文字와 先王의 創造ᄒ신 文字로 並行코져ᄒ샤 公私文牒을 國漢文으로 混用ᄒ라신 勅敎롤 下ᄒ시니 百揆가 職을 率ᄒ야 奔走奉行ᄒ니 近日에 官報와 各府郡의 訓令指令과 各郡에 請願書報告書가 룬라. 現今에 本社에셔도 新聞을 擴張ᄒᄂ디몬져 國漢文을 交用ᄒᄂ거손 專혀 大皇帝陛下의 聖勅을 式遵ᄒᄂ 本意오 其次ᄂ 古文과 今文을 幷傳코져홈이오 其次ᄂ 僉君子의 供覽ᄒ시ᄂ디 便易홈을 取홈이로라.

— 1898년 9월 5일자 『황성신문』 창간사 일부.

최경봉 국문과 국한문의 이중문어체계가 단일한 체계로 변화하는 변곡점도 1919년 3·1운동인 것 같더군요. 그래서 국한문체도 20년대부터 급격하게 변하는 것 같고요. 그런 점에서 보면 1894년에 국문을 기본으로 한다는 공문식을 공포하면서도, 국문 문서에는 한문 번역을 덧붙이라고 하거나 국한문으로도 쓸 수 있다는 단서를 붙인 건 근대적 어문생활이 시작단계였음을 보여준다고 생각합니다. 어문생활의 근대는 1894년에 시작되었지만 본격적으로는 1919년을 기점으로 1920년대부터 시작되었다고 저는 정리하고 있습니다.

왼쪽부터 주시경, 지석영, 이능화. 세 사람은 1907년(광무 11년) 7월에 설치된 국문연구소에서 위원으로 활동하며 국문연구에 관한 의견을 활발히 개진했다.

임형택 언어의 규범 문제와 관련해서는 그에 앞서 1900년대 '국문연구소(國文硏究所)' 활동도 중요하게 봐야겠지요?

최경봉 네. 표기법과 문법의 체계화 단계에서 국문연구소의 활동에 주목해야 합니다. 국가에서 국어규범을 만들기 위해서 1907년에 최초로 설립한 기관인데요, 상설기관은 아니었지만 설립 이후 주시경 (周時經), 지석영(池錫永), 이능화(李能和)처럼 국문에 관심이 깊은 사람들이 모여 연구를 하고 국문표기의 기초를 마련했습니다. 그때의 연구내용이 지금까지 이어지는 국어규범의 토대가 되었죠.〔부록3〕당시 보고서들을 보면 국문표기와 관련한 문제를 주로 다루었지만 문법서를 만들고 국어사전을 편찬해야 한다는 문제의식도 확인할 수 있습니다. 실제로 활동이 끝나는 1909년을 전후해서 규범문법서들이 많이 나왔죠. 유길준의 『대한문전(大韓文典)』(1909)이나 김규식(金奎植)의 『대한문법(大韓文法)』(1909)이 그렇고, 특히 주시경의 『국어

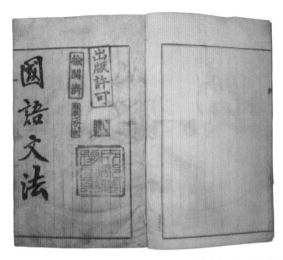

주시경의 『국어문법』 육필원고. 조선총독부 경무국의 검열과 출판허가 흔적이 있다. 1910년 박문서관에서 발행되었으며 현대문법의 체계를 개척하여 「한글마춤법통일안」의 기초를 세운 책이다.

문법(國語文法)』(1910)은 내용과 체계에서 당대 규범문법의 결정판이라고 볼 수 있습니다. 이처럼 국어규범화의 기초를 닦고 어문생활의 출발점을 제공했다는 점에서 국문연구소에 역사적인 의미가 있다고 생각합니다.

임형택 우리글 쓰기를 규범화하는 문제가 국문연구소에서도 중대한 과제였겠죠? 당시 규범 문제가 그렇게 중시된 이유는, 사람들이 글을 필사하는 실상을 들여다봐야 구체적 이해가 가능합니다. 국문연구소를 주도한 주시경 선생이, 지금 사람들이 글을 쓰는 것을 보면 "글자마다 같지 않고〔書書不同〕 사람마다 다르게 쓴다〔人人異用〕"(『국어문법』 서문)라고 탄식합니다. 제가 고소설에 관심을 두어 필사본 국문소설류를 수집해서 더러 자료소개를 한 일도 있는데 주시경 선생의 지적이 딱 들어맞아요. 한글이 창제 후 200~300년까지는 한글표기체계가 엄정하지 않아요. 언제부터인지 민간의 표기는 제각각이 되었던 겁니다. 사람마다 제멋대로 쓴 결과로 빚어진 현상이겠지요. 국문이 서민대중으로 하향화하는 과정에서 일어난 현상이라고 보면 긍정적으로 평가할 소지가 크지만 근대적 국가의 국민이 쓰는 글이라면 당연히 일정한 원칙과 기준이 제정되어야 함은 더 말할 것도 없겠지요. 국가의 공적기구로서 국문연구소는 당시 뜻있는 분들의 절실한 요구가 받아들여져 설립되었습니다. 아울러 유의할 점이 있는데 당시 민간 차원에서 국문운동이 일어난 일입니다. 간혹 '국문학교'라는 게 자주 당시의 신문 지면에 나오는데 이에 대해서 본격적인 연구는 이루어지지 못한 듯해요. 우리 국문을 일반 국민에게 널리 가르쳐야 한다는 국문운동의 열의가 국가기구로 수용된 것이겠지요. 근대 한국어 역사의 초입에서 마땅히 시선을 돌려야 할 대목들입니다.

국문소설의 전통, 근대소설의 발판이 되다

백낙청 우리말의 표준화 노력과 그 시대적 의의, 그리고 내재된 문제점, 이런 건 정선생님께 설명을 부탁드릴까 하는데, 그에 앞서 지금 하는 논의에 대해서 저도 덧붙여보겠습니다. 앞서 이중문어체계라고 하셨지만 사실 19세기 말엽부터 20세기 초까지는 삼중문어체계라고 봐야죠. 이제 한문이 공문서에서 사라진다고 했지만 국문을 쓰되 여전히 한문 번역을 붙이거든요. 또 한 나라의 어문생활을 얘기할 때 그 시대의 문학이나 사상적인 업적도 중요한데 『매천야록』이나 창강(滄江) 김택영(金澤榮)의 한시 같은 건 굉장히 높은 수준의 저술로 평가받지 않습니까. 저는 그걸 평가할 능력이 없습니다만. 그러다가 한문이 서서히 몰락하면서 어떤 의미에서는 국한문의 위상이 더 높아진 면도 있죠. 가령 소설은 원래 국문의 영역이었는데 오히려 소설에 국한문혼용이 나타나기 시작하지 않습니까? 어떻게 보면 소설이 규방 여성들의 영역에서 나와서 사상적인 표현을 포괄하는 데까지 발전하면서 국문만으로는 안 되겠다고 느낀 사람들이 국한문을 쓰기 시작한 건데, 이것은 적어도 한국소설에서는 정착되지 못하고 마침내 논설문에서도 국한문이 거의 밀려나는 역사를 보입니다.

임형택 방금 말씀하신 한문학은 20세기로 넘어와서도 엄연히 존속했으므로 응당 제가 거론해야 할 사안인데 지나쳤네요. 한문학은 역사적으로 보면 사양길로 접어들었지만 종전까지 주류적 형세를 차지했던 것이니 물리적 전환이 아닌 이상 종적을 감출 수 없었음은 기실 불가피하고 자연스런 현상이겠지요. 애국계몽적인 한문학 작품이 창출되어 황혼기의 한문학사는 마치 석양에 지는 노을처럼 황홀한 빛을 발했으며, 구제도가 종식된 1910년에는 오히려 한시가 성황을 이루는 기현상을 빚어내기도 합니다.

이 정도로 언급해두고 근대소설의 출현과 관련해 문체에 초점을 맞춰서 얘기할게요. 제대로 논의하자면 몇시간은 잡아야 할 주제이지만 소략하게 요점만 간추리지요. 우리가 근대문학, 근대소설이라고 할 수 있는 것이 3·1운동을 경험한 이듬해 1920년부터 나오기 시작하는데 당시 발표된 소설의 문면을 보면 아주 흥미로운 현상이 포착됩니다. 전에는 그림자도 없었던 한자가 소설 속에 쓰이기 시작해요. 곧 국한문체지요. 그런데 그것은 오래 지속이 안 되고 1924~25년쯤 되면 신문·잡지에 발표된 소설에서 한자가 차츰 사라져요. 왜 이런 현상이 나타났느냐? 설명하기 쉽지 않은 문제인데, 우선 한자가 소설에 들어온 경위는 설명이 가능해요. 금방 백선생님도 소설에서 사상을 담는 점을 언급하셨잖아요. 근대 이전에도 국문소설이 존재했지만 주로 규방이나 사랑방의 읽을거리에 불과했습니다. 전래의 수다한 국문소설의 작자가 드러나지 않은 사실도 이와 관련됩니다. 예외적으로 김만중(金萬重)의 『구운몽(九雲夢)』(1688)이나 조성기(趙聖期)의 『창선감의록(彰善感義錄)』(1930년대 이전 저작으로 추정됨) 같은 경우 작자의 이름이 훗날 밝혀진 것이지 내가 이 소설을 지었노라고 명기된 사례는 사실상 단 한편도 없을 거예요. 한문소설은 작가가 명기된 것이 많은데 그만큼 성격도 달랐지요. 신소설 단계로 와서 비로소 이인직(李人稙), 이해조(李海朝) 같은 뚜렷한 작가가 등장하면서 발표지면에 작가의 이름이 명기됩니다. 그러나 과거의 흥미 본위의 소설에서 신소설이 얼마나 나아갔는지 따져묻는다면, 제가 보기엔 오십보백보가 아닌가 싶어요.

그런데 1920년대 초 현진건(玄鎭健), 염상섭(廉想涉), 나도향(羅稻香), 김동인(金東仁) 등의 소설을 읽어보면 다릅니다. 소설은 근대주체의 자기표현 형식으로서 '나는 작가다'라는 확실한 의식을 가지고 소설을 창작한 겁니다. 단순한 이야기가 아닌, 나의 고뇌를 표현하고 사상을 담는 형식으로 소설을 생각하고 창작을 실천했습니다. 그래서 논설문과 같은 의식의 차원에서 국한문체를 채택한 것이지요. 그런데 국한문의 소설이 왜 단명했을까요? 이 질문에 대해서는 당시의 지면에서 설명해놓은 것을 발견하지 못했고 저 역시 이를 해명할 뾰족한 논리를 세우지도 못했습니다. 다만 순국문의 소설이 성공한 이유는 대개 설명할 수 있습니다. 순국문의 소설은 작가 입장에서 충분히 써낼 수 있었고 그런 소설이 독자들에게 더 잘 다가갈 수 있었기

상단 왼쪽부터 시계 방향으로 현진건, 염상섭, 김동인, 나도향. 1920년대를 대표하는 소설가들로서 근대적 주체로서의 자의식과 개성, 시대적 괴로움을 사실적으로 담아냈다.

에 성공했겠지요. 우리 글쓰기문화에서 한자가 종직을 감춘 것은 언제부터일까요? 우선 논설문에서는 왜 한자를 배제하지 않고 국한문체를 계속 썼을지 생각해야 될 것 같아요.

정승철 제가 학위논문 쓰던 1990년대에도 한자를 썼으니까….(웃음)

임형택 논설체에서는 아무래도 한자를 배제하기가 쉽지 않죠. 반면에

소설은 생활을 표현하는 것이니까 그게 가능했습니다. 소설이란 속성 자체가 삶의 구체성을 그리기 때문에 한자에 의존하지 않고도 표현과 전달이 용이한 편입니다. 한편 국문소설의 전통이 배경으로서 뒷받침해주었던 점도 주목할 필요가 있다고 봅니다. 과거의 규방소설이나 서민소설류는 모두 예외없이 국문을 쓰지요. 국문소설의 관습은 신소설로 이어지고, 문학사에서 최초의 근대소설로 등록된 이광수(李光洙)의 「무정(無情)」(1917)도 순국문으로 돼 있거든요. 저는 「무정」이 근대소설로서는 문제점이 있다고 보는 입장입니다. 「무정」의 국문체 또한 근대소설에 대한 인식이 불투명했던 것으로 해석하거든요. 이광수도 「개척자(開拓者)」(1917)로 오면 한자를 도입하죠. 본격적인 근대소설은 3·1운동 이후에 성취될 수 있었다고 보는 이유이기도 한데, 「무정」에 이르는 국문소설의 전통이 근대소설의 발판이 된 것은 분명합니다.

「무정」과 「개척자」의 문체 비교

경성학교 영어교사리형식은 오후두시사년급 영어시간을마초고 나려쏘이는 륙월볏헤 쌈을흘니면셔 안동김장로의집으로간다 김장로의 쏠 션형이가 명년미국류학을 가기위ᄒ야 영어를준비홀ᄎ로 리형식을미일한시간식 가뎡교사로 고빙ᄒ야 오날 오후셰시부터 슈업을시작ᄒ게 되엿슴이라
— 이광수 「무정」, 1917년 1월 1일자 『매일신보(每日申報)』

十二月을 잡은 엇던 눈몹시 오날날, 性哉는 人力車를 타고 집에 돌아왓

다. 사룸 만히 往來ᄒᆞ지안는 桂洞골목에는 오직 性哉의 타고온 人力車자
리쑨이엇다, 光明燈에 여긔져긔 불이 반짝반짝 켜질씨에 性哉는 긔운업
시 人力車에서 나려서 좁고나즌 大門을 들어서며,

「성순아!」 ᄒᆞ고 블럿다.

— 이광수 「개척자」, 1917년 12월 14일자 『매일신보』

백낙청 네. 덧붙여주셔서 감사합니다. 다음으로는 일제식민지시대의
표준화, 규범화 운동에 대해서 말씀해주시면 어떨까 합니다.

임형택 '일제식민지시대'라고 하시니 덧붙이겠습니다. 언젠가 원고에
'일제식민지시기'라고 썼더니 나중에 '일제강점기'로 바뀌어 있더라
고요. 편집자가 교정한 모양이에요. 저는 그 시기가 일제의 강점상태
였음을 부정하려는 뜻은 아니고, 제국주의에 의한 식민지 지배가 세
계보편적 상황이었으므로 세계사적 인식이 필요하다는 관점에서 의
식적으로 일제식민지시기라고 씁니다.

표준어와 철자법, 어떻게 나왔나

정승철 국한문체와 국문체의 문제는 19세기 말에 펼쳐진 여러가지 실
험 중의 하나였다고 생각합니다. 계몽을 위해서는 국한문체가 좀더
적합했습니다. 당시의 국문체로는 근대적 용어를 제대로 표현할 수
없었을 테니까요. 하지만 국한문체를 쓰려다보니 정작 계몽의 대상

이 되는 독자들이 글을 읽어낼 수 없다는 문제가 생깁니다. 그래서 국문체에 대한 논의가 다시 시작되었고 그 고민은 표기규범과 관련되어 있었습니다. 임형택 선생님 말씀처럼 국문체의 표기가 제각각이라서 알아보기 쉽게 통일하는 작업들이 벌어지지 않았나 합니다. 언어학자나 국어학자 입장에서는 조선시대의 국문체 표기가 너무 다양해서 당시 사람들의 언어생활을 추정할 수 있는 정보를 많이 주니까 오히려 좋은 면도 있지만요. 실제로 글을 읽고 의사를 전달하기 위해서는 표기가 통일돼야 하는 필요성이 제기됐죠. 이건 우리나라만의 문제는 아니었습니다. 19세기 말 제국주의 국가들은 국민의 의사를 결집하기 위해 자국 언어의 표기를 통일하고 표준어를 그 수단으로 활용했습니다. 표준어를 중심으로 국어개혁을 완성하고 피식민지의 언어를 말살해 자국어로 통합하려고 노력하기도 했지요. 한국 같은 피식민지의 경우 마찬가지로 일본제국주의 국어에 맞서 한국어를 보존하기 위해 표준어 개념을 도입하게 되고요.

표기법 정립 이전의 국문체

1. 조선 후기 고소설의 이본에 나타난 표기 차이

36장본: 뇌 죽은 후의 과도이 슬허 말고 대셩을 잘 길너 가문을 빈뇌쇼셔
24장본: 뇌 죽은 후의 과도이 슬허 말고 딕셩을 잘 길너 가문을 빈뇌쇼셔
[현대어] 내가 죽은 뒤 과도하게 슬퍼하지 말고 대성을 잘 길러 가문을 빛내소서.

36장본: 부인이 듯고 쏘흔 신긔이 넉이믈 마지 아니ᄒ더라.

24장본: 부인이 듯고 쏘흔 신긔히 넉이믈 마지 아니ᄒ더라.

[현대어] 부인이 듣고 또한 신기하게 여겨 마지않았다.

조선 후기 민중들 사이에서 선풍적인 인기를 끌었던 목판본 한글소설, 이른바 방각본(坊刻本) 고소설(古小說)은 상업적으로 유통되는 과정에서 수많은 이본(異本)을 낳았다. 특히 영웅소설 「소대성전」은 서울과 전주 지역에서 모두 방각본으로 간행되었고 필사본도 많이 전해진다. 남아 있는 이본을 비교해보면 내용 차이는 크지 않지만 통일된 표기법이 존재하지 않는 상황에서 표기만 다르게 나타나는 경우를 쉽게 찾아볼 수 있다.

— 이지영 「방각본 〈소대성전〉의 표기차이와 언어변화의 관련성에 대한 고찰」,
『개신어문연구』 제24집, 2017, 48~51면.

2. 『독립신문』과 『매일신문』에 나타난 표기 차이

㉠ 의쟝 톄임) 즁츄원 의쟝 리하영씨는 슈칙 ᄒ고 계오 두 번 ᄉ진 ᄒᆫ 후에 ᄉ직 상쇼 ᄒ엿다더니 그젯긔 밤에 긔어히 갈녓다는 말이 잇다더라

[현대어] 의장 퇴임) 중추원 의장 이하영씨는 수칙(修飭, 몸을 바르게 하고 언행을 삼감)하고 겨우 두번 사진(仕進, 출근)한 후에 사직 상소 하였다더니 그저께 밤에 기어이 갈렸다는(교체되었다는) 말이 있다더라.

— 1899년 2월 22일자 『독립신문』

㉡ 근일에 즁츄원에셔는 의쟝 리하영씨 톄임ᄒᆫ ᄭ닥으로 모든 의관들이 사진 ᄒ엿다가 아모 회의도 못ᄒ고 일즉 파ᄉ를 흔다더라.

[현대어] 요즘 중추원에서는 의장 이하영씨가 퇴임한 까닭으로 모든 의관들이 사진하였다가 아무 회의도 못하고 일찍 파사(罷仕, 일을 끝냄)를 한다더라.

ⓒ 갈닌 의관 리건호씨가 〔…〕 공연이 벼슬 다니며 나라 록복만 먹을 수가
업다고 ᄒᆞ고 다시 긔어히 ᄉᆞ직을 ᄒᆞ랴고 쳥원셔를 ᄒᆞ엿더니 이번에 갈니 엿
다더라.

[현대어] 갈린 의관 이건호씨가 〔…〕 공연히 벼슬을 다니며 나라의 급료만
먹을 수가 없다며 다시 기어이 사직을 하려고 청원서를 하였더니 이번에 갈
리었다더라.

— 1899년 2월 22일자 『매일신문』

『독립신문』과 『매일신문』은 국문체 문장을 사용하여 한글의 보급과 한
글신문시대의 형성에 크게 기여했다. 특히 『독립신문』의 제작과 발간에
는 주시경이 참여하여 한글표기법 확립에도 일조했다. 다만 「한글마춤법
통일안」 제정 이전에 발간된 만큼 두 신문의 한글표기법은 조금씩 차이가
있다. 같은 날 발행된 『독립신문』과 『매일신문』의 기사를 비교해보면 띄
어쓰기(ⓐ 갈녓다ᄂᆞᆫ과 ⓒ 갈니 엿다더라)와 단어표기(ⓐ ᄉᆞ진 ᄒᆞ과 ⓑ ᄉᆞ
진 ᄒᆞ엿다가, ⓐ ᄉᆞ직과 ⓒ ᄉᆞ직)가 다름을 확인할 수 있다.

표준어 개념은 두가지를 구별해서 봐야 합니다. 서울과 지방의 대
결, 그리고 국가와 민간의 대립입니다. 서울과 지방의 문제를 보면
요, 1935년 당시에 민간 국어운동을 주도한 조선어학회에서 표준어
사정위원회를 구성하고 1만여개의 단어를 심의해서 그중 6천여개를
표준어로 정합니다. 그 위원이 73명인데 과반인 37명이 서울과 경기
출신 위원이었고, 표준어로 할지 말지를 결정할 권한을 이들에게만
줬다고 해요. 나머지 지방 출신 위원들은 이의제기만 할 수 있었고

요. 표준어 제도를 도입하는 과정에서 이미 서울중심의식이 반영돼 있었다는 것을 알 수 있습니다. 모든 공적 문서는 물론이고 신문, 잡지, 그리고 조선총독부가 만든 국어교과서인 『조선어독본(朝鮮語讀本)』(1911)을 제외한 교과서가 모두 일본어로 쓰여 있을 정도로 초강력한 일본어에 대항해야 하는 상황에서 어쩔 수 없는 선택이었다고 생각합니다.

국가와 민간의 문제와 관련해서는, 『조선어독본』을 만들면서 조선총독부가 정한 국가표준어와 조선어학회의 민간표준어가 각각 존재했는데 '나리다'(국가)와 '내리다'(민간), '우'(국가)와 '위'(민간) 등 미묘한 차이가 나는 사례가 상당수 발견됩니다. 이 시기에 학교를 다닌 사람들은 국가표준어를 알고 있었는데 그에 맞선 민간표준어 운동이 강력하게 일어나면서 점차 그쪽으로 전환되지요. 그리고 광복 이후 이 민간표준어가 국가표준어로 새로 확립되면서 운동을 벌인 분들이 언어정책을 주도하는 세력으로 정착합니다. 북한도 마찬가지고요. 표준어운동이 의사소통을 원활하게 하는 데 기여하고 일제강점기에 한국어의 독립을 위해 애쓴 것은 분명하지만 광복 이후에도 그 기조가 변하지 않고 그대로 유지되어 여러가지 문제점들이 발생하게 됐다는 거죠.

임형택 맞춤법에 대해서도 같이 얘기를 해보는 게 좋겠네요.

백낙청 그건 최교수님께서 보충해주시죠.

형태주의 표기법의 확립

최경봉 정선생님 말씀 중에 국가표준어 관련해 자칫 오해될 만한 부분이 있어서 한마디 덧붙입니다. 표준어라 하면 대부분의 사람들은 표준어 규정과 그 규정에 따라 선정한 표준어 목록을 떠올립니다. 조선어학회에서 처음 표준어사정안을 발표했을 때 규정과 목록을 제시했으니까요. 그런데 정선생님께서 말씀하신 국가표준어는 그런 목록이 아니라 서울, 당시 경성(京城)의 말을 기본으로 삼아 편찬한 교과서를 통해 제시된 것으로 이해하시면 되겠습니다.

표기법과 관련해 말씀드리면, 국문연구소의 표기법이 대체로 주시경 선생의 주도로 정해졌는데 형태주의 철자법이라고 해서 말의 형태를 고정적으로 밝히는 방식으로 방향이 잡혔습니다. 그런데 국문연구소의 논의가 마무리된 게 1909년이다 보니까 그 표기법을 실현할 기회가 없었죠. 1912년에 나온 「보통학교용 언문철자법」은 조선총독부에서 만든 겁니다. 이것은 국문연구소에서 합의한 대원칙인 형태주의 철자법을 수용하지 않고 표음주의에 따른 철자법을 채택했어요. 표음주의에 따라 표기하면 '없으니' '꽃이'를 소리 나는 대로 '업스니' '꼬치/꼿치' 등으로 쓸 수 있으니 편리하다는 장점은 있지만, 일관성이 떨어지고 의미파악이 어려울 수 있습니다. 그래서 주시경 선생이 형태주의 철자법을 제시한 것이었거든요. 형태주의 철자법으로 쓰면 '없고[업꼬], 없는[엄는], 없어[업서]'의 '없-'과 '꽃이[꼬치], 꽃을[꼬즐], 꽃만[꼰만]'의 '꽃'을 발음 환경의 변화와 관계없이 동일하게 표기하여 단어의 형태를 나타낼 수 있으니까요. 그러다보니 조선어학회가 조선총독부의 철자법을 개정해야 한다는 요구를 줄기차게 합니다. 조선총독부의 철자법을 국문연구소에서 함의한 대원칙인 형태주의 철자법으로 되돌리려는 목적의식이 작용한 결과지요. 국문연구소의 '실패'가 어떻게 보면 일제강점기에 우리식의 어문규범화를 도모하는 계기가 되었다고 할 수 있습니다.

철자법 제정과 더불어 조선총독부에서는 1911년에 조선어사전 편찬계획도 세우거든요. 거기에 대응해 주시경과 김두봉(金枓奉) 선생이 같은 시기 광문회(光文會)에서 말모이 편찬사업을 추진합니다. 그 사업은 주시경 선생의 죽음과 김두봉의 망명으로 무산됐다가 이후 다시 진행되지요. 철자법에서도 그렇고 사전 편찬사업에서도 그렇고, 이처럼 조선총독부와 조선어학회의 길항관계는 일제강점기 내내 이어집니다. 그리고 결국 조선총독부의 철자법이 형태주의로 바뀌는 의미있는 성과를 내지요. 1930년의 「언문철자법」이 그것인데 조선어학회는 그보다 형태주의를 더 강화한 「한글마춤법통일안」을 1933년에 발표합니다.〔부록4〕 형태주의 철자법이 근대 어문기획의 핵심목표였던 셈인데, 이 철자법이 쓰는 사람마다 다른 점들을 통일하는 최선의 방안이라 생각했기 때문이었습니다. 주시경은 본음(本音)과 원체(原體)를 밝혀서 표기해야 의미전달이 명확해진다는 점을 내세워 형태주의 철자법을 관철했는데 문제는 겹받침을 비롯해 표기가 복잡해진다는 점이었습니다. 형태론적인 분석 결과를 반영한 표기법을 만들다보니 그 자체가 문법연구가 되었고요. 그래서 당시로선 일반인들이 전혀 생각 못했던 방식의 철자법이 새롭게 나온 거죠.

맞춤법통일안의 제정 과정

국문연구소의 「국문연구의정안」

19세기 말까지 국어표기는 국가적인 차원의 규정이 마련되지 않은 상태였기에 문헌마다 조금씩 다른 표기법을 보였다. 그런데 개화기에 학교를 설립하고 교과서를 만들면서 맞춤법 제정의 필요성이 대두되었다. 이에 1907년 대한제국은 학부(學部, 교육부) 안에 국문연구소를 설치해 맞춤법을 제정하도록 했다. 국문연구소에서 내놓은 「국문연구의정안」은 국가가 정한 최초의 종합적인 맞춤법통일안이었다. 된소리 표기를 할 때 'ㅅㄱ, ㅅㄷ, ㅅㅂ, ㅅㅈ' 등을 버리고 'ㄲ, ㄸ, ㅃ, ㅆ, ㅉ' 등을 채택한 것과 받침을 쓸 때 'ㄷ, ㅅ, ㅊ, ㅋ, ㅌ, ㅍ, ㅎ'을 쓰자는 내용은 오늘날의 맞춤법으로 이어졌다. 그러나 국문연구소의 맞춤법통일안은 1910년 한일강제합병으로 인해 공포 및 실시되지 못했다.

조선총독부의 「보통학교용 언문철자법」

조선총독부는 강제합병 이후 『조선어독본』이라는 국어교과서를 만들었고 새로이 맞춤법을 제정할 필요성을 느꼈다. 4명의 한국인 학자와 4명의 일본인 학자를 동원하여 「국문연구의정안」과는 별개의 「보통학교용 언문철자법」을 제정해 1912년 4월에 공포했다.

이 철자법은 아래 세가지를 주요 원칙으로 삼았는데

(1) 경성어(京城語)를 표준으로함.
(2) 표기법은 표음주의(表音主義)에 의하고 발음(發音)에 원(遠)한 역사적(歷史的) 철자법 등은 차(此)를 피(避)함.

(3) 한자음(漢字音)으로 된 어(語)를 언문(諺文)으로 표기하는 경우에는 특히 종래의 철자법을 채용(採用)함.

—「보통학교용 언문철자법」 서언(緖言)의 일부

표음주의 표기법의 표방이 눈에 띄며 아직 띄어쓰기 규정이 확립되지 않았음을 확인할 수 있다. 또한 「국문연구의정안」이 살려쓰기로 한 아래아(ㆍ)를 폐기하고 'ㅏ'를 쓰기로 한 점에서 진일보한 면이 있으나 된소리 표시를 'ㅅㄱ, ㅅㄷ'처럼 '된ㅅ'으로 표기하도록 하고 표음주의를 채택하는 등 「국문연구의정안」 이전으로 후퇴했다.

이후 이 통일안은 「보통학교용 언문철자법대요」(1921.1. 공포)와 「언문철자법」(1930.2. 공포)라는 이름으로 두차례 개정되었고 된소리표기나 받침표기 등에서 「국문연구의정안」과 점차 가까워졌다.

조선어학회의 「한글마춤법통일안」

국권을 빼앗긴 상황에서 주시경의 주도한 우리말 연구 및 보급의 열기는 대단했다. 1921년 조선어연구회(朝鮮語硏究會)가 발족되었고 1926년에는 훈민정음 반포 480주년을 맞아 훈민정음 반포일을 '가갸날' 혹은 '한글날'로 명명하고 기념식을 개최했다. 1931년에는 그 이름을 '조선어학회'로 바꾼 뒤 기관지 『한글』을 간행하면서 맞춤법통일안의 제정에 주력했다. 그 결과 1933년 11월 「한글마춤법통일안」이 공포되었다. 그 총론은 다음과 같다.

一. 한글 마춤법(綴字法)은 표준말은 그 소리대로 적되, 어법(語法)에 맞도록 함으로써 원칙을 삼는다.

二. 표준말은 대체로 현재 중류 사회에서 쓰는 서울말로 한다.

三. 문장의 각 단어는 띄어 쓰되, 토는 그 웃 말에 붙여 쓴다.

이 통일안은 각론이 65항에 달하는 체계적인 규정집이었으며 소리대로 적되 「언문철자법」보다 기본형과 어원을 더 철저하게 살려 표음주의와 조화된 형태주의 표기법으로 나아갔다. 특히 총론 제3항은 단어를 띄어 쓰되 조사를 그 앞말에 붙이는 띄어쓰기 시대의 개막을 알린다.

「한글마춤법통일안」은 권덕규, 정인섭, 최현배, 이희승 등 18명의 위원이 모여 당시 국어학의 정수를 모두 쏟아 만든 가장 정교하고 합리적인 안이었다. 결국 사회의 지지를 얻어 국가가 채택한 맞춤법이 되었고, 비로소 우리나라는 통일된 문자생활을 영위할 수 있게 되었다.

— 이익섭 『국어학개설』, 학연사 2000, 247~254면.

표기법을 문법의 문제로 다루려는 경향을 가장 비판한 사람이 홍기문(洪起文) 선생입니다. 표기법은 결국 사회적 약속인 만큼 이쪽으로 정하나 저쪽으로 정하나 약속을 하면 되는 걸 가지고 문법의 원리인양하며 다투는 게 말이 되냐며 비판했어요. 저는 그런 비판이 적절하다고 생각하지만, 하여튼 주시경의 연구와 국문연구소에서의 논의에서 비롯된 철자법 관련 연구들이 근대 국어학의 한 특징이 되었다는 점은 주목할 필요가 있습니다. 근대적인 어문개혁을 주도했던 사람들은 문법적 원리에 맞는 표기법을 정해야 한다는 목표의식이 분명했고, 이 목표의식이 역사적 수난 속에서도 어문 정리와 연구를 지속하게 한 힘이 되었다는 점에서 형태주의 철자법이 역사적 정당성을 얻게 되었지요. 해방 후 어문정책을 추진한 국어학자들에게는 우리가 원리원칙에 맞는 표기법을 정했기 때문에 이걸 따르는 게 맞다는 생각이 깔려 있었고, 규범을 대하는 태도에서 그런 생각이 오늘날까지 지속된 면이 있다고 생각합니다.

백낙청 제가 보기엔 그분들이 그렇게 생각한 것이 근대주의적인 측면도 물론 있지만 당시 상황에서는 민족적인 요구와 민주주의적인 요구를 동시에 반영한 결과라고 봐요. 다만 그 시대의 규범화작업하고 이후 국권을 회복한 다음의 그것이 여러가지로 다를 수 있는데 저는 그 차이가 중요할 것 같습니다. 규범화라 하면, 어느정도 강제성이 따르긴 하지만 국가권력과 법령에 의해서 강제되는 경우하고, 뭐랄까, 사회적으로 강력하게 권장되는 경우, 부드럽게 권장되는 경우 등 여러 등급의 차이가 있잖아요. 일제강점기에는, 저 일제강점기라는 말 안 쓰지 않습니다.(웃음) 그때는 그 추진자들이 아무리 강권을 행사하고 싶어도 자기들에게 권력이 없었잖아요. 그래서 총독부와 이론적으로, 운동으로 싸워서 조금씩 관철해나갔다면, 나중에 문교부 편수국장도 하신 최현배(崔鉉培) 선생 같은 분이 그랬듯 국가권력에 들어가서는 상황이 완전히 달라지는 거죠. 그러니까 규범화 자체의 문제와 당대 상황에서 그 규범화의 역사적 의미, 그리고 규범화의 강도라는 문제가 또 있지 않나 싶어요. 현대에 와서 맞춤법뿐 아니라 여러 언어규범이 세분화되는데 이 문제와 함께 논의하면 될 것 같습니다.

식민지배하에서 본격화된 어문규범 제정

임형택 저도 어문의 규범화, 즉 맞춤법과 표준어 문제는 해방 이전과 이후로 구분해 생각할 필요가 있다고 봅니다. 저는 학부 1학년 때 이희승 선생에게 맞춤법통일안에 대한 강의를 들었습니다. 맞춤법통일안 제정과 표준말 사정에 중요한 역할을 하셨고 일제 말에 홍원경찰서와 함흥형무소에 갇혀 있다가 해방을 맞아 풀려난 분이지요. 맞춤법통일안 제정 당시의 상황에 뒷이야기까지 곁들여서 더러 말씀하셨습니다. 그 과정이 얼마나 복잡하고 어려웠던가, 그 허다한 일화들을 이제는 기억하지 못하지만 재미있게 들었지요.

저는 과거의 맞춤법 내용을 지금 하나하나 따져보면 문제점이 있다 해도 전체적으로 높이 평가해야 하며, 더구나 참여한 분들의 노고와 충정에는 십분 경의를 표해야 마땅하다고 봅니다. 식민지배가 군국주의로 질주하는 1930년대 상황에서 우리말과 우리글을 규범에 맞게 제대로 쓰기 위한 노력은 민족위기에 자기 정체성을 잃지 않고 지키려는 의지의 집결이었거든요. 이 문제에 관심을 갖고 있던 주요인사들이 거의 다 참여해서 그 추진이 성사됐을 뿐 아니라 그야말로 폭넓은 지지와 성원을 받아서 진행이 됐지요. 표준말 사정에도 역시 마찬가지로 인적·물적 노력이 기울여졌습니다. 식민당국자의 눈에 벗어난 민간의 일이지만 당시 언론기관도 적극적으로 관심과 성원을 보냈거든요. 비록 국가권력과는 동떨어진 상태였지만 성과를 거두었고 영향력을 가질 수 있었다고 봐야 할 것입니다. 1936년에 나온 『사정한 조선어 표준말 모음』이 우리의 언어정리에서 중요한 의미를 가졌다, 일단 그렇게 평가해야 할 것 같아요.

조선어학회의 표준말 선정과 사전 편찬

1933년 조선어학회는 「한글마춤법통일안」으로 맞춤법 규정을 확립한 후 여러해에 걸쳐 표준말 제정에 힘썼다. 널리 쓰이는 낱말들을 선정해 그 중 표준말을 선별하는 작업이었다. 조선어학회는 73명으로 구성된 '조선어표준어사정위원회'를 조직해 1935년 1월에 충남 아산의 온양온천에서 조선어표준말사정 제1독회를 열었다. 일일이 낱말을 심의해 표준말을 사정하고 수정위원을 뽑아 다시 그것을 수정했다.

같은 해 8월에는 고양의 봉황각에서 제2독회를 열어 이전 독회의 결과물을 다시금 토의했다. 1936년 7월에 인천의 제1공립보통학교에서 마지막으로 제3독회를 열었고 10월 28일 서울 인사동에서 열린 훈민정음 반포 490돌 기념축하회에서 확정된 표준어 6,111개가 담긴 「사정한 조선어 표준말 모음」을 발표했다.

당시 문화운동의 중요성을 강조하던 민족주의자들은 조선어학회의 표준어 제정에 열렬히 호응했으나 일제는 민족주의를 고취한다는 이유로 조선어학회의 모든 집회를 금지했다. 이후 조선어학회의 활동은 사전 편찬 등의 순수 학술 연구로 제한되었는데 이는 대대적인 탄압의 서막이었다. 1942년에 일제는 조선어학회가 민족주의 단체로서 독립운동을 하고 있다는 이유로 학회 회원들을 대거 검거했다. 이 조선어학회 사건으로 간행 예정이었던 『조선어대사전』 원고는 일제에 압수되었고 조선어학회의 활동은 사실상 중단되었다.

그러나 이것이 끝은 아니었다. 해방 후 석방된 회원들은 조선어학회를 재건하고 1945년 10월 서울역 창고에서 일제에 압수되었던 사전 원고를 되찾았다. 조선어학회는 1947년 한글날을 기해 『조선말큰사전』 1권을 간행했고 1957년 6권 발간을 마지막으로 우리말 사전 편찬의 과업을 마무리했다.

— 최경봉 『우리말의 탄생』, 책과함께 2019, 183~90면.

백낙청 정승철 선생님도 해방 이전에 규범화를 주도하던 이들이 해방 이후에 자신들의 입장을 더 힘차게 밀고 나간 것이 문제라고 지적하셨지요. 그에 대해서는 나중에 더 자세한 분석을 해봐야겠습니다. 저도 한마디만 더 하면, 우리가 국한문혼용을 안 하고 국문체로 가면요, 국어표기법이 더 정교해지고 다소 어려워지는 것은 불가피하고 또 필요한 일이라고 봐요. 주시경 선생의 형태주의 맞춤법은 아주 옳은 방향이었다고 생각합니다. 그렇지만 그의 발상 중에 실행이 안 되어 다행이다 싶은 것은 음소문자인 한글의 장점을 살리자는 취지에서 제안된 풀어쓰기예요. 현재는 자모를 하나의 음절로 모아쓰기를 하고 있지요. 모아쓰기의 장점은 컴퓨터나 텍스트 문자를 써보면 아는데, 자모를 여러 음절로 조합하니까 수정하기가 굉장히 쉽습니다. 영어는요, 여러 글자 써놓고 지우려 하면 한 글자씩 다 지워야 돼요. 그런데 우리말 문장에서 단어를 지우면 음절이 통째로 날아갑니다. 그보다도 더 중요한 건 읽기가 편하단 거죠.

임형택 주시경 선생이 언제부터 그렇게 순우리말주의로 한자어를 배제했나요?

정승철 1908년까지는 한자말을 사용했고 1910년 『국어문법』에서 한

1935년 8월에 열린 표준어사정위원회의 제2독회 기념사진.

『사정한 조선어 표준말 모음』의 첫면.

자어를 배제하기 시작합니다. 거기서도 다 고치지 못해서 일부는 한 자용어가 나옵니다.

임형택 주시경 선생 호가 한힌샘(一白泉)이고 1914년에 돌아가셨죠? 주시경 선생에 관한 일화 한토막을 소개하죠. 유근(柳瑾)이라고 언론인으로서 애국계몽운동 시기에 중요한 역할을 하신 훌륭한 분입니다. 권덕규(權惠奎)란 학자가 유근 선생에 대해 쓴 글에 의하면 『황성신문』의 유명한 「시일야방성대곡(是日也放聲大哭)」도 장지연이 쓴 것으로 알려져 있는데 실은 이분이 썼다고 해요. 유근 선생이 주시경 선생의 부음을 듣고 "'두루 때 벼리'가 죽었어? 쓸 사람은 죽어, 애석하군. 나나 먼저 죽을 것이지"(권덕규 「석농石儂선생과 역사언어」)라고 했다고 해요. '주시경'이란 성명을 순우리말로 바꾼 거죠. 한자의 뜻과 음이 '두루 주(周)' '때 시(時)' '벼리 경(經)'이니까. 순우리말주의에서 더 나간 게 한글 풀어쓰기 아니에요? 그런 방식이 당시에도 비웃음을 샀던 증거로 볼 수 있겠지요. 이렇다 할 성과를 거두지는 못했지만 최현배 선생에게까지 그대로 고집스럽게 이어졌고요.

백낙청 그래서 언중의 지혜라는 게 발휘된 거죠. 역사적인 선택이죠. 풀어쓰기를 안 한 건.

정승철 그 당시에는 타자를 칠 때 풀어쓰지 않으면 빨리 안 쳐졌으니까요. 지금은 컴퓨터가 해결해주었지만.

백낙청 아니, 컴퓨터 이전에 공병우(孔丙禹) 선생이 문제를 해결해줬죠.

1913년 당시 조선어강습원 1회 졸업생이었던 최현배에게 수여된 졸업장. '맞힌보람'(마친 보람) 이라는 제목이 눈에 띈다. 최현배의 또다른 이름인 '최현이'와 스승이었던 주시경의 호 '한힌샘' 이 풀어쓰기로 적혀 있다.

정승철 네, 사실 기계가 해결해준 거지요. 결과적으로는 풀어쓰기가 실패했지만 그 당시에는 아주 중요한 노력 중의 하나였다고 생각합니다.

임형택 그분들이 어느 정도 의식했는지 모르지만 서구중심주의적으로 문자는 알파벳식 가로 풀어쓰기로 가야 된다는 생각도…….

정승철 네, 물론 그런 이유도 컸을 거라고 생각합니다.

근대 한국어 문체의 형성에 힘쓴 문인들

백낙청 그럼 다시 화제를 돌려서 광복 이후로 넘어가기 전에 일제시대 문인들의 활약을 짚어보면 좋겠어요. 특히 상허(尙虛) 이태준(李泰俊) 같은 분은 창작가이면서 언어에 대해서도 관심이 많았잖아요. 우리 근대 한국어의 발달과정에서 언어연구와 언어운동을 하는 사람 못지않게 사실은 문인들의 실행이 중요한데요. 덧붙여 한 말씀드린다면 우리말을 지키는 데 큰 공헌을 한 이들은 대중가수들이라고 봐요. 노래가사라는 게 실질적인 한글전용문인 셈이고 대중가요는 친숙한 우리말이잖아요. 당시에는 일본노래 같은 걸 배워서 부르는 사람도 많이 있지만 우리말로 하는 노래만큼 다가오진 못하지 않았겠어요. 그런데 거기까지 이야기하면 너무 시간이 많이 들 거고. 『문장강화(文章講話)』(1948)는 임선생께서 일찍이…….

임형택 저도 중요시해왔지만 『우리말의 탄생』에서 최선생님이 상세히 말씀하신 바가 있던데요.

백낙청 그럼 최선생님 먼저 말씀하시고 다른 선생님들도 말씀해주시면 좋겠습니다.

최경봉 말씀처럼 문인들도 근대 한국어의 발달에 중요한 역할을 했는데, 국어규범을 정립할 때 특히 그러했습니다. 「한글마춤법통일안」

이 자리를 잡기까지의 역할이 두드러지는데, 당시 조선어학회의 표기법에 반대가 심했거든요. 특히 박승빈(朴勝彬) 선생은 그 맞춤법을 인정할 수 없다고 하면서 본인의 맞춤법을 내세워 조선어학회와 논쟁을 했고요. 그런데 그 논쟁을 마무리하는 결정적인 분기점이 되는 게 문인들의 「한글마춤법통일안」 지지선언입니다. 당시 좌우를 떠나서 대부분의 문인들이 조선어학회의 안을 지지했거든요. 그게 현재 맞춤법이 역사적인 정통성을 갖는 데도 큰 역할을 한 것 같습니다.

문인들의 「한글마춤법통일안」 지지

한글 철자법 시비(是非)에 대한 성명 삼칙(三則)

1. 우리 문예가 일동은 조선어학회의 한글 통일안을 준용하기로 함.
2. 한글 통일안을 조해(阻害)하는 타파(他派)의 반대운동은 일절 배격함.
3. 이에 제(際)하여 조선어학회의 통일안의 완벽을 이루기까지 진일보의 연구 발표가 있기를 촉(促)함.

— 1934년 7월 10일자 『조선일보』

저는 『문장강화』를 정말 재미있게 읽고 깊은 인상을 받았습니다. 이태준의 말을 하나하나 메모한 적도 있고, 『더 나은 언어생활을 위한 우리말 강화』라는 책을 쓸 때 『문장강화』를 염두에 두고서 짝을 이룰 만한 책을 써봐야겠다는 생각도 했었죠. 학계에서 어문민족주의가 일반화됐을 때 이태준이 그와 결을 달리하는 언어관을 선보였다는 점 자체가 특기할 만한 일이라 생각합니다. 당시 이처럼 언어를 보는 새로운 관점을 제시한 분이 이태준, 그리고 홍기문이었죠. 어문 정리에 관한 논쟁이 한창일 때 홍기문 선생이 어학자로서 규범의 존재의미를 물으며 어문민족주의 극복의 논리를 제시했다면, 이태준 선생은 문학가로서 언어의 본질적 속성과 역할에 주목해 당시의 어문생활에 대한 자신의 생각을 밝혔습니다.

특히 인상적인 부분이 『조선말본』(1916)에 실린 김두봉의 문법용어를 비판한 대목입니다. 김두봉의 용어가 주시경의 것과 비슷한 경향성을 보이는데 이태준은 고유어를 살려 만든 이 용어들이 암호와 같아 보통 상식으로는 이해될 수 없다고 하면서 언어는 그 본질상 모든 사람이 같이 쓰는 문화물이기에 개별적으로 말을 만들면 곤란하다고 지적합니다. 또 언어를 민족주의적인 관점에서 신성시하는 문제를 경계하면서, 어느 언어든 표현할 수 있는 일면과 아울러 표현할 수 없는 일면을 가지고 있으니 표현력이 더 부족하거나 더 우수한 언어는 없다는 점을 설득력 있게 보여줍니다. 언어를 인간이 공유하는 문화물이자 생활의 도구라고 본 점, 우리말의 아름다움과 소중함을 강조하면서도 민족어지상주의에 빠지지 않는 균형있는 자세를 보여준 점, 지금 보아도『문장강화』는 언어에 대한 새로운 시각을 열어준다고 저는 평가합니다.

김두봉『조선말본』의 문법용어를 비판한 이태준

언어는 고요한 자리에 놓고 위하기만 하는 미술작품이 아니다. 일용잡화와 마찬가지의 생활용품으로 존재한다. 눈만 뜨면 불을 쓰듯, 물이나 비누를 쓰듯, 아니 그보다 더 절박하게 먼저 사용되는 것이 언어라 하겠다. 언어는 철두철미 생활용품이다. 그러므로 잡화나 마찬가지로 생활에 필요한 대로 언어는 생기고 변하고 없어지고 한다. […김두봉의 『조선말본』에는] 외래어나 한자어가 하나도 없다. 그러나 자연스럽지 못한 문장인 것은 어쩔 수가 없다. 시험해보느라고 만든 것 같다. 더구나 그 『말본』의 본문에 들어가

쓰임 {
ㅏ, 몸은 다른 씨 위에 쓰일 때가 있어도 뜻은 반드시 그 아래 어느 씀씨에만 매임

ㅓ, 짓골억과 빛깔억은 흔히 풀이로도 쓰임
}

이런 문장이 나오는데 아무리 읽어봐도 무슨 암호로 쓴 것같이 보통상식으로는 이해할 수가 없다. 거의 저자 개인의 전용어란 느낌이 든다. 개인 전용어의 느낌을 주며라도 무슨 내용이든 다 써낼 수나 있을까가 의문이다.

— 이태준 『문장강화』, 창비 2005, 34면.

임형택 이태준의 『문장강화』를 창비에서 새로 간행한 때가 아마 1988년 이었지요. 제가 간여해서 해제를 담당했는데 그 해묵은 책이 독자들에게 얼마나 읽힐 수 있을까 내심 회의적이었거든요. 의외로 반응이 썩 괜찮았다고 알고 있습니다. 글쓰기 공부에 그만큼 유용했다는 증거겠지요. 『문장강화』는 애당초 이태준이 주관한 『문장(文章)』이란 문예지에 연재되다가 단행본으로 나온 것입니다. 그게 1940년 전후

의 일이지요. 해방 이후에 증보판이 나와서 그가 월북한 후 금서 취급이 될 때까지 거의 베스트셀러로 읽혔지요.

우리글 작법에 대한 책이 어떻게 그렇게 반응이 뜨거웠고 반세기 지나도록 환호를 받을 수 있었을까요. 제 나름대로 진단해보렵니다. 문장독본류의 책이 최남선의 『시문독본(時文讀本)』(1916)을 비롯해 이전에도 여러종 나왔습니다. 『시문독본』은 첫 선을 보인 이래 20년에 이르도록 1920년대까지 누차 증보판이 나와 파급효과가 있었지요. 1930년대에는 국어학자 이윤재(李允宰) 선생의 『문예독본(文藝讀本)』(1933), 이광수의 『춘원문장독본(春園文章讀本)』(1937)이 나옵니다. 해방 이후로도 국문학자 양주동(梁柱東) 선생의 『민족문화독본(民族文化讀本)』(1946)이 다소 성격은 다르지만 두권의 책으로 엮이고요. 요컨대 이런 종류의 책이 출현한 것은 당시에 사회문화적 수요가 발생한 때문 아니겠습니까. 물론 전통적인 한문 글쓰기는 남의 문자를 차용해 자기 의사를 표현하자니 어려웠겠으나 오랜 기간 학습을 거듭하여 극복해왔습니다. 이제 한문표현력과 함께 한문학의 수준이 장성하여 본바닥과 겨룰 정도에 이르렀는데, 새롭게 우리말로 글을 쓴다는 게 생소하고 어려운 문제일 수밖에 없었겠죠. 이런 배경적 요인 때문에 독본류가 끊이지 않고 간행되었다고 봅니다. 또 하나, 일제가 시행한 교육과정에 조선어가 포함되어 있긴 했지만 우리글 쓰기의 요구를 만족시키기는 크게 미달한 실정이었지요. 일제 말에는 그나마 폐지하기도 했고요. 『문장강화』는 독본류의 모범답안이었던 셈입니다. 체계를 잘 갖춘데다가 그 직전까지 발표된 여러 작가 지식인들의 각종 근대적인 글들로 예문을 채워놓아 아주 요령을 얻은 책이지요. 사실 지금도 학교 교육현장에서나 일반인의 글쓰기 공부에 이만큼 딱 알맞은 책이 있는지 모르겠네요.

왼쪽부터 『시문독본』 초판, 『시문독본』 제6판, 『증정문장강화』 초판 표지. 『증정문장강화』는 이태준이 『문장』에 연재하던 것을 박문출판사에서 보강하여 출판했다.

1920년대에 이르러 근대적 논설체가 성립되는데 이는 국어국문학의 범위를 넘어 우리 지성사에서 주목할 문제입니다. 이 문제에 대해서도 여기서 잠깐 언급해볼까 합니다. 20세기 이전으로 올라가면 국문으로 쓴 논설문이라는 게 없다고 봐도 과언이 아니죠. 국문으로 쓴 글이라면 앞서 거론한 언간 혹은 내간(內簡)과 내방가사(內房歌辭), 그리고 규방소설과 사랑방의 이야기책이 거의 전부였거든요. 근대계몽기로 시대성격을 규정지은 1900년대에 이르러서 애국계몽운동은 사실상 국한문체의 논설문이 주도했습니다. 근대계몽기를 문체적으로 주도한 것은 국한문체였던바 이 시간대를 '논설의 시대'라 해도 좋을 것 같아요. 그만큼 신지식의 수용과 신사상의 보급이 중요했고 자기의 주의주장이나 신지식을 논리적으로 표현해야 했던 겁니다. 다만 지극히 안타깝게도 그 상황은 1910년대 들어 막을 내리는데 주권 상실과 함께 비판정신이 망실된 때문이지요. 그러다 1920년대에 신문과 잡지가 간행되면서 논설이 부활합니다. 3·1운동으로 의식이 각성되고 정신이 살아난 덕이죠. 식민지 현실을 발견하고 세상 돌아가는 것을 알아야겠다는 생각도 하게 됩니다. 유의할 점이 하나 있는데 바로 그즈음 사회주의 사상이 들어옵니다. 사회주의는 객관적인 현실을 읽는 인식론을 갖도록 했고, 발견한 식민지 현실을 설명할 수 있는 이론을 제공했습니다. 논설문 성립의 사상적·이론적 기초가 된 것이죠.

그러면 먼저 1900년대의 논설과 1920년대의 논설 사이에는 어떤 변별성이 있을까요? 20년대의 논설체 성립에는 당시 창간된 신문매체에 등장한 사설도 크게 기여했지만 잡지매체로서 『개벽(開闢)』의 역할이 중요했다고 봅니다. 그때 우리 글쓰기가 얼마나 틀이 잡혀 있지 않았는지 전하는 자료가 있습니다. 『개벽』의 자체 공고로 「투고하시는 이에게」라 해서 글에서 투고 요령을 나열하는 가운데 "문체는 꼭 우리말로 써주셔야 되겠습니다. 비록 국한문을 섞어쓴다 할지라도 한문에 조선문으로 토다는 식으로 하지 말고"라는 조항이 들어 있어요. 전처럼 한문에 토다는 식으로 쓰면 안 된다면서 예문까지 제시하여 강조합니다.

투고 시 우리말로 글을 써달라는 『개벽』 편집국의 권고

文體는 꼭 말글로 써주셔야 되겠습니다. 비록 國漢文을 석거 쓴다 할지라도 漢文에 朝鮮文으로써 吐다는 式을 取하지 말고 純然한 말글로써 씀이 조켓습니다. 例를 들어 말하면 「一葉落而天下知秋」라 하면 「一葉이 落하야 天下가 秋됨을 知한다」함과 가티 쓰지를 말고 「한 닙이 떨어짐을 보와 天下가 가을됨을 알겟다」라고 씀과 가틈이외다.
　　　　　　　—「투고하시는 이에게」, 『개벽』 16호, 개벽사 1921, 146면.

이제 사상적인 문제로 눈을 돌려 보지요. 『개벽』 1924년 3월호에 실린 「사상의 귀추와 운동의 방향」(나공민 『개벽』 45호, 개벽사 1924)이란 제목의 글에서 "조선의 사상계는 3·1운동을 계기 삼아 일대전환"을 했다고 전제한 다음 1900년대는 정신적으로 입헌군주제 정도에 머물러 있고 아직 근왕주의를 벗어나지 못했다는 이야기를 하거든요. 입헌군주제라 하면 당시 한국 현실에서는 '구제도의 멍에'를 뜻하는 것이었지요. 그런 구태에서 우리가 벗어나야 한다는 사고를 확실히 명시한 겁니다. 계몽주의적인 인식에서 한층 성장했지요. 1900년대에서 1920년대로 넘어가면서 국한문체도 크게 달라졌지만 논설문 역시 계몽의 논설문에서 비판의 논설문으로 전환된 것입니다.

백낙청 정선생님께서 이태준 얘기를 좀 부연하셔도 좋고, 그 시대의 다른 중요한 문인들에 대한 말씀도 부탁드립니다.

정승철 저도 문인들이 근대 글쓰기를 주도했다고 생각하는데 그중에서도 이광수(李光洙)가 이전의 소설과 달라지는 계기를 마련한 인물이라고 봅니다. 최근에 『매일신보』에 실린 「무정」 원문을 다시 읽기 시작했는데 근대 문체라고 얘기되는 것의 상당수가 그에 의해서 시작된 게 아닐까 생각하게 됐습니다. 근대소설과 전(前)근대소설을 구별하는 기준으로 종결형에 관심을 가지게 되고, 그러면서 종래의 '-(하)더라'체가 이광수에서부터 '-했다'로 많이 바뀝니다. 이광수도 근대 문체를 연 사람으로 이야기되어야 하지 않을까 싶습니다.

일제강점기 때 논설문에 대해서 저도 한가지 말씀을 드릴까 하는데요, 내용을 중심으로 봤을 때 3·1운동에서 근대적인 것이 다 형성되고 그것이 글쓰기로 나타나게 됐단 말씀이 흥미롭습니다. 형식으로서 근대의 글쓰기라는 게 어떻게 형성되었는지 찾아보다가 김동인이 전근대소설과 근대소설을 구별하는 기준으로 종결형을 들어 '-(하)더라'체를 쓰는 것은 전근대적인 문체라 하고 '-했다'체를 근대적 문체로 주목했다는 자료를 봤습니다. 국어사적으로 문인들이 이런 인식을 갖고 '-했다'체를 근대적인 문체로 정립했다는 점에는 철저히 동의하면서도 '-(하)더라'의 용법변화에 대해서는 언급하지 않는 점이 좀 이상하다는 생각을 했습니다. 15~16세기에는 과거를 표현하기 위해 '-(하)더라'를 사용했어요. '내가 이르더라'는 '내가 말했다'는 뜻이었죠. 경험에 의해서 깨달은 것을 나타내기 위해 '-(하)더라'를 사용하는 요즘의 관점에서는 이상하지요. '그가 말하더라'는 되지만 '내가 말하더라'는 좀 어색하듯이요. 그전에는 '-(하)더라'도 과거시제를 나타냈는데 17세기를 거치면서 과거시제를 나타내는 선어말어미 '-엇-'이 새로 생깁니다. 그러면서 '-(하)더라'의 역할을 대신하게 되고 19세기에 이르면 '-(하)더라'의 역할이 오늘날과 같아집니다.

　문인들은 19세기에 일어난 '-(하)더라'의 이런 용법변화를 기가 막히게 간취해냈습니다. 20세기 초의 신소설 작가들은 '-(하)더라'를 그대로 쓰거든요. 그런데 이광수나 김동인은 이런 용법변화를 포착해 '-(하)더라'로 쓰던 것을 '-했다'로 많이 바꿔씁니다.

'-(하)더라'에서 '-했/하였다'로의 문체 변화

1. 이인직 「혈의 누」

옥년의모친은 눈에 옷교가 잇더라

졍상부인은 눈에 살긔만 드럿더라

옥년의모친은 얼골이희고 도화식을 찍엿더니

졍상부인의 얼골이희기눈 희노 쳥긔가돈다

— 이용남 『신소설 바로읽기』, 국학자료원 2001, 256면.

2. 이광수 「무정」

그히가을에 거긔셔 십여리되눈어느부쟈집에 강도가들어쥬인의 엽구리롤칼로찌르고 현금오빅여원을 륵달흔ᄉ건이 일어낫다 그강도는 박진ᄌ집사랑에잇눈 홍모라 ᄌ긔의은인 박진ᄉ의곤고홈을 보다못ᄒ야쳐음에눈 좀위협이나ᄒ고 돈을쩨어올ᄎ로갓더니 하도쥬인이 무레ᄒ고또헌병디에 고소ᄒ겟노라ᄒ기로 쥭이고왓노라ᄒ고 돈오빅원을 늬어놋눈다 박진ᄉ는 깜짝놀나며

「이사룸아 웨이러훈일을ᄒ엿눈가 부즈런히 일ᄒ눈쟈에게 하늘이먹고 입을 것을 주ᄂ니……아 웨이러훈일을ᄒ얏눈가」ᄒ고 돈을도로가지고가셔 즉시샤죄를ᄒ고 오라하얏더니줍도에셔 포박을당ᄒ고 강도살인교사급 공범혐의로 박진ᄉ의삼부자도그날아참으로 포박을당ᄒ얏다

— 1917년 1월 9일자 『매일신보』

신소설 작가들과 근대 문체를 쓴 작가들은 연배 차이가 크지 않은데 왜 한쪽은 '-(하)더라'를 쓰고 다른쪽은 쓰지 않게 됐는지, 이것을 근대 인식의 차이로 봐야할지 궁금합니다. 생각해봐야 할 문제인 것 같아요. 지역이나 사람, 계층마다 다 다르게 일어나는 언어변화에 주목해본다면, 근대 문체를 주도한 이광수나 김동인은 평안도사람이고 신소설을 쓴 사람은 대부분 중부지역 출신이거든요. '-(하)더라'의 문법변화가 평안도에서 제일 먼저 일어나고 중부지역은 나중에 일어나지 않았을까, 그래서 이광수나 김동인이 '-(하)더라'를 소설에서 써보니 뜻이 이상해지고 작가가 개입한다는 느낌을 주니까 '-(하)더라'의 용법변화를 인식하고 제일 먼저 '-(하)더라'에서 '-했다'체로 바꿔쓴 게 아니었을까 하는 생각을 최근에 갖게 됐습니다.

또 안확(安廓)이란 사람은 1925년에 문체실험을 하죠. '-했다' '-있다' 등의 문체를 괴문체라 부르면서 "요즘 조선어 연구하자는 소리가 들려, 그런데 그동안 한 것들을 보면 과학적이지 않아" 등, 요즘식으로 하자면 이런 반말체를 논문에 씁니다. 이 문체실험으로 안확을 이상한 사람이라고 생각하는 사람들이 있지만, 이 시기에 과거의 '-(하)더라'가 사라지고 '-했다' '-했어' 등의 문체가 구어체로서 전국적으로 부상했던 게 아닐까 생각해봅니다.

안확의 문체실험

近來 朝鮮語를 研究하자는 소리는 四面에 들녀. 그러나 그 研究라하는 것은 다 感情的이오, 學術的이 안이야.

— 안확 『조선어연구의 실제』 권5:45, 1926.

이는 참으로 文學史의 眞相을 探究하기 可한 材料라 할 만할새 〔…〕 數
爻가 三十餘篇에 屆達해. 〔…〕 鄕歌 更言하면 鄕土의 歌라 햇서.

— 안확 『여조시대의 가요』 권4:280, 1927.

언문일치의 여러 양상들

백낙청 그런데 언문일치라는 관점에서 보면 '-했다'는 외려 후퇴가
아닌가요? 그렇잖아요? 구어로 '-했다' '그랬다'고 말하면 그야말로
무례하고 반말하는 셈이 되는데. 일본에서도 그렇고 우리말에서도
그렇고, 옛날식의 문어와 구어의 구별은 없어진 대신에 근대어문에
서 양자가 구별되는 것은 구어에서는 경어체를 쓰고 문어에서는 '했
다'체로 나가는 것 아니겠습니까? 어떻게 보면 이게 일본어 문장의
영향력이 더 커졌다는 이야긴지, 아니면 언문일치를 하더라도 문장
을 그렇게 쓰는 게 더 근대적이라는 인식이 있었던 건지 궁금해요.

정승철 근대의 언문일치를 이야기하는 사람들이 전혀 언급하지 않는
부분 중 하나인데, 저는 언문일치의 출발에서 문장개념에 대한 일반
인들의 인식이 중요했다고 봅니다. '-하였노니' '-했으니까' 등등의
표현을 쓰다가 제일 마지막에 '-하더라' 하고 끝내버리거든요. 그런
문장을 쓰다가 근대에 들어오면서 문장을 짧게 써야겠다는 의식이
생기면서 '문장종결'이 글쓰기의 중심문제가 됐다고 봅니다. 그리고
'-했다' '-했어' 등의 종결형이 분명 당시의 언중들 사이에서 이미

쓰이고 있었으리라 짐작되는데 이를 문인들이 포착해 소설과 논설의 가장 적절한 문체로 '했다'체를 선택하지 않았을까 합니다.

임형택 말씀을 들으니 '-했다' '-었다'가 어디서 나왔는지 궁금해지네요. 그게 과연 구어체냐 하는 것도…. '-했다'를 대화에서 쓰는 일은 없죠.

백낙청 잘 안 쓰죠. 쓰면 좀 불손한 거고.

임형택 그런데 판소리 사설에서는 나오는 거 같아요. '-하는 것이었다' '-간다' '-했단다' 같은 어미가 허다히 나오는 것을 보면 구어적 용법에서는 있었던 게 아닐까요. 종결어미로 '-(이)다'를 강력히 주장한 것은 김동인인데 그의 언어의식에 이런 구어적 용법이 입력이 됐을 성싶네요. 자신없는 말입니다만….

백낙청 김동인의 『춘원연구(春園研究)』(1956)에 보면, 춘원 이광수는 '-했더라' 그랬는데 자기는 '-했다'한 걸 아주 자랑스럽게 이야기하잖아요. 그냥 추측이지만 그건 일본어 문장 따라간 거지 판소리를 의식한 건 아니지 싶어요. 어떤 의미에서는 언문일치의 표본이라고 할 수 있는 근대 서구에서는 이런 구별이 없었거든요. 문장에서는 '-했다'를 쓰고 입말에서는 공대를 원칙으로 하는 것 같은. 서양에서는 공대하는 어미 같은 게 따로 없어서일 수도 있지만, 여하튼 서구어에는 어미를 통해 문장언어와 입말의 구분이 뚜렷해지는 건 없습니다. 처음에는 우리말에도 이런 구분이 별로 없다가 나중에 굳어진 거 같은데, 그게 맞습니까?

『춘원연구』에 나타난 김동인의 문체 고찰

이인직에게서 이광수로, 이리하여 이광수에게서 얼마만치 생장한 문예는 온갖 의미에 있어서 계발기의 문학이었다.

아직 그 플로트에 있어서든 묘사에 있어서든 구탈의 흔적이 그냥 남아 있었다. 문장에서까지도 역시 구탈이 그냥 남아 있었다.

이 모든 구탈이 기미년 2월에 창간된 『창조』에서 비로소 일소되었다.

춘원까지의 문예에 있어서는 소설의 흥미를 그대로 '이야기의 재미'와 '연애 혹은 정사의 재미'로써 빚어 보려 한 데 반하여, 『창조』에서는 '리얼리즘의 진미'야말로 소설의 최고 흥미라 하고 '이야기로서의 흥미'를 거부하여 버렸다.

이리하여, 아직껏의 소설 내용에 대한 정의를 뒤집어 놓는 한편으로는, 조선문학이 쓸 형태를 비로소 만들어 놓았다.

첫째로 구어체의 확립이었다.

춘원까지에 있어서는, 그 글투에, '이러라', '이더라', '하도다', '이로다' 등은 그냥 구어체로 사용하였다. 『창조』 동인들은 의논하고 이런 정도의 글까지도 모두 일축하고 '이다', '이었다', '한다' 등으로 고쳐버렸다.

— 김동인 「춘원연구」, 『김동인 전집』 16, 조선일보사 1988, 64~65면.

최경봉 언문일치라고 하면 대개 구어를 문어로 바꾸는 것을 말하는데, 저는 언문일치의 문장이 반드시 구어를 그대로 구현한 것은 아니라고 봅니다. 구어를 문어화할 때도 문어의 특징들을 만들어내는 것이 중요하고 근대적 문어를 정립하는 과정에서는 그 형식화가 의식적으로 이루어졌다고 생각합니다. 그런 점에서 '-(하)더라'하고 '-었다' 같은 경우, 정확히는 모르지만 '-(하)더라'가 전근대의 한글 문어체에서 일반화되었다면, 근대적 문어를 모색하는 과정에서 종결어미를 새로운 방식으로 써야 한다는 생각들이 나타났을 겁니다. 또 우리말의 특성상 종결어미를 어떤 식으로 바꾸냐에 따라서 다양한 문체적 효과가 생기기 때문에, 이전의 문어 문장과 다른 근대적 문장임을 가장 뚜렷하게 드러낼 수 있는 요소로서 '-었다'를 특별하게 부각하지 않았을까 싶습니다. 그게 일본어 문장을 모방한 건지, 전통적인 판소리 사설을 의식한 것인지 단정할 수는 없지만 근대소설의 형식과 내용에 걸맞은 문장형식을 모색하는 과정에서 선택되었음은 분명한 것 같아요. 그러니까 전근대적인 방식에서 탈피하여 근대성을 구현할 수 있는 소설에 대한 요구와 그에 걸맞은 문장형식에 대한 요구가 '-었다'의 정착에 결정적인 요인이 되었을 것이라 생각해봅니다.

백낙청 언문일치가 꼭 입말과 문장을 일치하자는 건 아니라고 말씀하셨는데 T. S. 엘리엇의 유명한 말이 있어요. "당신이 말하는 그대로 글을 쓰면 아무도 읽으려 하지 않을 것이고 쓰는 그대로 말을 하면 아무도 들으려고 하지 않을 것이다."(웃음)

임형택 1900년대의 언문일치는 말과 글을 일치하되 외래적인 한문이 아니라 자국어로 하자는 의미였을 거예요. 다음 단계에서 '-(하)더라'를 배제하고 '-(이)다'를 채택했습니다. '-(하)더라'하면 방관자적이라는 생각을 가졌겠다 싶어요. 자기가 말하고 묘사하고자 하는 것에 대해 확실한 느낌을 줄 필요가 있다고 생각해서 그렇게 주장한 것이 아닐까 생각해봤습니다.

3장

해방 이후 본격화된
규범화와 국어순화

새마을운동과 국어순화운동의 상동성

백낙청 원래는 광복 이후의 표준어운동이랄까 규범화운동의 새 단계에 대해 정교수님께 말씀 부탁드리려 했는데 역시 일제강점기에서 해방되는 일이 쉽지가 않네요.(웃음) 지금이라도 좀 말씀해주시죠.

정승철 일제강점기 무렵에 표준어화·규범화와 관련된 기초가 쌓였고, 그 기초가 한민족이 일제와 일본어에 대항해 한국어를 보전하는데 큰 도움이 되었다고 앞서 말씀드렸습니다. 그 역할을 하신 분들이 광복 이후에 언어정책이나 언어교육을 구상하고 책임지는 중심인물이 되면서 그 방향대로 나아가게 되는데요, 한국전쟁이 끝난 다음에는 국가재건에 온 힘을 쏟느라고 언어에 대해서는 국가가 큰 관심을 갖지 않았습니다. 1970~80년대에도 산업화가 국가의 제1목표로 강력히 설정되면서 집권세력이 새마을운동을 추진하게 되거든요. 지금까지 아무도 언어의 문제에서 새마을운동을 주목하지 않았지만 사실 들여다볼 부분이 있습니다. 처음에 지붕개량이나 도로정비 같은 농촌운동으로 시작하다가 허례허식 추방, 준법정신 함양 등등의 도시 새마을운동으로 확산되는데요. 그 과정에서 만화 안 보기 운동하고 고운말쓰기 운동이 벌어집니다. 이것들이 왜 새마을운동에 속하는지 모르겠지만 아무튼 여기서 문제는 이 운동이 추방 대상으로 사투리를 포함했다는 겁니다. 규범화가 강화되어 교육·방송 영역에서 온갖 심의와 규제가 이루어지죠. 단적인 예가 사투리를 고쳐야 한다는 등의 언어규제를 상징하는 '바른말 고운말' 같은 KBS 라디오 프로그램입니다. 공교롭게도 이 프로는 1972년 10월, 그러니까 유신 무렵에 편성됐는데, 어떤 정책적 판단이 있었던 건 아니었을까 생각합니다. 중앙집권적 국가통제의 수단으로 표준어제도가 활용됐을 가능성이 있다는 건데, 당시에는 지식인들조차 이것을 국가통제와 별 관계없는 것으로, 근대화를 위한 방향으로 오해하지 않았나 싶어요.

1990년대에 지방자치제가 시행되면서 그 반작용으로 영화나 드라마에서 사투리가 주목받기 시작한 것은 당연한 결과라고 봅니다. 그 이후로 지역에 따라 사투리 교육도 이루어지죠. 저는 언어규범화의 가장 큰 문제가 사투리에 모멸감을 안긴 것이라 봅니다. 사투리 쓰면 창피한 것이고 전근대적인 것이라고 한 것…. 중앙집권이 조금씩 약화되면서 그런 모멸감도 줄어들고 있다는 점 역시 표준어운동이 결국 국가통제의 한 수단으로 활용되었음을 반증하는 사례가 아닐까 합니다. 그런데 이미 전국적으로 전통 사투리가 많이 소멸되어버렸거든요. 언어다양성을 위해서도 남아 있는 전통 사투리를 보존하는 노력이 필요한 상황입니다.

최경봉 근대개혁과 더불어 표준어를 수립해야 한다는 문제의식이 싹

트게 되는데요, 근대 민족국가에서 국민어를 수립해야 한다는 생각, 그리고 국민정신이 일치하려면 같은 언어를 써야 한다는 생각이 작용한 측면이 있다고 봅니다. 일제강점기에 조선어학회가 민족정신과 단일한 언어를 강조했고 그게 의사소통의 효율화라는 측면에서는 일정한 역할을 했지만, 1960년대 후반부터 진행된 표준화작업은 실천성보다 관념성이 더 부각되었습니다. 표준화를 민족어의 정립과 관련지어 유난히 강조하는데, 아까 유신헌법 말씀도 하셨지만 1968년에 국민교육헌장이 나오고 민족정신, 국민정신을 강조하면서 한동안 뜸했던 국어순화운동이 표준어교육과 연동되어 다시 강화돼요. 남한만이 아니라 북한도 그런 경향을 보였고요. 어문민족주의가 일제강점기까지는 나름대로 민족어 수호에서 중요한 역할을 했다면 60년대 후반부터 제기된 어문민족주의는 상당히 퇴행적이었다는 건데요, 언어의 소통 문제보다도 언어를 통해 특정한 정치적 목적을 관철하려는 경향이 강하게 나타났다는 거지요. 국어순화운동도 그와 맥을 같이하고요. 표준어가 아니면 좋은 말이 아니고 순화어를 안 쓰면 정신적으로 문제가 있다는 식으로…. 그러면서 극단적으로 방언을 멸시하는 교육이 진행되었다고 봅니다.

임형택 그 시대를 살았지만 제 머릿속에 말씀하신 것과 관련한 기억은 별로 없는데요. 다른 사회 이슈들에 대한 저항감이 강했기 때문인 것 같아요. 그런데 지금도 언어순화를 해야 한다는 관념은 그대로 남아 있는 거 아닌가요?

최경봉 제 기억에는 1970년대 초반까지도 스포츠용어를 전부 다, 가령 축구경기에서 '헤딩'을 '머리박기'로 바꾸는 식의 국어순화운동이

70년대까지 강력하게 진행되었어요.

임형택 그런 게 있었어요? 북한이 코너킥을 '모서리차기'로 바꿨듯이요?

정승철 네. 우리도 똑같이 그랬고, 당시에는 양쪽에서 경쟁적으로 국어순화를 했습니다.

최경봉 1960년대 후반 들어 영화에서 외래어를 쓰면 무조건 검열에 걸리고 광고에서도 상품명으로 외래어를 쓰면 안 됐습니다. 그러면서 국어학계가 그런 왜곡된 국어정책에 휩쓸리는 현상도 나타났는데요, 60년대만 해도 국어순화운동은 한글학회 중심이었고, 국어학계는 이러한 흐름과 일정한 거리를 두면서 우리말을 탐구하는 방향으로 나아갔습니다. 그런데 70년대에 국어순화운동이 강화되면서 국어학회나 국어국문학회까지 국어순화운동을 지지하고 이와 관련한 토론회를 연 기록도 있습니다.

임형택 비속어 쓰면 안 된다는 것은 지금도 그대로 살아 있죠?

최경봉 그렇죠.

임형택 가령 '대가리'란 말은 비속어이니 쓰면 안 된다는 겁니다. 그러면 개나 돼지의 경우 '대가리'라고 해야지 '머리'라고 부르면 곤란하다는 문제가 생기지 않나요? 사전에 대가리는 '동물의 머리'라고 풀이되어 있는데도 그렇게 말하면 안 된다는 것이 이상해요.

문   교   부

장학 1011-387   (70-3312)   1976. 5. 13.
수신 총무처 장관
제목 국어 순화 운동 추진 계획 국무 회의 보고

　　1. 당부는 국민 정서를 순화시키고 일체감을 조성하여 국민 총화
에 기여하고 주체성 있는 국민 정신을 배양하고자 국어 순화 운동을 전개
하고 있는 바,
　　2. 이 운동의 효율적인 추진과 범국민적인 전개를 위해 별첨과
같이 국어 순화 운동 추진 계획을 작성 국무 회의에 보고하고자 하오니
상정하여 주시기 바랍니다.

첨부 : 국어 순화 운동 추진 계획 35 부. 끝.

문   교   부   장

백낙청 북한이나 연변에서 오신 분들은 '소머리국밥'이란 말에 펄쩍 뛰어요. "소머리가 뭐냐, 소대가리지"라고 하죠. '머리'는 사람의 머리를 지칭하거든요.(웃음) 1960년대 이래 군사독재에서 획일화정책, 국어순화정책, 그리고 새마을운동 등이 벌어질 때 우리 문학의 반응은 좀 독특했다고 말할 수 있을 것 같아요. 가령 박정희가 민족주의를 들고 나왔는데 거기에 대해서 비판적인 분들은 민족주의 자체를 부정하는 식이 많았거든요. 역사학계에서도 그랬고요. 그런데 70년대 초부터는 민족문학운동이라는 게 벌어지지 않습니까. 민족문학론이 나오고요. 민족이라는 소중한 낱말을 왜 저쪽에 거저 내주느냐, 우리가 받아서 다른 식으로 쓰자고 해서 민족문학과 민중문학을 서로 주고받는 관계로 설정한 겁니다. 그러니까 처음부터 협의의 민족주의 문학은 아니었던 거죠. 그러면서 새마을정신에 어긋나는 작품들을 굉장히 중요시했어요.(웃음) 사투리 얘기가 나왔는데, 이문구(李文求) 같은 작가가 60년대 중반부터 활발하게 활동하면서 충청도 방언을 많이 살렸거든요. 그래서 우리가 이문구씨보고 농담으로 당신은 새마을 작가가 아니고 헌마을 작가라고 그랬고, 본인도 의식적으로 헌마을운동 한다는 생각을 가졌어요.(웃음) 이런 방향은 복고주의하고 다르고 또 우리 실정에 안 맞는 세계주의 같은 것도 아니었다고 봐요. 『창작과비평』이 창간된 게 1966년인데 창비가 나름대로 자기식의 표기법을 여러가지 고안하고 고집하게 된 것도 그런 흐름의 일환이라는 생각도 듭니다. 거기에서 우리가 워낙에 공헌이 있었다는 것을 좀 알아주십사 말씀드렸어요.

『관촌수필』에 나타난 충청도 방언

"얘, 신 서방네 잔치 채비는 그럭저럭 돼간다데?"

옹점이 소스라치게 놀라면서 엉겁결에 대답한 소리는 "아녀유, 지년이 원제유?"였다. 동문서답치고는 너무 터무니가 없었다. 얼김에 내가 부엌에서 밥 먹느냐고 들은 모양이었다. 그녀는 내가 가만히 귀띔해줘서야 알아차리고, "예, 지년이 닭을 가지구 가니께 웬 장닭을 두 마리씩이나 슨사하시느냐구 해쌌던디, 그냥저냥 채릴 것은 채리는 모냥이데유." 그녀는 겨우 그렇게 둘러대고는 웃음을 못 참아 입 안에서 우물거리던 음식을 재채기하여 입과 코로 쏟아내었고, 코가 매워 눈물을 글썽거리고 있었다. "아이구 사레 들려 혼났네." 그녀는 연방 재채기를 하고, 허리를 쥐며 소리 없이 자지러지게 웃어댔다.

— 이문구 「공산토월(空山吐月)-관촌수필5」,
『20세기 한국소설 26』, 창비 2005, 180~81면.

표준어의 지배력은 여전한가

백낙청 지금도 기본적으로 국어순화운동이니 표준화운동이 계속되고 있다곤 하지만 그 장악력이랄까 강제력은 확실히 떨어진 게 아닌가요? 세상이 바뀌었고요. 가령 '국어연구원'이 '국립국어원'으로 바뀐 것은 그 명칭이나 기구의 형태만 보면 장악력을 강화하려는 시도로 보이나 실제로는 그렇지 못한 것 같아요. 나중에 더 이야기하겠지만 국어원의 외래어표기법에 대해 창비는 아직도 말을 안 듣고 있거든요. 물론 그 때문에 비판을 받기도 하지만요. 국어원에서 직접 창비를 비판한다기보다는 그에 준하는 독자들의 비판과 압력도 있고, 특히 자녀의 국어과목 점수에 민감한 학부모들의 압력이 많아요. 하지만 방송이나 영화 같은 데서도 사투리를 훨씬 많이 쓰고, 다양화되는 경향이 강화되고 있다고 볼 수 있지 않습니까? 획일화정책이 고수되는 가운데서도요. 현재 이런 경향이 어느 정도 있다고 평가할 수 있을까요?

최경봉 언어라는 게 국가가 규범으로 아무리 통제한다 해도 다양한 방식으로 쓰고 말하려는 욕구를 막을 수는 없거든요. 백선생님께서 이제는 규범의 장악력이 떨어졌다고 말씀하셨지만, 어떻게 보면 예전에도 그렇게 강하지는 못했다고 생각합니다. 국어순화운동이 가장 강하게 진행될 때 실질적으로 순화가 제대로 됐을까 살펴보면 꼭 그렇지는 않습니다. 공공언어의 경우에는 오히려 요즘 통제가 더 되는 것 같아요. 국어원이 각 기관에서 나온 공문서를 평가하거든요. 공공분야에서는 대중이 이해하기 쉬운 말로 써야 한다는 기준에서 평가한 뒤에 어려운 말을 고치게 하는 식입니다. 반면에 1960~70년대엔 일반인들의 일상적인 말을 단지 외래어란 이유로 시비 걸어서 못 쓰게 만드는 것과 같은 징치적인 통제정책을 폈습니다. 지금의 국어순화는 공공부문에 대한 민주적 통제로 중심이 이동한 셈인데, 같은 국어순화라도 관점이 달라졌다고 볼 수 있겠습니다.

백낙청 규제를 추진하는 정부의 장악력이 과거에도 그렇게 대단치 않았다고 말씀하시지만 그게 절대적인 게 아니었던 거지, 가령 사투리의 소멸에도 국어순화정책이 크게 기여한 거 아닙니까?

최경봉 저는 사회적으로 매스컴이나 자본주의가 발달하면 할수록 중심부 언어로의 쏠림현상이 강화되는 흐름 속에서 자연스럽게 방언이 위축된 것이지, 국가에서 강제적으로 언어를 통제해서 없어진 거라고 생각하진 않습니다.

임형택 역시 매스컴의 영향이 크지요. 그것으로도 언어가 국가통제하에 있다고 볼 수 있지만 꼭 그렇게까지 말할 수는 없겠고요. 매스컴과 교육 두가지 이유에서인 것 같습니다.

백낙청 중국에서는 표준어란 말 안 쓰고 '보통화(普通話)'라고 하잖아요. 사실 개념이 좀 다르거든요. 보통화라는 건 서로 소통할 수 있는 공통의 언어라는 거고, 표준어는 표준에 안 맞는 건 안 된다는 강제적인 의미가 있지요. 그런데 매스컴도 표준화·획일화에 이바지하는 바 있지만 한편으로는 매스컴에 의해 사투리가 되살아난 면도 있지 않습니까? 정선생님은 전체적으로 어떻게 평가하시나요?

정승철 단어 하나하나가 그렇게 중요한 건 아니라고 생각합니다. 사라지는 무언가를 꼭 살려내자고 하는 것도 위험할 수 있는, 자연스럽지 않은 일이라고 보고요. 어차피 현대화가 되면 사투리는 사라질 운명에 처하는데, 그 속도가 급격히 빨라진 제일 큰 이유가 사투리에 모멸감을 주었기 때문이라고 생각해요. 사투리 쓰면 창피한 거라고 자기 말을 숨기고, 공적인 자리에서 말하면 큰일 나고, 면접할 땐 취직이 안 되니까 사투리 배우면 안 된다는 식의 부정적인 인식이 사회적으로 강하게 형성된 게 가장 큰 문제라고 생각하는데, 이제 한두

마디 사투리를 방송에서 살려쓰고 교육영역에서도 가르쳐야 한다는 이야기들이 나오면서 조금씩 상황이 달라지지 않을까 합니다.

임형택 저도 표준어에 대해 거부감을 가져왔어요. 자신이 고향에서 쭉 써온 말이 왜 표준어라는 규정으로 틀린 말이 되느냐는 생각에서요. 표준어란 용어부터 재고할 필요가 있다고 생각합니다. 방금 백선생님 말씀대로 비표준이 되면 부적격 판정을 받지 않습니까. 중국의 보통화는 그런 의미를 수반하지 않으며, 북한은 표준어에 해당하는 말을 '문화어(文化語)'라고 합니다. 문화어라고 하면 편견을 심어주는 감은 있지만 표준어처럼 규범적인 어감은 없거든요. 전국적인 소통을 위해 표준말이 필요했던 과거와 달리 지금 와서는 좀더 열린 사고가 필요합니다. 핵심은 언어의 다양성을 기본적으로 옹호해야 한다는 점입니다. 이와 연관해 국립국어원에서 표준어의 문제를 전반적으로 다시 검토하고 언어의 다양성을 살리는 방향을 모색하고 연구해야 한다고 봅니다.

한글전용 대 한자혼용 논쟁이 놓친 것

백낙청 그동안 국어규범화를 위한 많은 노력이 있었지만 아직 완전한 사회적 합의가 안 된 표기 문제가 있습니다. 소위 한글전용(專用)이냐 한자혼용(混用)이냐 하는 문제인데요, 임선생님께서 예전 글(한민족의 문자생활과 20세기 국한문체」, 『한국문학사의 논리와 체계』, 창비 2002)에서 이 문제를 다루면서 이제 화해할 때도 되지 않았느냐 하셨는데 아직도 화해가 안 돼 있어요.(웃음) 저는 그렇게 대립적인 문제로 설정해서는 화해가 불가능하다고 봅니다. 갑오경장 때는 공문서를 국문으로 쓰되 한자를 혼용할 수 있다고 했고, 1948년 정부수립하고 나서는 한글로 쓰되 한자를 병용(倂用)할 수 있다고 되어 있습니다.

임형택 한자병용은 단서로 붙였죠.

백낙청 네, 단서조항으로요.

임형택 갑오경장 때와 비슷하죠.

백낙청 둘이 비슷한 것 같지만 사실은 다릅니다. 병용은 일단 한글로 다 써주고, 필요한 대목에 괄호치고 한자를 넣을 수 있다는 얘기니까요. 저는 병용이 두가지 측면에서 큰 의미가 있다고 봅니다. 우선 한글전용보다 더 민주적인 방식이라고 봐요. 순한글로만 써놨을 때 대중이 의미를 파악하기 힘든 단어가 아직 많기 때문에 괄호 속에 한자를 넣어서 도움을 줄 수 있습니다. 한자를 모른다 해도 일단 한글을 써놨으니 사전을 찾아볼 수 있고 소리내어 읽을 수는 있잖아요. 혼용을 해놓으면 이렇게 스스로 찾아볼 길을 막거나 어렵게 만들기 때문에 민족주의가 아닌 민주주의적인 원칙에서 병용이 더 적당하다는 생각입니다.

갑오경장 칙령 제14조(1894)와 한글전용에 관한 법률 제
6호(1948)

① 조선 정부의 칙령 제1호 공문식(公文式)
제14조 법률·칙령은 모두 국문을 기본으로 하고 한문으로 번역을 붙
이거나 혹은 국한문을 혼용한다(法律勅令 總以國文爲本 漢文附譯 惑混用國
漢文).
② 한글전용에 관한 법률 제6호
대한민국의 공용문서는 한글로 쓴다. 다만 얼마 동안 필요할 때에는 한
자를 병용할 수 있다.

병용은 한글전용과 한자혼용이 화해할 길을 마련해준다는 점에서
도 의미가 있습니다. 『창작과비평』도 창간호에서는 혼용을 했습니
다. 당시로서는 한자사용을 대폭 줄인 거였지만요. 그러다가 점점 한
자를 더 줄여나갔고 나중에는 병용을 하게 됐습니다. 사실 병용을 제
일 먼저 한 건 『대화(對話)』라는 잡지입니다. 임정남(林正男)이라는
시인이 편집장이었고 강원룡(姜元龍) 목사가 크리스찬아카데미에서
펴냈지요. 뒤따라 창비가 병용을 했습니다. '창비신서'도 소설 빼고
는 초기에 혼용을 했는데 되도록 한자를 줄여갔습니다. 1978년에 나
온 제 평론집부터 병용을 했는데 창비 내부에 완전한 합의가 아직 없
었기 때문에 저의 개인 평론집에서 결행했지요. 이우성(李佑成) 선생
하고 강만길(姜萬吉) 선생이 『한국의 역사인식』(창비 1976)이라는 한
국사 사론집을 냈을 때는 전부 병용을 하고 한문 인용을 우리말로 번

역한 점이 당시로서는 획기적이었습니다. 한문에 밝은 정해렴(丁海濂) 선생이 편집부에 계셔서 가능했지요. 굉장한 작업이었죠. 힘든 작업이었고. 그런 단계를 거쳐서 현재도 창비는 병용을 원칙으로 하고 있습니다. 다만 창비가 병용을 절대적으로 고집하는 것은 아닙니다. 본문에 한해서 병용을 하고, 한문 인용문이 많은 임형택 선생의 글 같은 경우에는 각주에서 한문 원문만을 싣기도 합니다. 영문학 또한 번역해서 싣기도 하고 영어 원문을 그대로 싣기도 하는데, 각주에 한해서는 그런 점에 개의치 않습니다. 반면 한자로 구성된 인명은 한글과 함께 한자 이름을 꼭 넣고 있고요. 독자에게 필요한 정보를 제공하는 일종의 서비스죠.

그런데 한글전용과 한자혼용의 문제는 교육과 결부될 때 복잡해집니다. 한자혼용을 주장하는 사람들은 혼용을 하지 않으면 우리에게 절실한 한자교육이 불가능해진다는 입장이죠. 저는 그렇게 두 문제를 결부하면 결국 혼용주의와 한자교육이 공동으로 망하지 않을까 하는 우려를 합니다. 물론 한자교육을 위해서는 혼용을 하는 것이 제일 편하죠. 한자를 모르면 읽을 수 없게 만들어서 강제적으로 한자를 배우게 만드는 거니까요. 그러나 우리가 영어교육에 들이는 공력과 비용을 생각하면 한자혼용을 않고도 초등학교 때부터 한자를 가르치는 건 별것 아니에요. 지금 실행하고 있지 않을 뿐이죠. 그러면서 한글로만 쓸 수 있는 건 한글로 쓰고 필요한 경우에는 괄호 속에 한자를 넣고요. 또 컴퓨터가 발달하면서 우리가 한자를 직접 쓰는 능력은 확실히 더 줄어들었어요. 직접 쓰는 일이 없지만 그걸 인지하는 수동적인 능력은 향상되고 또 편리해졌습니다. 제가 언젠가 쓴 칼럼의 제목이 '한글전용과 한자교육'〔부록7〕인데, 화해를 시도하려면 근원적으로 화해가능한 구도를 만들어놓고 해야한다고 봅니다. 완전한

새로운 創作과 批評의 姿勢

白 樂 晴

I. 文學의 純粹性은 어떻게 볼 것인가?
II. 文學의 社會機能과 讀者
III. 韓國의 文學人은 무엇을 할까?
IV. 回顧와 展望

I. 文學의 純粹性을 어떻게 볼 것인가?

문학하는 자세를 바로잡으려 할 때 문학의 순수성을 새로 문제삼을 필요가 있다. 요즈음 우리 주변에서도 〈순수〉와 〈참여〉의 논의는 많은 관심을 모으고 있는 듯하다.

이것은 물론 새로운 화제가 아니다. 우리 문단에 이른바 순수문학과 경향문학의 대립이 언제시대부터 있었고 해방후 이 문제로 문인들 사이에 치열한 논전이 벌어지기도 하였다. 그러나 당시의 논쟁은 문단의 주도권을 둘러싼 좌우파 문인들의 정치적 싸움의 색채가 짙었으며 그 어느 한편에서도 뚜렷한 문학적 기여를 남김이 없이 끝나고 만 것이 사실이다. 대부분 좌파문인들이 얼마 안가 자취를 감추었고 특히 6·25사변 이래 정치적 군사적 반공태세를 강화하는 가운데 개방적인 문학토론에 힘을 기울일 겨를이 없었다. 한 동안 〈순수문학〉은 〈자유기업〉과 더불어 한국 민주주의의 천칙처럼 되어 어떤 이탈행위도 용납되기 어려웠다. 따라서 휴전 10여년후에 이 문제가 미해결의 숙제로 되돌아 온 것은 당연한 일이며, 시대착오감이 드는데도 다시 논의가 되고 있다는 사실이 우선 다행스럽다 보아야겠다.

그러나 구체적 내용을 따져 본다면 20년전의 토론에서 별다른 진보를 찾기 힘들다. 산발적으로 수확이 없었던 것이 아니나 토론의 한계인즉 여전히 소박한 순수주의나 소박한 현실참여론, 아니면 문학은 그 순수성을 고수하면서 적극 현실에 참여하라는 애매한 절충론에 멈추고 있다. 20년전에 비해 물론 세련된 면이 있는 대신 그때만한 자신이 사라진 것도 사실이다. 순수

5

1966년 『창작과비평』 창간호 권두논문 「새로운 창작과 비평의 자세」(백낙청)의 첫면. 제목과 필자명 그리고 본문에서 주요 용어가 처음 나올 때에 한해 한자를 혼용했다.

한글전용 대 한자혼용의 대립구도에서는 화해가 안 될 것 같고 끝까지 싸우다보면 혼용의 패배 확률이 높지 않나 생각해요.

임형택 한자 문제는 사실 우리가 공동문어에서 자국어문 쪽으로 방향을 틀 때부터 제기된 거죠. 문화전통이나 언어생활 방면에서 차질이 없도록 어떻게 지혜를 발휘하느냐 하는 과제가 지금도 완전히 해결되었다고 볼 수는 없고요. 언급하신 글에서 제가 한글전용 대 한자혼용이 20세기 최대의 문화적 쟁점이 되었다고 했는데, 그만큼 난제이고 중대한 사안이기 때문이었습니다. 그런데 방금 말씀하셨듯이 그 문제에 접근하는 방식이 잘못됐던 거 같아요. 냉철하게 이 과제를 사고하고 합리적인 방안을 강구하지 못했다는 잘못이 있었다고 봅니다.
한글전용론과 한자혼용론의 논쟁이 격화된 경위를 간단히 정리해보는 게 좋겠네요. 1900년대에 한글전용을 주장한 논자들이 한자폐기를 말했다는 사실은 이미 언급했지요. 이 싸움은 벌써 그때 시작된 것입니다. 다만 애국계몽운동이 중단되고 일제식민지로 전락해 한글운동이 꾸준히 전개되는 과정에서도 한자를 배제해야 한다는 주장은 표면화되지 않았습니다. 국한문이 통용되는 추세를 거역하기 어려웠겠지요. 그런데 해방 이후 언어주권을 되찾자 최현배 선생을 비롯한 한글학회 진영이 본격적으로 한글전용론의 기치를 들고 이것을 대한민국의 문교정책으로 실현하기 위해 밀어붙입니다. 조선어학회가 한글학회로 개명하면서 한글전용론의 구심점이 되었지요. 이에 반대해 어문생활에서 한자를 배제할 수 없다는 주장이 곧 한자혼용론입니다. 한자혼용론 진영은 한글학회처럼 뚜렷하게 주도적인 단체는 없었지만 여러 대학의 국어국문학과나 언론기관의 지지를 받습니다. 그래서 전개된 논쟁이 가열되고 장기화되었던 거죠.

그런데 이 싸움을 돌아보면 민족주의가 국수적으로 작동했던 탓에 좀더 냉철하게 문제에 접근하지 못했던 것 같습니다. 사실 혼용론자도 기본적으로는 편협한 민족주의로부터 열린 사고를 하지 못했거든요.「한글마춤법통일안」을 보면 한자어를 외래어의 한 종류라고 전제하면서도 음을 어떻게 읽을 것인가 등의 문제를 치밀하게 조목조목 검토해서 규정을 마련하고 있습니다. 그러면서도 국한문에 관한 조항은 단 하나도 없어요. 아이러니하게도「한글마춤법통일안」의 문안 자체는 국한문으로 돼 있고 한자를 적극적으로 배제하자는 주장 역시 제기되지 않습니다.

최경봉 네, 그렇습니다.

임형택 사회 전반에서 한자를 혼용하는 것이 객관적인 어문현실이고「한글마춤법통일안」의 문면도 그런 현실을 따르고 있었지만 국한문체를 어떻게 쓸지에 대해서는 전혀 생각이 미치지 못했던 거죠. 적어도 어떤 단어는 한자를 표기한다거나 한자는 어떤 범위로 사용한다는 등의 규정은 마련되었어야겠지요. 결과적으로 국한문체는 한글에 한자를 섞어쓰면서 아무런 기준도 없이, 마치 '엿장수 마음대로'가 된 셈이지요. 통일안은 현실적으로 두루 통용되는 국한문을 전혀 고려하지 않았다고밖에 볼 수 없습니다. 해방 이후 근래까지도 한글전용론 대 한자혼용론의 싸움이 계속 평행선을 긋고 있지만, 한자혼용론을 주장하는 측에서도 국한문의 표준화를 도모한 노력이 있었단 말은 듣지 못했습니다. 이는 무엇을 뜻하는 걸까요. 한자를 내화하려는 진정성이 없었던 게 아닌가 싶네요. 하여튼 양측 모두 이데올로기 측면에서만 접근하다보니, 어떻게 하는 편이 우리의 어문생활과 문화창조에 효율적이고 합당할지 조사연구하거나 방법론을 강구하지 못했던 겁니다. 어문현실을 떠나서 입씨름만 벌인 모양이죠. 논쟁은 치열했는데 실제상황은 어느덧 한글전용으로 가버렸고요. 이건 어느 한쪽이 지고 이긴 결과가 아니라 대세가 그렇게 흘러간 겁니다. 장기간 평행선을 그리던 최대의 문화적 논쟁은 흐지부지되었고 언중의 관심에서도 진작 멀어졌고요. 소모적인 싸움을 벌이느라 착실하게 과거와 현재를 살펴서 대세로 도래한 한글전용의 시대를 맞을 준비를 촘촘히 하지 못한 후회를 낳고 말았습니다.

백낙청 한자배제에는 국수적인 동기가 많이 작용했다고 생각해요. 그리고 한자혼용론자들 간에 한자를 몰라서 글을 못 읽으면 한자교육이 강화될 수밖에 없다고 생각한 분들이 많았던 것처럼, 한글전용론자들도 한자를 안 가르침으로써 한글전용을 할 수밖에 없는 정책을 사용한 면도 있었다고 봐요. 최현배 선생 생각이 어땠는지 모르지만 문교부 편수국에서 결국 그분이 그런 일을 하셨다고 봅니다. 1948년 정부수립하면서 공문서에 적용하던 대로 한글쓰기를 원칙으로 하되 필요한 경우에 한자를 병용한다는 게 중도의 길인데, 이를 어떻게 잘 실현할지를 토론하지 않고 중도를 배제한 채 한글전용이냐 한자혼용이냐만 가지고 싸웠기 때문에 소모적일 수밖에 없지 않았나 싶습니다.

한자 사용, 소모적 논쟁을 벗어나 창조적 활용의 길로

임형택 이 대목에서 덧붙이고 싶은 말이 있습니다. 일본도 근대세계에 진입하면서 문자 문제가 쟁점으로 떠올랐거든요. 한자폐지로부터 차제에 아주 로마자로 가자는 등 주장이 백출하는데 결국 근대일본은 한자를 섞어쓰는 화한혼용체로 문체적 기틀을 잡았던 것이지요. 그 과정에서 제기된 한자를 사용할 필요가 있다는 논리가 대단히 흥미롭습니다. 한자를 활용하는 편이 상략(商略)과 공략(攻略), 그러니까 한자권인 한국과 중국에 상업적·군사적으로 진출할 때 이용가치가 크다는 착상이지요. 문제를 전략적이고 공격적으로 사고한 겁니다. 자기들의 장점인 한자·한문을 잘 이용하면 서구국가들에 우위를 확보할 수 있다는 취지의 발언도 합니다. 반면에 우리 한국은 한자 문제를 생각하는 기본 관점이 민족주의적이어서 항시 수세적이고 소극적으로 사고합니다. 우리의 역사·문화적인 배경을 돌아볼 때 전략적 사고가 부족했던 점은 어쩔 수 없었다고 치더라도 우리 문화전통의 단절에서 오는 손실을 최소화하면서 창조력을 발휘할 수 있도록, 인지 계발에도 유효하도록 하는 등의 과제를 고민하고 좋은 방법을 찾는 노력이 응당 있었어야 할 겁니다. 적극적이고 창조적인 방향으로의 사고는 부족했던 것 같습니다.

최경봉 두분께서 중요한 부분을 다 짚어주셨습니다. 임선생님께서는 혼용론자도 편협한 민족주의로부터 열린 사고를 하지 못했다고 말씀하셨는데, 그런 측면에서 보면 한자혼용론자와 한글전용론자들 모두 민족주의적인 관념 속에서 자신의 주장을 폈다고 할 수 있습니다. 해방 이후 대표적인 한자혼용론자였던 조윤제(趙潤濟) 선생의 글을 보면 "국어는 곧 우리의 생명, 국어는 곧 민족의 형성력"이라 하면서 국한혼용을 해야 한다는 결론을 내려요.(조윤제 『국어교육의 당면한 문제』, 문화당 1947) 철저히 민족주의적인 언어관을 피력하면서도, 우리 문화에서 수천년간 한자가 쓰였기 때문에 국어는 한자를 떠나서 존재할 수 없다는 주장을 하는 거죠.

최현배 선생은 또다른 민족주의 관점에서 한자를 없애야 한다고 생각하는 점이 흥미로운데, 일제강점기만 해도 한글과 한자가 극단적인 대립관계는 아니었어요. 지적하신 대로 「한글마춤법통일안」 자체가 국한혼용으로 돼 있었으니까요. 그런데 해방 후에 남북 모두 한글전용을 유난히 강조했습니다. 남한에서는 문교부가 가장 먼저 내놓은 책이 『글자의 혁명』(군정청 문교부 1947)이라는 최현배 선생 저서이고, 그 책의 주 내용이 한자 안 쓰기에 대한 것이었어요. 한자와 국어를 불가분의 관계로 보는 관점의 대척점에서 한자를 축출해야 국어를 제대로 쓸 수 있다는 주장을 한 것이죠. 이 극단적인 두 주장이 마주치니까 어문현실과 동떨어진 상태에서 논쟁이 흘러간 것 같아요. 생각해보면 한자를 굳이 축출해야 할 필연적인 이유도 없었고 한자를 사용해야만 우리말을 제대로 쓸 수 있다는 견해도 비현실적이었습니다. 실제로 해방 이후 대부분의 지식인들은 점진적인 한자폐지론 혹은 한자제한론을 이야기했는데, 극단적인 양쪽이 논의를 주도하면서 이 논쟁이 평행선을 그리며 계속된 것이 아닌가 합니다.

백낙청 일제강점기에 극단적인 한자폐지론까지 가지 않은 건 일본의 화한혼용체 때문이 아닐까요. 그리고 일제강점기 일본만큼 국수주의적인 나라가 없습니다. 우리로 치면 국한문혼용체에 해당하는 것과 국수주의가 결합할 수 있었는데, 일본에서 정착이 된 이유는 그 뿌리가 확실히 깊기 때문입니다. 또다른 이유로는 일본에 훈독의 전통이 있기 때문입니다. 한자를 섞어쓴다고 해서 토착어가 축출당하거나 위축되는 현상을 방지할 수 있었고 지금도 마찬가지입니다. 그런데 우리말의 경우는 그렇지 않거든요. 과거에는 그야말로 '한문'과 '여

자들이 쓰는 국문'이라는 이중문어체계였다가 잠시 '국한문'과 '국
문'의 체계로 바뀌었는데 일본에 비하면 국한문체의 뿌리가 훨씬 약
합니다. 꼭 우리말 쓰기 운동의 차원에서 토착어를 쓰고 한자어를 다
쫓아내자는 입장에서가 아니라, 그야말로 있는 말도 살리고 새로운
말도 만들어서 우리말을 풍부하게 하자는 관점에서도 한자혼용을
용납하기 어려운 사정이 있었다고 봐요. 국한문혼용체가 안착되지
않은 건 꼭 배타적 민족주의나 대미의존성 때문에 한자를 경시한 탓
만도 아니죠.

나중에야 어떻게 될지 모르겠지만 한자 문제는 병용이라는 중도
를 중심으로 더 품격있고 활력있는 어문생활을 어떻게 할 것인지 하
는 문제에 지혜를 모아야 한다고 봅니다. 동시에 순우리말을 좀더 풍
부하게 살리려는 노력이 필요하고요. 그런데 딱히 한자를 쫓아내기
위해서 그럴 필요는 없어요. 사투리를 살리는 게 표준어를 없애자
는 운동은 아니듯이 토착어 표현도 있고 한자어 표현도 있으면 그만
큼 언어가 더 풍부해지는 거 아니겠어요? 지금 당장 우리말에도 '일
(一), 이(二), 삼(三), 사(四)'가 있고 '하나, 둘, 셋, 넷'이 있거든요. 일
본말도 그렇고요. 영어에는 '원, 투, 스리'뿐이에요. 그런데 우리말에
서 '백(百)'하고 '천(千)'에 해당하는 '온'하고 '즈믄'은 없어졌단 말
이죠. 그런 말들이 있었으면 우리말도 훨씬 풍부해서 작가든 일상어
를 쓰는 사람이든 그때그때 자기 기분에 따라서 자유롭게 쓸 수 있
었을 거예요. 특히 시인이나 소설가들은 전후맥락이나 어떤 대목에
서의 음가(音價), 음의 효과를 고려해서 단어를 선정할 수 있었을 텐
데요. 사실 서구어를 보면 대개 라틴어 계열하고 토착어가 섞여 있
지 않습니까. 스페인어나 이딸리아어는 워낙에 라틴어의 한 방언에
서 출발한 거니까 라틴어 계통 어휘가 압도적이고, 독일어는 뒤늦게

라틴어 어휘를 많이 흡수했지만 기본은 본래 독일지역의 언어죠. 영어는 그 중간쯤 됩니다. 셰익스피어가 뛰어난 이유 중 하나는 영어의 두 종류 어휘를 100퍼센트 활용한다는 겁니다. 그래서 우리도 자꾸 우리말을 만들어내면서 그것을 소위 '순화의 도구'로 쓰지 말고 풍부화와 다양화의 방법으로 쓰는 게 옳지 않나 하는 생각이에요.

4장

우리말의 새로운 미래를 상상하기

우리말이 풍부하고 자연스러워지려면

임형택 우리말의 풍부화가 참 중요한 과제지요. 예전에 김정한(金廷漢) 선생이 수필처럼 쓴 글에서 읽었는데 글 제목도 생각나지 않네요. 제 마음에 와닿은 내용이어서 지금도 기억합니다. 일본은 훈독법이 있기 때문에 한자를 쓰더라도 지명 같은 게 잘 살아남는데 우리는 한글전용을 하면서 오히려 다 없어졌어요. 근대적 변화를 겪으면서도 그런 현상이 일어났는데 가령 대전(大田)은 원명이 '한밭'이었는데 그 이름은 잊히고 말았지요. 호남선의 중요한 역인 이리(裡里)는 그전에 이리라고 쓰기는 썼지만 '솜리', 즉 '속에 있는 마을'이라고 말했거든요. 저도 어렸을 때 그렇게 불렀고. 근데 이리라는 지명이 익산으로 바뀌었고, 솜리는 아예 찾을 수 없어졌어요. 서울 지명도 고유어가 많았거든요. 을지로 2가 근방을 한자로 銅峴(동현)이라 쓰고 '구리개'로, 종로 4가는 梨峴(이현)이라 쓰고 '배오개'라고 말했는데 근대식 행정이 도입되면서 우리말 지명은 죄다 사라지고 말았

애오개→아현(阿峴)	아이처럼 작은 고개, 혹은 아이들의 시체를 매장한 고개라 하여 '아이고개' '애고개'로 불리던 것이 '애오개'로 정착됨. 한자로는 兒峴(아현)이라 적다가 '兒'의 표기가 '阿'로 변함.
삼개→마포(麻浦)	섬이 많은 갯벌이란 뜻에서 '섬개' '삼개'로 불리다 '마포'라는 한자식 표기로 정착됨. '삼밭이 있는 강가'라는 뜻에서 '삼개'라는 이름이 유래했다는 설도 있음.
갯둘→포이(浦二)	'큰물이 지면 갯벌로 변하는 들'이라는 의미에서 '갯들' 혹은 '갯둘'이라 불림. '포이'는 '갯둘'을 그대로 한자로 옮겨적은 지명.
무너미→수유(水逾)	북한산 골짜기에서 흘러내리는 물이 넘치는 마을.

습니다. 서울 곳곳에 우리말 고유의 생활정조가 느껴지는 지명들이 많았는데 죄다 잊혀 아쉽지요.

백낙청 확실히 그런 문제가 있습니다. 그런데 가령 도로표지판을 보면 사라졌던 한자가 되살아나고 있어요. 심지어는 일본 관광객을 위한 한자하고 중국 관광객을 위한 간체자 한자에 영어까지 해서 네가지를 써줄 정도가 됐습니다. 지금 우리가 누구를 공략할 처지는 아니지만 한자의 필요성은 점점 더 인식하게 될 거예요. 아까 일본의 훈독에 대한 말씀도 하셨는데, 한자의 압력은 우리 조선에서 가장 컸어요. 일본사람들은 한문을 읽을 때 우리처럼 토를 달아주는 정도로는 뜻을 이해하지 못한다고 해요. 아실지 모르겠어요. 카또오 슈우이찌(加藤周一)라는 분이 한국에 왔을 때 우리가 한문 읽는 방법을 알려줬더니 깜짝 놀라더라고요. 일본에서는 일본어식 어순으로 바뀌도록 한문 구절에 번호를 붙여읽는대요. 그만큼 전반적인 한문의 교양이 낮았던 거죠. 우리는 방방곡곡에 서당이 있었기 때문에 한문을 통해 동아시아의 공통문화를 섭취하는 데 훨씬 앞섰지요. 이 점이 우리말을 빈곤하게 만드는 데도 일조했습니다. 그리고 그 문제는 아직도 남아 있다고 봐요. 단순히 '우리가 너무 좁게 생각한다' '한자에 대해 부정적이다'라고만 볼 것은 아니고, 이런 점도 감안해야 합니다.

또 제가 보기에 영어가 범람하는 이유 중 하나는, 그게 부박한 풍조이고 문화식민지적 상황하고도 관계가 있겠지만 우리말이 알아듣기가 굉장히 어렵기 때문이기도 합니다. 한자어는 음을 위주로 발달한 말이 아니기 때문에 동음이의어가 너무 많아요. 특히 우리처럼 성조(聲調)를 빼고 발음하면요. 한자로 써놓으면 바로 알 수 있지만 한글로만 써놓으면 의미가 헷갈리는 단어가 너무 많습니다. 한자를 섞어쓰면 좋지 않을까 싶지만 어차피 입말로 할 때는 한글전용이죠. 소리에 한자를 담을 순 없으니까요. 그렇기 때문에 한자에서 온 우리말은 헷갈리는데 영어에서 끌어와 한마디 하면 귀에 쏙 들어오는 경우가 있어요. 그러니까 영어나 최근의 일본말이라든가 외래어가 범람하는 데는 한자어의 영향이 너무 커서 우리말의 변별력과 소통력이 떨어진 까닭도 있음을 인정해야 한다고 봅니다.

정승철 저는 학교 다닐 때 한자를 모르면 우리말 맞춤법도 문제가 된다고 배웠습니다. 국민(國民)을 '궁민'이 아닌 '국민'으로 쓸 수 있는 건 한자어이기 때문이라고 들어왔죠. 그래서 정말 한자가 필요한가보다 하며 살아왔는데, 최근에 제가 만난 학생들을 보면 '국가' '한국' '미국'이라는 단어를 접하면 한자와 연결짓지 않고도 '국'이란 글자가 '나라'를 의미한다는 사실을 모두 아는 것 같아요. 굳이 '국(國)'이라는 한자를 모르더라도 상당 부분 단어 사이의 연쇄를 통해 의미를 배워나가는 것 아닌가 싶습니다. 이와 관련된 이야기 하나가 있습니다. 한 십여년 전, 베트남 학생이 있었는데요, 그 학생이 자기 이름하고 비슷한 한국어 이름을 '명중'이라 적어왔어요. 베트남은 일상생활에서 우리보다 한자를 먼저 없앴을 텐데 그 학생한테 이름의 뜻이 뭐냐고 물으니, 정확히 기억나지는 않지만 '국가에 기여하는 인물이 돼라' 정도의 의미라고 했던 것 같아요. 그래서 '명중'이가 아니고 '명충(忠)'이겠구나 싶었죠. 또 베트남은 오랜 시간을 한자 없이 살았지만 아직도 한자의 매개 없이 한자음과 뜻을 직접 연결해 이해하기도 하는구나 싶었고요. 물론 한자를 알면 훨씬 더 많은 이점이 있겠지만 한자 없이도 충분히 언어생활이 이루어질 수 있다고 생각합니다.

한글전용으로 자연스럽게 흘러가는 이유 중 하나는, 한국어와 한글의 특성 자체 때문이라는 생각도 합니다. 우리말 문자는 음소문자지만, 모아서 음절문자처럼 쓰고 그 운용은 표의문자처럼 하거든요. 예를 들어 '술을'이라고 하면, 마치 한자처럼 '술'의 형태를 고정하고 그뒤에 '을'을, '수를'이라고 하면 '수'를 고정하고 '를'을 붙이는 거죠. 한글맞춤법에는 일정한 뜻을 나타내는 형태를 고정해 표기하는 특징이 있다는 뜻입니다. 일본어의 경우에는 '오다'의 경우와 같은 불규칙활용이 많은데 기본형은 '쿠루(くる)'고 '옵니다' 할 때 '키마스(きます)', '안 온다' 하면 '코나이(こない)', 이렇게 음절이 '쿠, 키, 코'로 바뀌거든요. 일본문자는 음절문자이기 때문에 같은 뜻의 말을 음절단위로 완전히 달리 표기하게 되는 문제가 생깁니다. 그래서 그 자리(쿠, 키, 코)에 한자를 집어넣으면 의미의 단위가 고정되는지라(来る, 来ます, 来ない) 훨씬 더 읽기가 편해지죠. 반면에 우리말은 '걷다, 걷고, 걸어' 할 때도 모양이 비슷한 '걷, 걸'을 고정해 표기할 수 있기 때문에 한자 없이도 읽기 편한 의미단위의 형태 고정 표기가

가능해진다는 거예요. 한자를 알면 더 많은 이점이 있겠지만 일단은 한자 없이도 충분히 언어생활이 가능한 거죠.

최경봉 정교수님께서 앞서 형태주의 표기법을 이야기하면서 주시경 선생이 형태주의 표기법을 강조했다고 설명해주셨지요. 어떻게 보면 주시경 선생이 국한혼용을 대체할 수 있는 국문전용의 방법론으로써 형태주의 표기법을 주장한 측면도 있다고 생각합니다.[부록2] 말의 원형태를 고정적으로 밝힘으로써 결국은 의미구분에서 한자를 대체할 수 있는 측면이 있으니까요. 그리고 한글전용을 할 때 동음이의어가 많아지는 문제는, 고유어보다는 한자어를 쓰다보니 생기는 현상 같습니다. 한자어 자체에 동음이의어가 많으니까요. 한글전용을 유지하면서 이런 문제들을 극복하려 한다면 한자어를 덜 쓰거나 최대한 고유어를 쓰는 등의 우회로가 나타나겠죠.

그런데 저는 그런 우회로를 활용해 한글전용을 이룰 수 있다고 해도, 한글전용을 유지하기 위해 한자어 표현을 어쩔 수 없이 포기하거나 한글전용으로 인해 한자어 이해에 문제가 발생하는 상황은 바람직하지 않다고 생각합니다. 그런 의미에서 보면 아까 백선생님께서 말씀하신 중도주의적인 관점, 즉 필요에 따라 한자병용을 허용하는 것이 한자어를 포용하면서 우리말 표현을 풍부화하는 합리적인 길일 수 있겠지요. 한자는 의미를 명확하게 해주는 역할을 하기 때문에 굳이 이를 활용하지 말라고 할 필요는 없고, 다양한 표현으로 소통하기 위해 한자어를 쓰려는 사람에게 굳이 우회로를 강요할 필요는 없으니까요. 소통을 어렵게 하지 않는데도 한자병용을 금지하는 것은 또 다른 억압이 될 수가 있으니까 그런 측면도 유의해야겠습니다.

백낙청 원래 한글전용이라는 규정이 공문서, 교과서에 한정된 거 아니었습니까? 일종의 강제규정이었습니다. 그런데 지금 출판계를 보면 병용을 포함한 한글쓰기가 대세입니다. 전용하는 곳도 있지만 혼용하는 경우는 극히 드물어요. 그 이유 중 하나는, 특히 소설의 경우, 아마 소설가의 99퍼센트가 한글전용으로 글을 쓸 겁니다. 시나 소설 등의 예술작품은 저자의 판단에 맡기는 것이 창비의 방침입니다만 병용을 포함해 한자가 많이 섞여 있으면 안 팔려요. 독자들이 읽으려고 하지 않습니다.

임형택 요즘 시는 어떻죠?

백낙청 지금은 시도 거의 한글전용을 하는데, 여전히 한자를 혼용하는 시인도 없지 않습니다.

임형택 계간 『창작과비평』 지면에선 어떤가요?

백낙청 『창작과비평』 지면에서는 본인이 특별히 요구하지 않으면 아마 그걸 한글로 바꿀 겁니다. 김수영(金洙暎)이나 신동엽(申東曄) 시인만 해도 완전히 혼용을 했습니다. 개정 출간을 할 때는 한자를 괄호 속에 넣었고요. 그런데 시의 경우에는 괄호처리를 하는 것도 문제가 있다고 봅니다. 시는 말뜻은 물론 그 흐름과 속도도 굉장히 중요한데 병용을 하면 그게 달라지거든요. 그런 점에서는 작은 글자로 우리말 음을 달아준다든지 하는 실험을 더 해봐야 할 것 같아요. 사실 굉장히 어려운 시를 쓰면서도 순전히 한글만 쓰는 시인들이 많습니다. 소위 젊은 시인들은 난해한 시를 한글전용으로 쓰기도 하고요.

그 방을 생각하며

革命은 안되고 나는 방만 바꾸어 버렸다
그 방의 벽에는 싸우라 싸우라 싸우라는 말이
헛소리처럼 아직도 어둠을 지키고 있을 것이다

나는 모든 노래를 그 방에 함께 남기고 왔을 게다
그렇듯 이제 나의 가슴은 이유없이 메말랐다
그 방의 벽은 나의 가슴이고 나의 四肢일까
일하라 일하라 일하라는 말이
헛소리처럼 아직도 가슴을 울리고 있지만
나는 그 노래도 그전의 노래도 함께 다 잊어버리고 말았다

革命은 안되고 나는 방만 바꾸어 버렸다
나는 이제 녹슬은 펜과 뼈와 狂氣——
失望의 가벼움을 財産으로 삼을 줄 안다
이 가벼움 혹시나 歷史일지도 모르는
이 가벼움을 나는 나의 財産으로 삼았다

革命은 안되고 나는 방만 바꾸었지만
나의 입속에는 달콤한 意志의 殘滓 대신에
다시 쓰디쓴 담배진 냄새만 되살아 났지만

방을 잃고 落書를 잃고 期待를 잃고
노래를 잃고 가벼움마저 잃어도

이제 나는 무엇인지 모르게 기쁘고
나의 가슴은 이유없이 풍성하다

1960. 10. 30

『창작과비평』 1968년 가을호(통권 11호)에 실린 김수영이 「그 방을 생각하며」.

저는 그런 작품들을 썩 좋아하지는 않는 편입니다만 읽을 때 어떤 감동이 느껴집니다. 아, 이 친구들은 이렇게 난해한 시들을 순전히 우리글로 쓰면서도 자연스럽게 느끼는구나 해서요.

정선생님께서는 지금 형태주의 표기법이 바람직하고 편리하다는 생각을 거듭 말씀해주셨는데 형태주의 맞춤법의 이득은 입말을 할 때는 없어진다는 점을 유의해야 합니다. 예를 들어 입말을 할 때는 '술을'과 '수를'의 구별이 안 된다는 겁니다. 그 대신 말을 할 때는 장단과 억양이 있지요. 요즘 많이 없어졌다고 하지만요. 또 억양이라는 게 있고, 말하는 사람의 표정이라든가 글로는 전달할 수 없는 것들이 전달되기 때문에 의미가 통할 수 있는 거죠. 국한문혼용도 마찬가지예요. 아무리 글에서 국한문혼용을 해봤자 말로 해버리면 소리밖에 안 남아요. 그렇기 때문에 이런저런 것 감안해서 정말 우리말을 어떻게 더 풍부하고 자연스럽게 해서 그 소통력을 강화할지 실용적인 문제에 더 집중하면 좋지 않을까 하는 생각입니다.

외래어표기법, 이대로 좋은가

백낙청 표기법 중에서 외래어 부분에 대해서도 논의해보면 좋겠어요. 우선 외래어의 유입에 의해 우리말이 훼손될 수 있다는 세간의 우려가 있는데, 이 점에 대해서는 어떻게 생각하세요?

최경봉 국어순화 관련해서 외래어 문제에 접근할 때 우리가 흔히 범하는 오해가 있습니다. 처음부터 완벽한 한국어가 존재했다고 생각하는 것이죠. 고유어로만 구성된 완전한 한국어가 존재했고 그것이 한자어 혹은 외래어 유입으로 훼손됐다는 건데, 엄밀히 말하면 외래 요소가 배제된 완전한 한국어는 우리 상상 속에만 존재하죠. 완전한 한국어를 강조하는 사람들은 고대에 우리 고유의 완벽한 문자가 있었다는 가설을 세우기도 합니다. 일부 사람들에게는 어느정도 공감을 얻기도 하고요. 이런 사고방식은 특히 외래어 문제에 접근할 때 폭넓은 지지를 받는 것 같아요.

그런데 외래어가 없는 나라는 없습니다. 모든 말들을 따지고 들어가보면 외래어와 고유어의 구분이 불명확한 경우도 많고요. 외래어의 존재 자체가 문화교류의 역사를 보여준다는 생각에서 이를 자연스럽게 인정할 필요가 있습니다. 외래어가 완벽한 우리말을 훼손한다고만 보지 말고, 외래어가 우리말을 좀더 풍부하게 하는 측면도 있다고 봐야죠. 물론 고유어가 외래어와의 경쟁 속에서 없어지는 경우도 있지만 크게 보면 우리말의 문화가 그만큼 변화했음을 보여주는 징표로 생각할 필요가 있습니다. 외래어가 들어온다고 해도 어휘적인 요소로 들어오기 때문에 언어의 본질 자체가 훼손되는 일은 거의 없거든요. 다만 외래어가 너무 많이 유입됐을 때는 소통 차원에서 문제가 발생하기 때문에 정책적으로 고민할 필요는 있습니다.

외래어가 들어올 때를 생각해보면 가령 '아이스크림'이나 '커피'처럼 이제 국어가 되어버린 경우도 있고, 단어의 전체적인 뜻이 아니라 우리에게 필요한 부문만 들어오기도 합니다. 가령 '컨디션' 같은 단어는 영미권의 용법이 그대로 들어오지 않고 몸의 조건이나 상태를 뜻하는 정도로만 들어왔지요. 그러므로 우리가 사용하는 외래어는 외국어와는 그 성격을 달리 이해할 필요가 있습니다. 우리 나름대로 형태와 의미를 조정하기도 하니까요. 제가 많이 드는 예로 미용실에서 '커트'하는 것과 영화에서 '컷'하는 것은 형태를 달리 쓰지만 원래는 둘다 cut이고, '판넬'하고 '패널'도 같은 panel이죠. 이런 점들을 고려하면서 외래어 문제에 접근할 필요가 있습니다.

사실 일상어에 스며든 외래어보다 더 큰 문제는 전문분야에서 쓰는 외래어입니다. 특정 분야의 전문어가 전부 외래어화하는 것은 정말 심각한 문제죠. 각 분야에서 국제적인 교류가 많기 때문에 외래어 유입이 자연스러운 현상이기도 하고 이를 막을 수는 없지만, 학문체계 전체를 외래어로 기술하는 것은 문제라 할 수 있습니다. 전문어사전을 보면 일부 분야는 거의 90퍼센트 정도가 영어나 프랑스어로 돼 있는 경우도 있거든요. 그런 경우 과연 이 분야를 우리의 학문체계에 포함할 수 있나 하는 걱정이 들어요. 전문어는 일상어와 달리 전공분야 사람들의 약속으로 계획적인 정비가 가능하니까 의식적인 노력이 더 필요할 것 같습니다.

임형택 외국에서 문화가 들어오고 문화적인 변화가 일어나니까 외래어 사용은 불가피한 현상이라고 봐야 할 것 같습니다. 그런데 국립국어원에서는 외래어 심의 등을 국가정책적으로 어떻게 관리하고 있나요?

최경봉 외래어의 경우는 정부·언론 외래어 심의 공동위원회가 있는데, 국어학자들만이 아니라 언론인, 문화·교육계 인사 및 관계 부처 공무원 등이 모여서 외국어 발음의 한글표기를 결정해서 고지하는 식으로 관리하는 것 같습니다. 외래어 유입 후에 그것을 표기하는 방식에 대한 문제가 발생하니까 뒤쫓아가면서 처리하는 경향은 있지만 그 말을 어떻게 표기해야 할지는 적극적으로 조치하는 것 같아요.

임형택 그렇다고 해서 그것이 강제력을 지니는 건 아니지 않겠어요?

최경봉 언론과 정부 부처 공무원이 심의위원회에 참여해 함께 조정을 하니까요. 그렇게 정해지면 대개의 공식매체들이 따라서 표기를 하므로 상당한 영향력이 있습니다.

임형택 이번에 코로나19 같은 새로운 현상이 일어나니까, 중간에 조정과정을 거쳐서 지금은 '코로나19'로 일단 명칭이 통일되잖아요. 그런 식이기 때문에.

백낙청 그런데 수준이 높은 학술이나 예술의 영역에서 도저히 번역이 안 되는 용어가 생기는 건 불가피하다고 봅니다. 그럼에도 최대한 우리말로 바꾸려는 노력을 그 분야 사람들이 먼저 해야지, 우선 국어 전문가와 언론인 몇이 모여서 심의해봤자 다루기 쉬운 영역에서나 가능한 일 같아요. 우리 학문풍토하고도 연관이 되는데, 우리식으로 해석하고 표현하려는 노력이 너무 부족한 것 같습니다.

정승철 외래어 또는 외국어가 들어왔을 때 그것을 순우리말로 대체하려는 노력은 칭송받을 일이긴 합니다. 그 정신은 분명히 가지고 있어야 하지만 실제 사용면에서 외래어를 우리말로 순화해 보급하는 방안이란 찾기 어려운 게 아닐까 합니다.

백낙청 어떤 용어의 경우 안 되는 건 안 되는 거예요. 하지만 생각해보지도 않고 외국어나 외래어를 무조건 쓰거나 깊은 생각없이 그 용어에 해당하는 우리말을 학계에서 제멋대로 만들어놓고 그에 대한 일종의 부호나 암호로 써버리기도 하지요. 원문, 소위 원전에서 어떻게 나왔는지 아는 사람들끼리는 아무 문제가 없겠지요. 일종의 모스부호 같은 거니까 서로 뜻이 통할 테고요. 하지만 그렇게 되면 학문이 대중과 소통이 안 되고 결국은 발전에 지장이 생길 수밖에 없습니다. 인문학 분야에서는 특히 더 그렇고요. 자연과학 분야에선 아예 수업도 영어로 하는 데가 많으니까.

외래어표기법 문제에 대해서 창비는 좀 독특한 고집을 부리는 면이 있으니까 그 말씀을 먼저 드리고 싶습니다. 창비 편집이사 염종선 씨가 쓴 「이딸리아는 어디에 있는 나라인가」(부록8)는, 창비가 어떤 면에서 국어원의 표기법을 안 따르고 있는가를 이야기하는 글입니다. 한가지 분명하게 해둘 것은 외래어하고 외국어가 다른데, 그동안 외래어가 들어와 많이 쓰이면서 저절로 우리말의 일부로 자리 잡기도 했고, 국제교류가 활발해지면서 여러 외국어들이 외래어로 한꺼번에 많이 들어와서 오히려 국어로 자리 잡기 이전의 외래어 어휘가 옛날보다 늘어난 면도 있습니다. 특별한 경우 외국어를 한글로 전사(轉寫)해서 쓰기도 하지만 인명·지명 같은 고유명사는 대개 우리말의 일부로 자리 잡지 못합니다. 옛날에는 '東京' '北京' 같은 한자어가 다 우리말이었지만 요즘 새로 들어오는 지명들은 아닌 것처럼요. 외국의 현지 발음을 중시하는 방침이 외국어 숭상 풍조인 면도 있습니다만 창비가 국어원의 표기법을 다 따르지 않는 건 정반대의 이유입니다. 한가지 덧붙일 점은 창비가 현지음의 절대적 재생을 고집하는 건 아니고, 다만 한글의 일상적 용법의 범위 안에서 되도록 현지음에 충실하자는 정도지요.

국어원식 표기법 중 가령 '된소리를 사용하지 않는다'라는 건 영어에서 된소리를 안 쓰기 때문에 그러는 면도 크거든요. 프랑스어나 이딸리아어 같은 라틴어 계통의 언어도 그렇고, 그후에 국어원에서도 예외를 인정한 타이(태국)어 같은 경우에도 된소리를 쓰잖아요. 중국어, 베트남어 같은 예외가 점점 늘어나고 있고요. 사실 라틴어 계통의 언어에서는 많은 경우는 된소리만 있고 거센소리는 없기 때문에 혼동은 덜해요. 그런데 타이어가 바로 그렇지 않은 예인데, 우리말처럼 경음과 격음이 다 있으니까 '된소리 안 쓰기' 원칙을 적용하면 변별이 안 되죠. 타이 푸껫에 관광객들이 워낙 많이 가다보니까 '푸켓'이 아니라 '푸껫'을 용인하게 됐는데, 저는 이렇게 찔끔찔끔 논의할 게 아니라 창비가 그렇게 욕먹으면서 주장해온 대로 된소리를 원칙적으로 허용하면 간단히 해결될 문제 아닌가 싶어요.

이명박 대통령이 천안함사건 이후에 5·24조치를 일방적으로 명령했는데, 이제 그 조치가 거의 무력화되지 않았습니까? 남북교류를 완전 중단한다고 했고 아직 5·24조치가 해제되지 않았는데도 그후의 교류는 여기저기에서 조금씩 이뤄지고 있으니까요. 국어원 규정이 그것과 비슷한 것 같아요. 한글 24자모만 쓴다거나 파열음 표기에는 된소리를 안 쓴다는 원칙이 왜 외래어표기법에 들어가야 할까요? 우리가 한글의 24자모를 합쳐서 쓰는 것은 용인하지만 새로운 자모를 만들지는 않는다고 한다면 납득이 가겠어요. 그렇지만 지금은 일방적으로 이렇게 정해놓은 거예요. 당시 우리 당국의 행정편의주의도 있었을 테고, 그거야말로 대미의존이나 영어존중사상이 지나치다는 게 창비의 기본입장입니다.

영어를 따라가려면 제대로 알고 해야 하는데 그러지도 못해요. 가령 이명박정부 인수위원장이라는 사람이 '오렌지'라고 하면 안 되고 '어륀지'라고 해야 한다고 했다가 욕 잔뜩 먹고 자기도 출세길이 막힌 일이 있지요. '어륀지'가 원래 더 충실한 발음인데 과한 주장을 펼

쳤다가 욕먹은 걸로 알려져 있지만, 사실 그 사람이 영어의 속성을 잘 몰라서 벌어진 일이에요. 영어는 모음이 그렇게 중요하지 않고 가장 중요한 건 강세예요. '오렌지'라고 해서 못 알아들었다면 발음을 '오렌지'라고 해서 못 알아들은 게 아니에요. '오렌지'라고 첫 음절을 세게 발음했으면 '렌지'든 '륀지'든 알아들었을 텐데 그걸 안 한 거죠. 아무리 '어륀지'라고 해도 강세 없이 발음하면 못 알아듣게 돼 있어요. 또 영어에서 모음이 그렇게 중요하지 않다는 게, 물론 모음이 전혀 중요하지 않은 언어는 없지만, 슈와(schwa, [ə])라고 강세가 안 들어간 모음이 어중간한 소리를 내면서 '어' 비슷하게 발음되는 게 있어요. 우리말로는 '어'를 얼마든지 강하게 발음할 수 있어도 영어에서 강세가 안 들어간 모음은 상당수가 '어' 비슷하지만 어물쩍한 소리가 나요. 그런데 그걸 원어에 충실하게 발음한답시고 '어'로 강하게 읽으면 오히려 원어민들이 못 알아듣기 쉽습니다. 반면에 일본어에 '어'라는 음운이 없기 때문에 자기식대로 달리 써넣은 걸 우리가 그대로 따라 하면 원음에서 불필요하게 멀어지기도 해요. 가까운 예로 제가 전공해온 작가 로런스(D. H. Lawrence)의 경우 일본사람들은 '로런스'로 표기할 길이 없어서 ローレンス라고 쓰지만 장음표시(ー)가 있어 강세가 '로'에 온다는 걸 짐작케 합니다. 그런데 우리말로 '로렌스'라고 하면 '로렌스'로 둘째 음절을 강조해서 읽는 사람이 대다수지요. 저도 처음에는 그렇게 따라 쓰다가 '로런스'로 바꾸었는데 아직도 학회 이름은 '한국 D. H. 로렌스학회'예요. 외국어의 속성을 제대로 알고 원음주의를 주장할 필요도 있다는 생각입니다.

또 한가지, 최선생님께서 원음주의에 대한 비판, 특히 동양의 인명·지명을 원음 그대로 표기하는 것에 대한 말씀을 하셨는데『한글민주주의』에서 결국엔 원만한 절충주의로 가신 듯합니다. 우리에게 익숙한 한자음, 원음, 그리고 한자병용을 모두 할 수 있다는 건 참 원만한 결론이라고 생각해요. 그런데 일본과 중국은 다 자기식으로 한자를 읽는데 우리만 원음주의를 하는 이유에는 좀 다른 차원도 있는 것 같아요.

중국어와 일본어는 표음능력이 한글에 비해 엄청 떨어집니다. 중국어는 표의문자라서 음가를 음역해서 쓰려면 여간 거추장스러운 게 아니고, 글자가 갖는 원래 의미가 있기 때문에 그걸 떨쳐버릴 수가 없어요. 그래서 중국에서는 텔레비전을 電視라고 바꿔쓰고 '띠엔쓰'[diànshì]라 읽습니다. 이를 두고 우리가 '텔레비전'이라고 쓸 때마치 우리의 주체의식이 떨어지는 것처럼 말하는데, 물론 우리 주체의식이 그렇게 높은 수준은 아니지만, 중국어에서는 텔레비전을 음역해놓으면 굉장한 혼란이 발생할 겁니다. 일본의 경우에는 워낙 음운수가 적기 때문에 정확하게 표기하기가 힘들고 게다가 일본 카나는 알파벳이라기보다 음절부호인데 그걸로 엇비슷하게라도 적어놓으면 글자수가 엄청 늘어나고 읽기가 힘들어집니다. 그래서 외국어와 외래어에 한해서는 보통 쓰는 히라가나가 아니라 카따까나를 섞어쓰잖아요. 외래어인 줄 미리 알고 읽으라고. 그건 그만큼 일본어의 외국어 표기능력에 한계가 있기 때문이라고 봐요. 그리고 중국어 인명의 독법에 대해서는 확신이 없지만 일본어의 경우는 원음대로 읽어주는 게 맞다고 저는 생각해요. 왜냐하면 일본사람들 스스로 풍신수길(豐臣秀吉)이라고 써놓고 토요또미 히데요시라고 읽지 호오신 슈우끼찌라고 일본식 한자음으로 읽진 않거든요. 그건 일종의 이두문자 비슷하게 써놓은 건데, 풍신수길이야 워낙 입에 익은 이름이니까 그렇다고 쳐도 한자음으로 읽어주면 일본사람도 모르고 중국사람도 모르고 한국사람에게조차 익숙지 않은 인명이나 지명이라면 아무도 알아듣지 못하는 단어를 만들어낸 꼴이 될 수 있죠.

유럽에서 그리스인 쏘크라테스를 영어로 쏘크라티즈(Socrates), 불어로 쏘크라뜨(Socrate), 독일어로 조크라테스(Sokrates)로 각각의 방식이 있지만 큰 차이 없이 부르는 것과는 다른 차원의 문제가 있는 거예요. 그러니까 우리가 옮기는 대상 언어에 대해 좀더 정확히 알고서 영어는 영어의 특성을 일본어는 일본어의 특성을 중국어는 또 중국어의 특성을 감안해서 신축성 있게 적용하자는 거지요. 아무튼 창비가 독자적인 외래어표기법을 쓰면서 욕도 많이 먹었지만 그동안 국어원의 입장도 상당히 바뀌며 창비식에 가까워져서 된소리를 예외적으로 인정하게 됐다는 데 보람을 느낍니다. 여기에 남북의 통일 문제도 남아 있습니다. 꼭 영토통일이 안 되더라도 겨레말은 상당부분 일치를 시켜야 할 텐데 북에서는 러시아어의 영향도 있어서 된소리 등을 많이 쓰거든요. 창비가 그때까지 기다리며 북과의 이질성이 덜한 표기법을 지켜주는 것도 보람이 아닐까 하는 자부심을 갖고 있습니다. 「이딸리아란 어디 있는 나라인가」(부록8)에도 그 자부심이 담겨 있죠.

영어중심주의, 행정편의주의에서 벗어나야

최경봉 말씀하신 염종선 선생님의 글을 읽고 구글에서 검색을 해봤습니다. '이탈리아'가 6,630만개 나오는 반면 '이딸리아'라고 쓴 건 9,200개 정도, '이태리'는 1,580만개 정도가 나오더군요. 물론 그동안 규범에서 '이탈리아'로 쓰라고 했으니까 이런 상황이 되기도 했겠지만 이걸 꼭 규범의 강제로만 이해할 수는 없는 것 같아요. 규범에서도 인정한 '푸껫'을 예로 다시 검색해보니까요, '푸켓'은 368만 개, '푸껫'은 60만개였어요. 국립국어원에서 2004년에 동남아시아 3개 언어(말레이인도네시아어, 타이어, 베트남어) 외래어표기법을 정비하면서 '푸껫'을 규범으로 고시하고 '푸껫섬'을 사전에 등재했음에도 왜 사람들이 여전히 '푸켓'을 더 많이 쓸까 생각해봤어요. 사실 '푸껫'이 우리에게 알려진 건 1990년대 이후라서 규범을 제시하기 전의 관습이 견고한 것도 아닌데 말이죠. 여기엔 '푸껫'의 로마자 표기가 Phuket인 탓도 있지 않을까 싶었습니다. 우리나라 사람들은 k를 ㅋ으로 옮겨쓸 확률이 높을 테니까요. 원음에 따라서 자연스럽게 썼다면 규범이 '이탈리아'더라도 '이딸리아'라고 쓰는 사람이 많을 것 같은데, 절대다수의 사람들이 '이탈리아'라고 쓰는 이유도 t를 ㅌ에 대입하는 관습의 영향 때문인 것 같아요.

백낙청 그러니까 그게 영어중심 사상이에요. '푸켓'이나 '이탈리아'가 개별적인 사례로 끝난다면 몇개 단어 갖고 말썽부릴 이유가 없지만 현행 표기법의 행정편의주의와 영어중심주의에 대한 문제제기는 계속하는 것이 옳다고 생각합니다.

최경봉 각각의 고유어로는 전부 다르게 쓸 수 있지만 국제표준으로는 로마자를 쓰기 때문에 로마자와 그 음의 대응관계에 대해 우리나라 사람들이 어떻게 생각하고 있는지 생각해볼 필요가 있겠습니다. 기존규범과의 상호작용 속에서 언어관습이 형성되는 면이 있으니까요. 그래서 프랑스 빠리 같은 경우에도 '빠리'라고 발음하는 사람이 상당히 많은데도 구글에서 '파리'가 5,000만건 가까이 검색되는 반면 빠리는 98만건 정도에 불과한 걸로 봐서, 사람들이 규범을 지키려는 것도 물론 있겠지만 로마자와의 대응관계에 민감하다는 이유도 있는 듯합니다. 그러니까 '뻐스'나 '까스'라고 발음하는 경우에도 로마자로는 bus와 gas니까 대응했을 땐 항상 '버스' '가스'처럼 소리와 다르게 쓰는 거죠. '카페'도 마찬가지고요. 모음의 경우는 announcer의 표기가 '어나운서'에서 '아나운서'로 바뀐 게 두드러지죠. 이런 상황이라면 외래어표기에서 원음주의 원칙을 제대로 지키라는 요구가 생길 수도 있고, 원음주의를 원칙으로 삼는 것이 타당한 것이냐는 질문이 생길 수도 있겠지요. 그런 점에서 보면 현재의 표기방식을 유지하면서, 표기관습 또는 의미전달의 혼란 등을 점검해 복수표기를 확대하는 방안을 생각할 수 있을 겁니다.

백낙청 '카페'라고 써놓고 '까페'로 발음하거나, 국어원에서는 '파리'가 맞다고 정했지만 방송국 앵커들도 발음은 '빠리'라고 하는 사람들이 꽤 있더군요. 한글은 장단표시가 없으니 곤충 '파리'와 변별하기 위해서라도 '빠리'라고 해야지요. 외래어를 들여올 때 너무 티를 내며 생소하게 만들 필요도 없지만 기존의 국어질서를 교란해서도 안 된다고 봐요. '빠리'를 '파리'라고 쓰는 순간 동음이의어, 적어도 동철이의어가 하나 더 생기는 겁니다. 이건 국립국어원에서 된소리를 허용해 '빠리'로 바꿔주면 간단히 해결될 수 있는 문제예요. '이딸리아'가 9,000여개 검색됐다니까 생각보다 많이 나왔다 싶어요. 아직도 국립국어원이 '이탈리아'가 맞고 '이딸리아'는 틀렸다고 규정해놓고 있잖아요. 그럼에도 9,000개나 나온 건 실제로 그렇게 쓰는 사람이 많다는 것 아닐까요. 창비의 영향력이 그 정도일 리는 없고요. 엄청나게 많은 사람들이 이딸리아에 직접 다녀오고 현지의 발음을 접하잖아요. 옛날에는 외국 간다고 하면 일본 아니면 미국이었는데 지금은 그렇지 않고요. 불어, 이딸리아어, 스페인어권과 달라서 경음과 격음을 식별하지 않으면 이해가 불가능한 언어권 국가에도 많은 사람들이 가고 있습니다. 꼭 여행자의 편의를 위해서가 아니라 우리말의 변별력을 높이려면 된소리를 허용하는 작업이 반드시 필요하지 않을까 하는 생각이 들어요.

백낙청 훈민정음 창제의 목적이 하나는 백성들 쓰기 편하라는 게 있고, 다른 이유로 『동국정운(東國正韻)』(1448)처럼 중국어를 정확하게 발음하는 걸 배우는 데 도움이 되라고 만든 면도 있잖아요. 사실 한글은 조금만 더 손보면 거의 만국발음기호에 버금가는 기능을 가질 수 있다고 봐요. 그걸 위해서 지금 24자모 중심으로 쓰는 현행 표기를 바꿀 필요는 없겠지만, 옛날 한자 중에서도 상용한자, 비상용한자가 있었듯이 지금의 상용한글과 별도로 '비상용한글'이라는 걸 만들어도 나쁘지 않을 것 같아요. 옛날 우리 외래어표기법엔 그런 게 있었잖아요. 가령 f발음을 ㆄ로 쓰자는 안도 있었지요. 현재의 우리 표기법상으로는 영어를 옮길 때 pile과 file은 전혀 다른데도 구별이 안되거든요. 물론 대충 문맥으로 짚고 넘어갈 수도 있지만 필요할 때는 구분해서 써줄 수 있는 자유를 주는 게 맞지 않나 싶습니다.

한글전용 문제도 마찬가지인 것 같아요. 공문서와 검정교과서는 어차피 통일해야 되고 더군다나 우리나라같이 엄격한 시험제도가 있는 나라에서는 그렇게 할 수밖에 없습니다. 점수가 매겨지니까요. 재미있는 이야기를 하나 해드리자면, 어린이책 외에 창비식 외래어 표기법이 통하지 않은 경우가 유홍준(兪弘濬)의 『나의 문화유산답사기: 일본편』(창비 2013~14)이었어요. 워낙 많은 사람들이 읽는 책인데 왜 이렇게 이상한 표기법을 쓰냐며 '우리 애 시험 떨어진다'고 학부모들의 항의가 들어오는데 그걸 감당할 수가 없었어요. 베스트셀러니까 독자들의 의견도 고려해야 하고 판매도 생각해서 국립국어원식 외래어표기법으로 쓰고, 그 대신 제가 고집해서 색인에는 창비식 외래어표기법으로 된 색인어도 함께 넣도록 했죠. 여하튼 이런 점을 고려하면 교과서와 공문서는 통일할 수밖에 없다고 봅니다. 아까 시의 경우도 말씀드렸지만 시는 시인들 마음대로 쓰도록 하는 게 관례화되어 있고, 소설은 작가들이 알아서 대개 한글전용 내지 병용으로 하고 있어요. 일기는 자기만 보는 거라면 한자나 영어를 섞어쓰는 건 제 맘대로 하는 것이고 그것까지 규정하면 안 되죠. 물론 일기라도 출판을 할 경우는 저자와 출판사 간에 절충이 필요하겠지요. 친한 사람들끼리 쓰는 편지도 마찬가지고요. 상대방이 한자를 잘 알면 노출시켜서 혼용하는 게 낫지 그것마저 민주주의 원칙에 의해 한자를 넣고 괄호처리 한다면 그건 상대방에 대한 모독일 수 있거든요. 그러니까 전용이냐 병용이냐 하는 원칙을 정하는 것도 중요하지만 그 원칙의 적용범위를 조정하는 것도 중요하다고 봐요.

외래어 이야기를 하다가 여기까지 왔습니다만, 우선 행정편의주의적이고 너무 미국중심적·영어중심적인 건 수정해야 합니다. 그다음엔 어느정도는 알아서 하라고 두는 게 옳다고 봅니다. 그런데 알아서 하라고 하면 우선 고생하는 사람 중 하나가 편집자들이겠죠. 창비 편집자들은 사실 창비식 표기법, 외래어표기법에 대해서 불만이 많습니다. 사전하고 다르니까 교정보는 데 힘들거든요. 뭐, 그게 전부는 아니고 사람마다 다른 이유가 있을 수 있겠습니다만. 다른 잡지에 제가 글을 쓰면 외래어표기법이 틀렸으니까 고치겠다고 하는데, 제가 고치지 말라고 해요. 나중에 '필자의 요구에 따른 표기법을 그대로 썼습니다' 하고 주석이 달려나오는 식이죠. 하여간 어떻게 표준화하는지도 중요하지만, 표준화의 강도를 어떻게 잡을 것인지 논의하는 것 또한 민주주의 원칙의 일부라고 봅니다.

언어규범을 어디까지 적용할 것인가

최경봉 무척 중요한 지적인 것 같습니다. 일상생활의 모든 언어적 문제에 규범이 개입하는 것은 현실적으로 불가능할 뿐만 아니라 규범 제정의 취지로 볼 때도 적절하지 않습니다. 국문연구소 연구위원들이 보고서에 표기규범에 대한 의견을 피력한 바 있습니다. 그중 윤돈구(尹敦求)라는 분의 의견이 흥미로운데, 국문연구소에서 정한 표기법은 교과서나 사전 등의 표준을 정하는 것이지 일반에서 편지 등을 쓸 때 편리함을 좇아 달리 쓰는 것까지 국문연구소가 상관할 것은 아니라는 의견을 피력합니다. 저는 이런 의견이 연구보고서에 기록된 것을 보면서, 표기법과 같은 규범의 적용범위를 그 당시에도 많이 고민했다는 걸 알 수 있었습니다. 결국 글을 쓰는 사람은 누구에게 보일 것인지를 생각하며 쓰는 것이고, 언어규범은 공적인 글쓰기에서 적용되는, 말 그대로 '공적인' '규범'이라는 관점에서 생각해보면, 선생님 말씀처럼 규범의 적용범위를 제한하는 것은 필요하리라 생각합니다. 그렇게 하면 앞서 이야기했던 외래어표기법 문제도 논란이 될 이유가 없지요. 그런데 우리의 언어규범이 국어생활 전반에 적용하는 것을 목표로 하고 있기 때문에, 현재로선 규범의 적용범위를 제한하는 방향보다는 규범이 언어현실을 반영하는 방향을 취하게 됩니다. 복수표준어가 그 대표적인 예인데, 초기 언어규범에서는 단일표준어 원칙을 유지하고자 했지만 점점 복수표준어를 확대하는 추세입니다. 결국 사람들이 많이 쓰는 말이라면 규범이 이를 포용하면서 표준화의 강도를 낮추게 되는 것이지요. 예전과 달리 요즘 국어원 규범심의회에 참석해보면 연구원들이 미리 구글 등에 검색해 어휘 사용빈도를 조사한 자료를 가져오거나 설문조사를 통해 해당 표현이 얼마나 쓰이는지를 확인하여 그 수치를 위원들에게 알려줍니다. 그 자료를 토대로 가령 70퍼센트 이상의 사용빈도를 보이는 표현이라고 한다면 그것을 복수표준어로 인정해주자는 의견이 나오지요.

백낙청 최경봉 선생께서 편찬에 참여하신 『고려대 한국어대사전』은 좀더 수용범위가 넓죠?

최경봉 네, 표준국어대사전에 실리지 않은 표현이나 일반화된 새말을 올림말로 선정하다보니 수용범위가 상대적으로 넓어졌다고 볼 수 있지요. 사실 엄밀한 의미에서 규범으로서의 표준어는 국가가 고시한 표준어규정에 거론된 단어, 즉 "다음 단어들은 어떠어떠한 형태를 표준어로 삼는다"라는 원칙에 포함되는 3,500여 단어들입니다. 그간 표준국어대사전 표제어의 0.7퍼센트 정도가 표준어를 과잉대표했다고 볼 수 있지요. 이런 현실에서 실질적으로 표준어 목록을 제시해주는 것은 국어사전인데, 언어규범 안에서 비표준어로 특별히 거론한 말이 아니라면 사전편찬자의 판단에 따라 표준어를 결정한다고도 할 수 있어요. 결국 국어사전에 싣고 의미를 정의하면 그것이 실질적인 표준어의 역할을 하는 거니까요. 그런 관점에서 『고려대 한국어대사전』은 새로운 말들을 올리면서 조금이나마 표준어의 폭을 넓혔다고 할 수 있겠지요.

임형택 정선생처럼 저도 표준어의 제한과 규정에 부정적인 생각을 하고 있습니다. 내내 익숙히 써오던 말을 사투리라고 마치 잘못된 말인 양 취급하는 건 좋지 않지요. 우리나라는 방언들이 중국처럼 의사소통이 안 될 정도로 차이가 나는 것도 아닌데 말입니다. 해방 이전의 어문현실에서는 맞춤법과 표준어의 제정이 요망되었지만 이제부터는 언어를 너무 규범화하기보다는 아무쪼록 열린 사고로 다양성을 살리고 풍부화를 기하는 방향으로 나아갈 필요가 있습니다. 그러자면 고어도 적당히 살려쓰는 노력을 하고 방언이라고 배제하거나 비속어라고 금기시했던 말들까지 심의를 거쳐 용납하는 조처를 취할 필요가 있다고 봅니다. 이렇게 하는 것이 민주적 원칙에도 타당하고 급변하는 시대의 추세에 대응하는 방식이기도 합니다. 국립국어원이 있으니까 이런 식으로 의론을 모아갈 수 있지 않을까요.

정승철 사실 요즘 국어원에서 방언에 관심을 많이 가져주고 있거든요. 그러니 국어원을 약간 옹호해볼까요.(웃음) 저도 규범이 개인의 사적인 영역에 침범하는 것에 대해서는 반감이 있고, 창비가 다른 표기법을 독자적으로 마련하고 운용하는 것도 다양성 차원에서 근본적으로 바람직하다고 생각합니다. 하지만 국어원에 외래어표기법을 개정하라는 요구는 성립이 안 된다고 보는데, 규정의 가장 큰 문제는 규정을 바꿀 때 생기기 때문입니다. 있는 걸 바꿀 때 혼란이 훨씬 크기 때문에 국어원에서도 지금 표기법을 유지하려고 하죠. 아까 말씀하셨듯이 f나 v발음처럼 한국어에 없는 소리를 내기 위해서 문자 몇 개를 만들어낼 수는 있는데, 이를 국어원에서 하지 않는 이유가 있습니다. 그렇게 하면 곳곳에서 사람들이 새로운 것을 써달라는 요구를 하게 되거든요. 현행 한글자모 이외의 것을 인정하지 않는 것은 너무 많은 새로운 요구를 막는다는 면에서 불가피하기도 합니다. 즉 규정은 바꾸지 않는 것이 규정 본래의 속성과 들어맞는다는 뜻에서 잠시 국어원을 대신해 말씀드렸습니다.(웃음)

한글, 그 무한한 표기의 가능성

백낙청 국어원이 하는 일을 전면부정하려는 건 아니었는데 적시에 옹호발언을 해주셔서 감사합니다.(웃음) 다만 규정을 바꾸면 너무 복잡해지니까 못 바꾼다는 것도 크게 보면 행정편의주의예요. 물론 된소리를 한번 인정하면 국어사전을 완전히 새로 조판해야 합니다. 종이에 찍는 활자 사전 조판을 바꾼다는 건 보통 일이 아니었겠지만, 컴퓨터 조판기술이 생기고서는 훨씬 쉬워진 면이 있지요. 더군다나 종이사전이 아닌 온라인 사전의 경우에는 아주 바꾸기 쉬워졌습니다. 게다가 이미 국어원도 찔끔찔끔 바꿔왔거든요. 앞으로도 대폭적인 변화는 없기 쉽지만 장차 남북한의 '언어통일'까지는 아니더라도 '통합' 내지는 '가급적 일치'라는 과제가 남아 있기 때문에 분단체제 극복의 과정에서 어떤 계제가 생기리라고 봐요.

또 현행 한글자모에 없는 글자를 만드는 것은 순전히 저 개인의 의제인데, 24자 이외의 새 글자를 만들어서 함께 쓰자는 주장은 아니에요. 상용한글은 현행대로 쓰되 상용한글과는 별도로 비상용한글을 따로 만들어보면 좋겠다는 게 제 생각이거든요. 지금 국한문혼용을 하지 않는 우리에게 상용한자라는 건 필요없어요. 혼용(노출)을 안 하고 병용만 할 경우에 괄호처리할 한자 중에서는 상용한자를 만들면 못 들어갈 것들이 굉장히 많습니다. 인명에만 쓰이고 보통 잘 안 쓰이는 단어들 있잖아요. '불 환(煥)'자나 '솥귀 현(鉉)'자 또는 '물가 수(洙)'자 같은 글자들 말이죠. 그래서 상용, 비상용한자는 혼용을 하는 일본과 달라서 그렇게 의미가 없고, 한글은 오히려 비상용한글이 필요하지 않나 싶어요. 가령 사전에 보면 첫 음절에 한해서 장음표시가 있잖아요. 그 장음표시가 있으면 장음이고 없으면 단음이고 그렇죠? 그런데 만약 비상용한글의 일부로 장음, 단음을 구별해준다면 사전과 달리 장음표시와 단음표시가 다 있어야 됩니다. 꼭 필요할 경우에만 그걸 쓰게 될 테니, 단음이라서 장음표시가 없는지, 아니면 쓰는 사람이 굳이 그걸 식별해줄 필요가 없어서 장음표시를 하지 않았는지 알 수 있겠지 않습니까. 장음표시와 단음표시를 다 넣는건 어렵지 않다고 봐요. 가령 말[言]과 말[馬]은 굉장히 헷갈립니다. "말을 탄다"는 말도 있고, "말:을 탄다"는 말도 있고 그렇지 않습니까. 문맥에 따라 식별되기도 하지만 안 되는 경우도 많아요. 눈[雪]과 눈[目]도 헷갈리는 경우고 산다[買]와 산다[生]도 그렇지요. 우리말에 그런 게 많죠. 언중이 지금 장단음을 잘 구별하지 않는 것은 사실이지만 완전히 하지 않는 건 아닙니다. 지금 남아 있는 장단음 구별마저 없어지면 한국어의 변별력은 엄청나게 떨어지게 된다고 봅니다. 요즘도 일반 리포터들과는 달리 훈련받은 아나운서나 특히 앵커쯤 되면 상당히 정확하게 장단음을 식별해줍니다. 그래서 필요한 경우에는 장단음의 식별장치를 쓸 수 있도록 만들어주는 게 필요하다는 생각입니다.

다음으로 신숙주(申叔舟) 같은 사람이 한글로 바람소리든 뭐든 다 표기할 수 있다고 했지만, 사실 한글이 우리말을 완벽하게 표시할 수 있는 건 아닙니다. 장단음의 차이 말고도, 가령 제주도 사투리에는 아래아(ᆞ)가 꼭 필요한 음이라고 하고, 충청도에서는 '영감'을 '이응

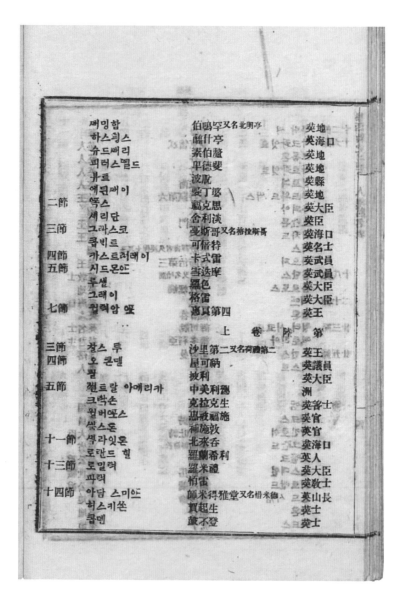

	쩨밍함	伯鳴罕又名北明亭	英地
	하스흘스	醯什亭	英海口
	슈드쎄리	素伯塈	英地
	피터스쯸드	卑德嬰	英地
	빠르	波肬	英縣
	에뒨쎄이	嬰丁娿	英地
二節	쑉스	福克思	英大臣
三節	셰리단	舍利淡	英臣
三節	그라스코	覺斯哥又名葛拉斯哥	英海口
四節	쿰빅르	可倍特	英名士
五節	까스르러메이	卡武雷	英武員
五節	시드몬으드	雪迭摩	英武員
	루쌘	羅色	英大臣
	그래이	格雷	英大臣
七節	윌력암 쑈	遏頁第四	英王
		上 卷 陸 第	
三節	찰스 두	沙里第二又名荷體第二	英王
四節	오 콘넬	屋可納	英議員
	쯸	披利	英大臣
五節	쩰르랄 아예리가	中美利㷀	洲
	크락손	克拉克生	英�士
	윝버쑂스	溫威嗝施	英官
	씩스돈	補施敦	英官
十一節	쑉라잇흗	北來呑	英海口
十三節	로란드 힐	羅蘭希利	英人
	로밀력	羅米禮	英大臣
	파럭	怕雷	英敎士
十四節	아담 스미드	師米得雅堂又名㫲米㡡	某山長
	허스키쏜	賈起生	英士
	쿰덴	蠱不登	英士

1897년(고종 34년)에 간행된 세계사 교과서인 『태서신사람요(泰西新史攬要)』인지제명표의 일부. 인지제명표에는 본서 『태서신사』에 나오는 외국의 인명과 지명을 한글로 표기한 용례가 정리되어 있다. ㅇㄷ, ㅇㅁ 등의 표기가 눈에 띈다.

144

감'이라고 더 긴 음절로 발음하는 식인데 그 소리를 적을 방법이 없어요. 'ㅡ'가 먼저 나오고 'ㅣ'가 따라오는 모음결합은 있는데, 그 반대는 없거든요. 한때는 있었다고 들었지만요. 그리고 반모음 표시가 안 돼요. 우리말에는 반모음이 그렇게 중요하지 않은 것 같지만, 표준국어대사전에 의하면 공히 반모음인 w, j 같은 발음을 표시해줄 길이 없어요. 중국어를 표기할 때 가령 武漢[Wǔhàn]은 반모음이 표기되지 않는 '우한'이 되고 영어에서도 year[jɪr]라는 단어가 ear[ɪr]와 똑같이 '이어'가 되는 등 혼란스러운 경우도 있습니다. 이런 경우에 한글의 표기능력으로 약간 보완해주는 게 좋겠다는 생각이에요. 외국어를 쓸 때도 원음을 살리기 위해 과도한 노력을 할 필요는 없지만 그렇게 할 수 있는 자원이 한글에 충분히 있거든요. 1897년에 간행한『태서신사(泰西新史)』를 보면 거기에 이미 f는 ㅍ로 쓰고 v는 ㅸ, z는 ㅿ, th는 ㅳ인데 사실 영어 th는 유성음이 있고 무성음이 있으니 이때는 유성음 th겠죠. l은 ㄹㄹ이고요. 훈민정음에는 ㅸ이 아니라 ㅸ을 씁니다.

임형택 그걸 순경음이라고 하죠.

백낙청 국어학에서는 이렇게 쓰는 것을 연서(連書)한다고 그러더군요. 처음에 저는 이게 연서가 아니고 병서(竝書) 아닌가 했는데 세로쓰기를 전제로 보니까 연서가 맞는 것 같더군요. ㅸ이 v소리도 되고 w소리에 가까운데, 외국어에서도 서로 통하는 소리입니다. 독일사람들은 '위'라는 말을 못하고 '뷔'라고 하며 전부 v소리를 냅니다. 훈민정음의 순경음 작성원리를 활용하면 굉장히 많은 글자가 생길 것 같아요. ㅍ하고 ㅇ을 연서하면 f가 되고, ㅌ하고 ㅇ 연서하면 무성음 th, ㄷ하고 연서하면 유성음 th가 되는 식으로요. 또 국어원의 외래어표기법에 따르면 중국의 上海를 '상하이'라고 쓰고 '샹하이'는 틀린 것인데, 실제 발음은 '상'도 '샹'도 아닌 그 중간음이거든요. 이건 ㅅ하고 ㅇ을 연서해서 표기할 수 있겠죠. 비슷한 예로 시 진핑(習近平)의 '시' 자는 원래 중국의 병음(倂音)으로는 Xi라고 써서 '상하이'의 sh소리와 구별합니다. 그전에 웨이드-자일스 체제(Wade-Giles system)에서는 sh와 구별해서 hs를 쓰기도 했고요. 별개의 음운인데 ㅎ밑에다가 ㅇ을 하나 달아 사용하면 되고, 또 ㅋ 밑에 ㅇ을 달아주면 독일어의 ch, 러시아어의 x에 해당하는 소리가 나겠죠. 굉장히 여러가지 가능성을 지니고 있습니다.

또 반치음(ㅿ)이나 쌍리을(ㄹㄹ) 같은 훈민정음에 있던 글자들을 일부 살릴 수도 있겠습니다. 훈민정음의 원리에 따라서 새로 글자를 만들어 쓰면, 한국인들이 그야말로 『동국정운』의 정신을 살려서 중국어뿐 아니라 세계 각국의 언어를 편리하게 배울 수 있죠. 물론 언어학자나 성음학자들이 만들어낸 국제음성기호만큼은 안 되겠지만요. 우리가 영어 같은 것을 배울 때는 그 일부만 배우지만 성음학 연구자들이 다 알고자 하면 그건 굉장히 복잡한 체계거든요. 일반인들은 다 외울 수도 없고요. 그런데 한글은 우선 원리 자체가 그야말로 과학적이기 때문에 몇가지 요령만 가르쳐주면 일반인들도 얼마든지 사용할 수 있습니다. 그러니까 이것을 학교에서 가르쳐놓으면 정말 대중에게 큰 이로움을 주지 않을까 하는 생각을 해봅니다. 이에 대해 전문가들께서는 어떻게 의견이신지 몹시 궁금합니다.

정승철 이미 사적영역에서는 다 허용되어 있죠. ㅍ에다가 ㅇ을 더해 f 발음을 적자고 말씀하셨습니다만 지금까지의 제안에서는 ㅇ을 어느 위치에 넣을지도 문제였어요. 위, 아래, 좌, 우에 넣는 네가지 유형이 있겠죠. 그걸 통일하기 위한 원칙이 있을 수 없고 논란만 되니까 국가에서 그런 영역까지 관여하기는 좀 어렵다고 생각합니다. 다만 자기 언어를 적기 위해 한글을 활용하는 나라들이 있고, 그런 경우 언어학자들이 모여 백선생님 말씀대로 비상용한글 같은 글자들을 개발하기도 합니다. 지금 인도네시아의 찌아찌아족이 사용하는 한글이 그렇습니다. 볼리비아에도 요샌 조금 보급되고 있다고 하죠. 그러나 어디까지나 아주 특수한 사례고 국내에서 쓰이고 있지는 않지요.

백낙청 저도 국어원을 설득해 이걸 만들 생각은 추호도 없어요. 가능하지도 않을 테고요. 다만 여러 전문가와 식자 사이에 상당한 지지가 있다면 이것도 창비의 제안으로 한번 내놓을 순 있겠죠.

최경봉 한글을 국제음성기호로 활용하자는 제안을 하는 분들이 있기는 합니다. 발음기호로서 한글의 역할을 충실하게 살리자는 의미인 듯하고요. 그런데 우리가 그것을 현실의 규범으로 정하거나 그에 준하여 체계화할 때는 국어생활의 측면에서 어떤 의미가 있는지 살펴보는 것이 중요합니다. 역사적으로 보면 개화기부터 수십년에 걸쳐 한글표기를 정밀하게 하자는 취지에서 표기법을 새롭게 모색하자는 의견이 종종 나왔습니다. 해방 후에는 외래어표기에서 원음주의를 강화하면서 새로운 방식을 통해 f나 v발음을 표기하려 한 적도 있고요. 그러나 국어생활에 큰 의미가 없다는 사회적 합의가 이루어져 무산된 측면이 있습니다. 아까 정선생님께서 말씀하신 대로 특정 언어를 가장 정밀하게 표기할 수 있는 방안으로서 그때그때 필요한 사람끼리의 약속으로 비상용한글의 도입을 시도해볼 수는 있겠습니다. 하지만 개별적으로는 그 체계화가 가능할지 몰라도 국어공동체의

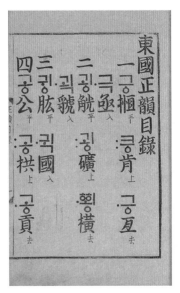

『동국정운』 본문. '동국정운(東國正韻)'이란 동국, 즉 우리나라의 바른 음을 의미한다. 신숙주, 박팽년 등이 모여 한자음의 표준음을 정하려는 목적으로 간행한 음운서이다.

차원에서는 의미를 지니기 어려울 것 같습니다.

백낙청 먼저 저는 비상용한글을 세계적으로 통용되는 발음기호로 하자는 이야기는 아닙니다. 그런 제안을 해볼 수는 있겠지만 우리 국력을 봐도 그렇고, 한글의 보급 정도를 봐도 그렇고, 공허한 이야기지요. 저는 국내용으로 한 이야기인데, 종전의 제안들과 다른 점은 상용한글을 건드리지는 말자는 거예요. 일상 용도로는 지금 우리가 익숙한 그대로 쓰고 특정한 필요에 따라 쓸 수 있는 '비상용한글'에 관한 합의안을 마련해 사용하는 건 어떻겠냐는 제안이었습니다. 얼마나 먹힐지는 모르겠지만, 이게 정말 많은 한글사용자들에게 이득이 된다면 정착이 되겠지요. 기존의 24자모에 비상용한글을 추가해 일상적으로 쓰자고 하면 언중으로부터 역사적인 선택을 못 받을 것이 뻔합니다. 그런 제안은 아니었고 저도 일상적인 글살이를 그렇게 번거롭게할 마음이 없습니다. 국어원에서 이 일에 나서준다면 더 바랄 게 없겠지만 안 해줄 게 뻔하니까 창비에서 나서볼까 싶었습니다. 물론 내가 하자고 창비가 꼭 하는 것도 아니고 내부에서 폭넓은 논의를 해야겠지요. 한글의 위신을 높이는 계기이기도 하고 원래『동국정운』을 만든 취지에도 부합하니까요.『동국정운』도 우리나라 사람이 중국어의음을 정확히 읽는 데 도움이 되자는 거였지, 중국사람들이 훈민정음을 배워서 중국어표기를 더 정확히 하라는 뜻은 아니었잖아요. 사실중국의 병음이 로마자를 사용하는 건 로마자의 세계적인 위세가 있기때문이죠. 그렇지만 발음은 또 완전히 중국식이고, 완전히 자기들 멋대로 할 수 있는 건 세계인구 4분의1의 위세이기도 합니다. 한글을 가져다가 자기들 방식으로 쓰면 확실히 편리할 수도 있을 텐데, 제안하는 건 내 자유지만 그 제안을 받고 안 받고는 그쪽의 자유니까요.(웃음)

한국어가 맞닥뜨린 현안들

백낙청 많은 이야기가 있었는데 여기서 두가지 질문을 한번에 드리고싶습니다. 각자 보시기에 지금 한국어가 안고 있는 최대의 문제점이무엇이라고 진단하시는지 듣고 싶고요, 많은 군소언어들이 소멸되고있는 현실에서 한국어는 그런 위험에서 벗어나 있는지, 저는 지금쯤벗어났다고 판단하는데 만일 그에 동의하신다면 낙관의 근거가 무엇인지 같이 말씀 부탁드립니다.

최경봉 지금까지 주로 규범과 언어의 근대적인 기획에 대해 이야기했는데, 이 연장선상에서 현재 국어가 직면한 문제를 '정보화, 다원화, 세계화, 남북통합'이라는 네가지 측면에서 생각해봤습니다. 이러한 상황은 근대적 기획이 이루어지던 시기의 방식으로는 현재의 한국어에 접근할 수 없게 되었다는 사실을 말해줍니다. 따라서 달라진 언어 환경에서 비롯한 문제를 직시하고, 이러한 문제에 대응할 수 있는 새로운 관점과 방법론을 제시하는 것이 중요하다고 생각합니다.

첫째, 정보화사회가 되었다는 점입니다. 정보화는 결국 소통방식을 바꿉니다. 근대 초기에는 지역적인 소통과 전국적인 소통의 경계가 분명했는데 지금은 모호한 측면이 있습니다. 사이버 공간에서의 언어생활 비중이 늘어나면서 언어의 지역적 경계가 갈수록 희미해지는 거죠. 이로 인해 공통어의 생성과 활용이 서울을 넘어 전국에서 동시다발적으로 이루어집니다. 이는 지역방언의 생성과 활용이 지역에서조차 고립되는 상황과 대조됩니다. 그간 지역방언이 사회적 의사소통의 영역에서 차지하는 비중이 줄어들면서 감정적 소통의 수단으로 그 역할이 강조되어왔는데, 정보화는 그 변화를 한층 앞당기는 역할을 하겠지요. 그런 점에서 공통어를 서울말로 한정하는 것의 정책적 의미를 다시 생각해야 할 때가 되지 않았나 싶습니다.

둘째, 다원화사회가 되었다는 점입니다. 근대적 관점으로는 하나의 중심언어를 세우고 이에 맞춰 획일적인 언어생활을 하는 게 발전이었지만 지금은 그렇게 생각하지 않습니다. 앞서 말했듯이 언어의 지역적인 색깔이 옅어졌고 중심언어로 통합된 측면이 있지만 언어적 중심에 대한 의식도 희미해졌죠. 이런 상황에서 개인 간의 거리 또는 집단 간의 거리라고 할까요, 언어로 인한 사회적 거리감은 상당히 커진 것 같아요. 예를 들면 줄임말은 이전에도 존재했지만 지금은 그것이 세대 혹은 집단 간 소통 자체를 어렵게 합니다. 집단 내에서는 통하는데 공동체 전체에서는 안 통하죠. 그런 점에서 보면 지역보다는 사회적 차원에서 언어가 다원화되는 것 같아요.

의미화 양상이 다르다는 것도 중요한 문제입니다. 세대나 집단마다 어떤 표현을 특정한 의미로 이해하고 서로 다르게 받아들이는 경향이 심화되고 있지요. 지금 생각나는 예로, 저희 세대에서 접두사 '개-'는 '개고생'이라는 말도 있듯이 나쁜 쪽으로 정도가 심함을 뜻했지만 요즘 사람들은 이득을 아주 많이 남겼을 때 '개이득'이라고 하더라고요. 이 '개-'에 대한 세대 간 의미화 양상이 달라져버린 거죠. '짠 내 나는 드라마'라고 하면 우리 세대는 '일을 열심히 했나?'라고 생각하지만 요즘 젊은 사람들은 그걸 '눈물 나는 드라마'라는 뜻으로 생각한다는 거죠. 온라인게임의 언어는 자체적인 소통구조가 있는데 게임이 일반화되면서 이것이 일상언어로 확장되기도 하고요. 이런 것들을 보면 옛날에는 서로 다른 지역언어 때문에 의사소통이 어려웠다면 지금은 집단과 세대 간의 언어격차로 인해 소통이 안 된다는 점, 이것이 다원화사회의 또다른 소통문제라는 생각을 해봤습니다.

셋째, 사회 전분야에서 세계화가 급속히 진행되고 있다는 점입니다. 근대국가를 수립하던 시기에는 민족어를 국가어로 만드는 게 절대적으로 중요한 일이었지만 지금은 민족어와 국가어의 관계를 이전과 달리 생각할 수밖에 없는 언어환경에 있다고 할 수 있습니다. 십수년 전에 영어공용화가 논란이 되었다가 지금은 사그라들었지만 그런 논란은 언제든지 다시 일어날 수 있죠. 과거에는 상당부분 민족 감정에 호소하며 상황을 돌파해나갔으나 몇십년 후 그런 논란이 다시 일어나면 과연 어떻게 될까 하는 생각이 듭니다. 이에 대응하려면 민족국가의 정체성을 유지하는 차원보다 민주사회를 유지하는 차원에서 국어정책을 수립하고 이를 정교하게 추진할 필요가 있을 겁니다. 이러한 정책은 향후 이주민의 증가로 이들의 집단거주지가 확대되는 상황에 대응하는 면도 있는데, 다문화사회로의 진입 국면에서 세계화와 관련해 우리 사회의 공용어 문제에 어떻게 접근할지 생각해볼 필요가 있습니다.

마지막으로 남북통합 문제인데요. 백선생님도 말씀하셨듯이 한국어공동체를 복원하는 문제가 중요한데 그와 더불어 어떤 방식으로 복원할 것인가도 중요하다고 생각합니다. 근대적인 관점에서 남북의 언어 문제를 말할 때는 대개 양쪽 언어의 이질화를 극복해야 한다는 이야기를 합니다. 근대적인 언어관으로 볼 때 하나의 공동체는 동일한 규범어를 써야 하는데, 남북의 언어를 비교해보면 어휘와 규범의 차이가 눈에 띄거든요. 그런데 남과 북 사이에 어휘나 규범의 차이로 인한 의사소통 문제는 생각보다는 덜할 겁니다. 제가 생각했을 때 남북 간 의사소통에서 더 큰 문제는 언어감정에 따른 차별이나 특정한 상황맥락에서 이루어지는 의미화의 차이에서 비롯될 거라고 생각합니다. 남북통합의 시기에는 그런 차별이나 차이로 인한 상호 오해가 심화되어 혼란이 발생할 가능성이 높다는 거죠. 그렇다면 정책적으로 새로운 관점의 대응방안이 마련되어야 하는데, 이는 다원화사회의 언어 문제에 대응하는 것과 연동된다고 할 수 있습니다. 다원화사회에서는 언어적 차이로 인한 사회적 거리감이 언제든지 차별과 혐오로 이어질 수 있으니까요.

현재 차별이나 혐오 표현에 대한 국어정책적 대응은 '바르고 고운 말을 쓰자'는 수준에서 멈춥니다. 이를 좀더 진척시켜 사회적 차원에서 혐오와 차별을 없애기 위한 실천방안을 끌어내는 계기를 마련하는 데까지 나가야 합니다. 그리고 이를 남북통합 문제로 확장해 고민할 필요가 있고요. 사실 국어학자는 언어현상이나 대중이 쓰는 말의 경향성을 탐구해 언어감정의 실체를 밝히는 데까지 나아갈 수 있지만 이로부터 비롯되는 사회적 문제를 해결하는 건 국어학계가 아닌 사회 전체의 몫입니다. 구체적인 방안을 이 자리에서 제시하긴 어렵지만 저는 민주사회를 유지하는 차원에서 국어정책을 고민할 때 언어와 관련한 다양한 문제의 해결법을 찾을 수 있다고 봅니다.

정승철 최경봉 선생님 이야기 중에 제가 중요하게 생각하는 문제에 대해 말씀드립니다. 첫째, 국어의 범위가 너무 좁게 해석되고 있다는 것입니다. 제가 요즘 국어원에서 '국어문화학교'라는 걸 진행하거든요. 대개 공무원들을 대상으로 맞춤법, 발음, 화법 등 과거의 표준화된 언어문자를 가르쳐줍니다. 제가 아까 국어원에서 방언에 관심을 많이 가져주고 있다고 말씀드렸는데, 작년부터 '지역어의 이해'라는 과목이 들어갔어요. 제가 그 과목을 2년째 수업하고 있는데요, 처음 들었던 질문 중 하나가 뭐였냐면 일주일 내내 이어지는 수업에서 표준어, 표기법에 맞는 공문서 쓰기, 올바른 화법 등을 배우다가 느닷없이 사투리를 가르친다니까 당혹스럽다는 거였어요. 그때 제가 국립국어원은 국립'국어'원이지 국립'표준어'원이 아니다, 국립국어원은 국어의 발전을 도모하는 곳이지 표준어만의 발전을 도모하는 곳이 아니며, 국어에는 표준어 이외의 여러 세대와 지역의 말들이 포함되니 사투리 강의가 들어갔다고 해서 조금도 이상한 것은 아니다, 그렇게 대답했습니다. 우리나라는 일반인뿐 아니라 전문가들조차 국어의 범위를 너무 좁게 생각하고 있어요. 70~80년대에 강한 규제를 받았던 시기의 교육이 아직도 영향을 끼치고 있는 것 같습니다.

둘째는 하나의 국가를 하나의 언어공동체로 본다는 문제입니다. 정체성 확인 등 특별한 경우가 아니면 사회언어학이나 방언학에서는 국가 전체를 하나의 언어공동체로 보는 일이 없거든요. 지역, 세대, 계층 등 여러 종류의 공동체로 나뉘어 있고, 공동체 간 대화를 위해서는 중간집단이 항상 존재하기 마련이어서 이들을 통해 소통이 이루어지는 것이지 국가 전체가 하나의 공동체가 될 수는 없다는 거죠. 하나의 언어공동체라는 세계는 실현될 수도 없습니다. 물론 문자언어는 말보다는 좀더 넓은 공동체를 갖지만요. 언어공동체들 사이에도 한 집단이 다른 집단에 대해 거부하거나 지나친 간섭을 하는 경우가 상당히 많죠. 제가 『방언의 발견』이란 책에서 각 지역 사투리에 대한 인상을 썼는데 그중에 전라도 사투리를 맛깔스럽다고 표현했거든요. 그런 내용으로 국어문화학교에서도 수업을 했는데 전라도 분들이 이렇게 좋게 얘기해주는 건 처음 들어봤다는 말씀을 하시는 거예요. 타 집단의 언어에 대한 거부, 반감이 너무 컸다는 거죠. "그렇게 말을 하면 안 돼" "고쳐야 돼" 하는 간섭도 집단들 사이에 있게 마련이에요.

또 하나의 사례를 들어볼게요. 1970~80년대 고운말쓰기 운동 때 사투리는 밀려나게 돼요. 비속어도 밀어내려 했지요. 당시에는 사회 전체가 욕을 쓰지 말라고 엄청나게 많이 이야기했습니다. 이때 저는 학교를 다녔는데, 믿어지지 않으시겠지만 욕을 써본 적이 없어요.(웃음) 그때는 아주 일부 남학생들만 욕을 사용했었죠. 70~80년대엔 욕하지 말란 얘기를 그렇게들 했는데 1990년대, 2000년대를 지나더니 지금은 중고등학생들이 남녀불문하고 전부 욕을 사용해요. 그런데 대학생들은 욕을 거의 안 하거든요. 언제부터 욕을 쓰지 않았는지 물어봤더니 대부분 대학에 입학한 다음날부터 쓰지 않았다고, 자기들도 고등학교 때는 욕을 했다고 얘기합니다. 청소년집단의 언어에 대한 지나친 간섭이 오히려 역효과를 불러일으킨 거죠.

백낙청 졸업하면 다시 욕을 쓰지 않아요?

정승철 졸업하면 기성사회로 들어오기 때문에 욕을 쓰기가 더 어렵지 않을까요.

백낙청 나는 고등학교 다닐 때 동급생들 중에서 경상도사람들은 사투리를 못 고치지만 평안도사람들이나 다른 지역 출신들이 거의 사투리를 쓰지 않아서 어느 지역에서 왔는지 모르는 경우가 많았어요. 졸업하고 한참 지나 동창회 같은 데서 만나잖아요? 그럼 짙은 사투리를 쓰는 사람들이 많아요. 이제 마음 놓고들 쓰는 거죠. 아마 욕도 그런 게 있을걸요.

정승철 대개의 대학생들이 왜 욕을 안 쓰냐면 이 언어공동체가 그렇다는 걸 알기 때문입니다. 학생들은 욕을 사용하는 공동체와 그렇지 않은 공동체를 구별하거든요. 그래서 졸업하고 사회에 진출해도 사투리처럼 욕을 다시 사용할 가능성은 거의 없어요. 중고등학생들이 욕을 하는 이유는 또래집단에서 그걸 일상어처럼 쓰기 때문이에요. 세대단절이라고도 이야기하는데, 어른들과 단절하려는 작용의 하나로 청소년기에 욕을 짙게 사용한다는 거죠. 그래서 지나친 언어적 간섭은 부작용을 일으킬 수 있다고 생각합니다. 이 역시 국가 전체를 하나의 언어공동체로 보기 때문에 발생한 일로 생각돼요.
이와 관련해서 언어소멸의 문제에 대해서도 얘기해볼게요. 요즘 제주방언을 제주어라고 부르면서 제주방언의 소멸에 대한 얘길 많이 합니다. 대표적인 부분이 아래아 발음이죠. 젊은 사람들은 거의 발음을 못하지만 저희 윗세대 어른들은 많이 씁니다. 젊은 사람들에게 자꾸 아래아를 발음해야 한다고 이야길 하고요. 아래아를 안 쓰면 제주도사람이 아니라고, 모멸감을 주는 방향으로 지나친 간섭이 이루어지는 거죠. 하지만 그럴수록 젊은 사람들은 스스로 제주도사람이 아니라고 생각할 가능성이 더 커져요. 서양의 언어소멸에 대한 학자들 사이의 유명한 말이 있죠. "언어소멸은 젊은 사람들의 입에서 생기는 게 아니라 노인들의 귀에서 생긴다."

방언이 아니라 한국어만 놓고 보면 사실 경제력 측면에서나, 국제사회에서의 한국어 사용인구 측면에서나 소멸 위험에선 이미 벗어나 있어요. BTS나 싸이 같은 가수들이 뉴욕에 가서 한국어로 노래를 부르는 이상 한국어를 배우려는 사람들이 점점 많아지리라 생각해요. 또 하나는 기술력 문제입니다. 요즘 자동번역, 자동통역 시스템을 개발 중이고 이게 좀더 발전하면 어느정도 규모의 경제력과 사용인구를 가진 언어들은 소멸위기에서 벗어나지 않을까요. 영어라는 절대적인 언어가 계속 강세를 유지한다면 나중에 소멸할 가능성이 전혀 없다고 말씀드리긴 어렵지만, 현재 상태에서 한국어는 그런 위기에서 벗어나 있지 않나 하는 생각입니다.

임형택 언어감정의 문제를 두분 모두 짚어주셨는데, 사실 탈북민을 비롯한 북한동포들이 남한사회에 와서 당하는 혐오와 차별이 직감되는 경로가 언어입니다. 중국동포에 대해서도 정도는 다르지만 비슷하고요. 앞으로 통일을 지향하면서 이 문제를 어떻게 해소할지 고민해야지요. 정선생은 내부적인 언어감정의 문제를 제기하셨잖아요. 언어감정이 문제를 일으키는 건 사실이지만 이는 표면상의 문제고 감정을 유발하게 만드는 의식의 변화가 선결과제입니다. 지난 세월의 경험을 돌이켜보죠. 제가 대학을 서울로 왔을 때가 1960년대 초반입니다. 평안도의 거센 억양이 귀에 많이 들리더라고요. '38따라지'라고 불리던 피난민이 많았던 거죠. 그땐 혐오의 감정 같은 건 없지 않았던가 싶어요. 그리고 10년쯤 지나면서부터 평안도 사투리는 크게 들리지 않고 경상도 사투리, 특히 대구의 거센 억양이 크게 들렸는데요. 말하는 사람도 전혀 주저함이 없는 것 같았습니다. 반면에 전라도사람들은 대체로 서울말로 빨리 바꾸더라고요. 전라도 출신이라 해서 불이익을 당하는 사례가 허다했으니까 그렇지요. 요는 현실에 직결된 의식상의 문제입니다. 탈북민이나 중국동포에 대한 편견 자체를 바로잡는 것이 우선되어야 한다는 말입니다.

또다른 현안인 우리말의 소멸위기에 대해 제 소견을 간단히 말씀드리죠. 물론 저도 한국어가 소멸위기에 놓였다고 보지는 않지만 가볍게 지나칠 일은 아니라고 생각합니다. 우리가 지리적으로 중국에 인접하여 한자권에 속해 이천년을 살아왔는데도 한국어가 건재할 수 있었던 제일 요인은 한어(漢語)와 한국어의 언어적인 차이에 있었다고 봅니다. 그리고 한자가 표의문자이기 때문에 구어와 문어의 이중구조가 장기간 지속되면서도 동화되지 않고 살아남았고 자국어를 위한 표기문자를 만들게 되었습니다. 그런데 영어는 이 두가지 조건이 다르잖아요. 몇세대가 흘러간 뒤의 한국어의 운명을 가늠해보기 위해서는 생활문화가 전체적으로 영어와 미국문화로 기울어지는 눈앞의 사태까지 염려해 대책을 마련하는 것이 요망됩니다. 영어의 도도한 형세에 맞서 한국어가 어떻게 자구책을 마련하고 적극적인 활로를 찾아나설지가 문제의 초점이 될 것 같네요. 신기술의 급속한 발전에 뒤따르는 변화가 언어에 반영되기 마련인데, 저 개인적으로는 참 어려움이 많습니다. '후생가외(後生可畏)'라는 공자의 말씀은 지금 이 상황을 예상해서 나온 말 같아요. 알아들을 수 없는 말들이 자꾸 나오는데 답답해서 젊은이들에게 묻곤 합니다. 이 사안에는 어떻게 대처해야 할까요?

'공동영역'으로서의 한국어

백낙청 임선생께서 말씀하신 대로 중국대륙과 인접해 압도적인 영향을 받아온 나라에서 한국어가 그토록 오랜 시간을 견뎌낸 것 자체가 대견하고 저력있다고 느낍니다. 훨씬 짧은 기간이었지만 일제강점기에는 당국이 적극적으로 우리말을 없앨 노력을 했는데도 살아남았고요. 해방 후에 영어가 범람하고 미국의 위세가 대단한 와중에도 살아남으리라는 확신이 있었습니다. 최근 외국에서의 한국어 학습열풍과 그동안 성장한 국력 등을 고려했을 때, 지금은 많은 이들이 케이팝을 들으려고 한국어를 배우지만 앞으로는 점점 한국의 문학과 사상을 알기 위해 한국어를 배우는 사람도 늘어날 거라고 봐요. 저는 소멸의 위험에서 상당히 벗어나 있다는 자신감이 있고요.

벌써 오래됐습니다만 90년대 말쯤 미국에 아주 오랜만에 다시 갔을 때 놀란 것이 한가지 있어요. 보스턴은 원래 영국에서 온 이주민들의 중심지이자 미국문화의 중심지라고 자부하지 않습니까. 그런데 공중전화 같은 데를 보니 안내문이 영어랑 스페인어 두가지예요. 그만큼 히스패닉 계통 사람들이 늘어났고 그들을 상대로 장사도 하고 무엇이든 하려면 스페인어를 인정할 수밖에 없어요. 영어의 위세가 더 커진 점도 있겠지만 한편으로는 우리가 여기서 느끼는 것만큼 대단하지 않고 오히려 줄어드는 면도 있다고 봅니다. 영어의 위세가 늘어난다는 건 소위 국제공용어가 된다는 거죠. 그런데 국제공용어로서 사용범위가 넓어질수록 언중들이 그 언어로 자신의 가장 절실한 사고와 감정을 표현하는 언어적 가치는 줄어들게 되어 있어요. 링구아프랑카(lingua franca, 서로 다른 모국어를 쓰는 사람들이 공통으로 사용하는 제3의 언어)라는 게 그런 거 아닙니까. 세계적으로 여러 사람이 쓰는 언어인데 동시에 각 지역의 영어가 독자성을 주장하고 있어요. 그걸로는 문학창작도 잘 안되죠. 지역적으로 한정된 독자성을 유지 못하면 언어의 창조력도 쇠퇴한다고 봐요. 영어의 위세에는 그런 양면이 있다고 생각합니다.

어쨌든 한국어의 소멸 자체를 걱정할 필요는 없는데 존속하는 우리말을 어떻게 더 품격있고 활기차고 창조적인 어문으로 만들 것인가 하는 과제가 우리에게 남아 있다 봅니다. 저는 한국어 문제에 전문적인 식견이 없는 대신에 이런 문제를 생각하는 틀로 서두에서 잠깐 근대의 이중과제를 얘기했는데요, 그런 틀로 보면 우리가 당면한 문제 중에 많은 게 정리되는 면이 있을 것 같아요. 가령 국어학에서 현대 국어학 단계를 어떻게 볼까 하는 문제도 근대 국어학과 현대 국어학의 분기점이 어디냐 또 그게 과연 타당하냐 하는 문제보다는, 우리가 근대 초기부터 근대 적응과 극복의 이중과제를 안고 왔다는 관점에서 1965년 이후의 국어학계 변화가 어떤 의미를 갖는가 따져볼 수 있다는 거죠. '변형생성문법' 연구의 창시자인 촘스키 등 현대 언어학자의 공헌을 부정하는 건 물론 아니지만 그런 이론이 우리 국어학에 한해서는 이중과제의 수행능력에 감퇴를 가져온 측면도 많다고 보거든요. 그렇다면 이론언어학의 도입과 위세를 근대 국어학에서 현대 언어학으로 이행하는 계기로 보는 것은 조금 과대평가이고, 민족적인 과제수행에 골몰하던 초기 국어연구자들의 근대주의와는 다른 형태의 근대주의가 번창하게 된 것이라 볼 수 있지 국어학의 새 시대를 열었다고 할 만큼 평가할 일은 아니지 않나 싶습니다.

그다음에 기술발전을 하면서 사람들이 언어도 기술적인 도구로 생각하는 경향이 강해지고 언어에 대해서 깊은 성찰을 안 하는 게 큰 문제 같아요. 서두에 임선생님께서 언어와 인간의 관계를 물과 물고기에 비유하셨죠? 이런 비유는 언어를 도구로 보는 발상하고 전혀 다른 겁니다. 물밖에 나온 물고기가 생존을 위해 필요하니까 저 물을 마실지 말지식의 선택의 여지가 있는 걸로 보는 게 언어도구론인 셈이고 기술주의적인 사고방식인데 저는 그건 잘못된 생각으로 봐요. 다만 물과 물고기의 비유가 썩 적절하진 않아요. 물고기는 물 없이 못 사는데 물은 물고기 없어도 되죠. 언어는 그렇지 않습니다. 사람이 언어가 없으면 제대로 살지 못하는데, 사람이 없으면 언어도 존속 못하거든요. 이것을 설명하기에 더 적절한 개념은 요즘 많이 논의되는 커먼즈(commons)입니다. 원래는 공유지라는 좁은 개념에서 출발했지만 점점 확대되고 있어요. 창비에서 이 담론을 새롭게 발전시킨 면이 있다면 인간의 창조성과 능동성이 작용해서 만들어지고 유지되는, 물체는 아니지만 그렇다고 완전히 비물질적인 실체도 아닌 영역이라는 개념으로 확장했다는 겁니다. '영역'이라고 하면 땅 지(地)자나 재물 재(財)자를 쓸 때보다 더 추상화되지 않습니까? 그래서 번역어도 '공유지'보다는 '공동영역'이 더 적절하지 않은가 해요.

인간이 참여해서 기여하기 때문에 유지된다는 점에서 언어는 그냥 자연의 냇물이나 바닷물과는 다르다고 봐야 합니다. 이런 관점에서 본다면 가령 최근 젊은 세대의 언어가 굉장히 다양하게 새로운 방식으로 발전하는 한편 소통이 잘 안 되는 면도 있는데 그 판별기준으로도 공동영역의 개념을 적용해보면 어떨까 합니다. 다시 말해서 공동영역을 활기차게 유지하려면 각 개인이 참여하면서 그것을 계속 다양화해야 되고 그 과정에서 어느정도 파편화가 이뤄질 수도 있지만 완전히 공동영역을 파괴하고 파편화하는 행위는 또다른 차원의 사건이 되는 거지요.

그래서 저는 젊은이들이 새로운 말을 만들어내는 현상이 과거에 비해서 한국어의 능력을 굉장히 높여줬다고 봅니다. 가령 우리 젊은 시절에만 해도 한자는 조어능력이 탁월한데 우리 고유어는 그게 없다고들 했거든요. 이기문 선생 책에서도 그런 대목을 봤어요. 삼각형을 세모꼴이라고 부르는 것에 대해서 굉장히 거부감을 표하셨어요. 우리말에서 꼴이라고 하면 나쁜 뜻인데 삼각형을 세모꼴로 비하하면 되냐고 하셨죠. 그런데 지금 세모꼴이라고 해서 나쁘다고 생각하는 사람 아무도 없거든요. 그뿐만 아니라 새로운 단어를 만들 때 고유어와 한자의 결합을 다소 금기시했죠. 어쨌든 관행은 아니었습니다. 영어하고 우리 토착어나 한자를 합치는 것도 어색했어요. 요즘은 완전히 그런 게 없어져서 아무렇게나 가져다붙이고 제멋대로 줄여서 쓰기도 하는데 이렇게 만들어진 줄임말이나 신조어 중에서 언중의 선택을 받아서 살아남는 것들이 있겠지요. 너무 갑작스럽고 과도하게 신조어가 범람해서 커먼즈가 파괴되면 곤란하겠지만, 기본적으로 커먼즈를 유지하면서 그것을 더 풍성하게 만들면 좋은 거죠.

이런 현상을 자연적인 추세에만 맡겨둘 게 아니라 한 개인이자 글을 쓰고 연구하는 사람으로서 또는 어떤 매체를 운영하는 입장에서, 어떻게 하는 것이 최선의 기여일까 생각하면서 접근할 필요가 있습니다. 그럴 때 국어학계는 물론이고 아직 우리 주류학계에서도 큰 관심이 없는 개념인 공동영역, 커먼즈의 개념, 근대의 이중과제 같은 틀을 도입해보면 도움이 되지 않을까 하는 생각입니다. 이 문제는 교육과 연관되고 딱히 언어교육만이 아니라 인문교육, 사회교육 전반에 관한 문제와 연결이 되는데 이와 관련해서 조금 더 토의하고 마무리를 하죠.

언어교육을 통한 인문학과 비평정신의 배양

임형택 국어교육에 관해서는 평소에 하고 싶은 말이 많았는데 한두 가지 점만 들어보지요. 학교교육이 제시한 국어교과는 크게 독해·작문·말하기, 이 세 영역이 있지 않아요. 제가 교과과정에서 배운 국어과목은 기껏 독해 위주였고 작문은 유명무실했으며, 말하기는 개념이 없다 싶을 정도였지요. 세 영역이 어떻게 적절히 구성되고 실시되어야 할지, 물론 고민해야 할 일이겠습니다만 처음부터 구분지어 놓고 기능적으로 접근하는 방식은 좋지 않은 것 같지요. 언어교육 문제는 결국 인문교육 문제인데 이와 관련해서 제가 역설한 바가 있습니다. 다산(茶山)이 썼던 표현 중에 문심혜두(文心慧竇)라는 말이 있거든요. '문심'이란 인간의 글쓰기 역량의 원천을 계발한다는 의미입니다. 다산은 아동교육이 파편화되고 기능적으로 하는 방식을 탈피해서 문심혜두를 열 수 있는, 그야말로 참교육이 되어야 한다는 생각이었습니다. 지금도 문심혜두는 우리 국어교육의 열쇠 말로 삼아야한다고 주장하고 싶습니다. 범위를 넓혀서 말하면 인문교육이 나아갈 방향이기도 합니다.

162

다산의 문심혜두(文心慧竇)

'아동을 깨우치는 방법(牖蒙之法)'은 그 스스로 지식을 개발하는 데 있다. 지식이 미치는 곳에는 한글자 한구절 다 족히 문심혜두를 여는 열쇠가 될 수 있는 것이다. 지식이 활발하게 나가지 못하면 아무리 다섯 수레에 실은 만권의 책을 독파하더라도 읽지 않은 것이나 마찬가지다.(「사략평」, 『여유당전서』 시문집 권22)

아이들이 글자를 하나둘 익혀가고 글을 한두 구절 알아가는 그 자체가 곧 문심혜두를 열어가는 과정이라는 논법이다. [다산은] 그렇게 되지 못하면 아무리 만권의 책을 독파하더라도 무의미하다고 본다. 공부의 요체는 문심혜두로, 즉 공부란 '문심의 슬기구멍'을 뚫는 열쇠가 되어야 한다는 논리다. 또한 누가 열어주는 것도 밖에서 들어오는 것도 아니요, "자신의 내면에서 저절로 개발되어, 문자활동에서 진진한 즐거움이 생겨나도록 해야 할 것이다"(앞의 글)라고 자율적 창발성이 문심혜두의 요령임을 밝혀두고 있다.

[…다산에게] '문심'은 당초 『문심조룡』에서 표방했듯 인문전통을 계승하고 새로운 인문을 열어가는 연결고리에 해당하는 개념이다. 인간 내면의 창조성이 다름 아닌 문심이다. 다산은 이 '문심'을 호출하고 거기에 '혜두'를 붙여서 공부법의 요체로 삼았다. '문심혜두'의 용례는 중국 최대의 총서 『사고전서(四庫全書)』를 검색해보아도 나오지 않으며, 한국의 문헌에서는 오직 다산의 이 용례가 확인될 뿐이다. 아마도 다산이 처음으로 쓴 것 같다. 그런데 문심 두 글자를 다산에 앞서 뜻깊게 호출한 사례를 연암에서 만난다. 연암은 글쓰기라는 행위가 원초의 생생한 감동을 잃어버

린 현상을 탄식하여, "슬프다! 포희씨(庖羲氏, 복희씨)가 세상을 떠난 이후로 문장이 흩어진 지 오래다"라고 말했다. 그럼에도 "곤충의 더듬이, 꽃술, 석록(石綠), 비취(翡翠)에 그 문심은 변치 않고 그대로다"라고 덧붙인다.* 연암이 촉구한 뜻은 우주의 삼라만상을 인식해서 기호로 표현한 저 인류 초유의 창조적 감동을 우리의 글쓰기에서 회복하는 데 있었다. 문심혜두를 들고 나온 다산 또한 문자 창조의 처음으로 돌아가서 사고한 점은 마찬가지인데, 인간의 정신활동의 능력을 좀더 폭넓게 과학적이고 구조적으로 개발하려는 의도를 담았다고 여겨진다.

* 박지원 「종북소선서(鍾北小選序)」, 『연암집』 권7.

— 임형택 「전통적 인문 개념과 문심혜두」, 『창작과비평』 2011년 봄호 158~59면.

　　관련해서 덧붙이고 싶은 점이 하나 있습니다. 창조적인 교육의 반대편에 자리한 말이 암기식 교육이고 그것은 몹쓸 교육이라고 얘기들 하는데 저는 동의 안 해요. 사실 언어라는 게 암기와 학습을 통해서 자기의 창조적인 역량이 언어능력으로 향상되는 거예요. 문학작품을 충분히 숙지한 바탕 위에서 창조적 역량이 계발될 수 있도록 해야 합니다. 물론 그 과정에서 교과내용이나 지도방법 등은 그런 방향에 맞춰 조율해야 하겠지만 암기 자체가 나쁜 교육방법이라는 접근은 지양할 필요가 있습니다.

백낙청 옳은 말씀입니다. 쓸데없는 걸 암기하는 게 문제지, 서양에서도 고전교육, 인문교육의 기본은 암기였거든요. 다산의 문심혜두를 인문교육의 원리로 삼는다고 하신 말씀에 저는 전적으로 동의하는데 다만 오해되기 쉬우니까 덧붙인다면, 이때 말하는 인문학이라는 건 요즘처럼 인문과학, 사회과학, 자연과학으로 분리된 것이 아니고 종합적이면서도 실천적인 학문으로서의 인문학이죠. 정선생님도 말씀 부탁드립니다.

정승철 국어교육에 국한되는 이야기는 아니고요, 대학생들의 교양과목 수강생 인원을 분석하면 예전에는 시, 소설이 최고로 인기있는 강좌 중 하나였는데 지금은 이런 과목이 중간도 못가는 걸 보면서 큰 안타까움을 느낍니다. 문자로 되어 있는 글이나 책에 대한 접근력이 너무 떨어져가는 현상에 큰 변화가 필요하고, 더불어 이것과 영상교육의 접점을 어떻게 찾을 수 있을지 시급히 고민해봐야 되지 않을까 합니다.

백낙청 최선생님도 한말씀 부탁드립니다.

최경봉 이번 대화를 위해 백낙청 선생님과 메일을 주고받으면서 제가 커먼즈를 두고 "언어는 민중 전체가 의식주보다도 평등하게 가지는 최대의 문화물"(이태준 『문장강화』, 창비 2005, 95면)이라고 한 이태준의 말과 연관 지을 수 있겠다는 말씀을 드린 바 있습니다. 이처럼 언어라는 건 오늘을 사는 인간에게 주어진 것이기도 하지만 계속 새롭게 만들어나가는 측면도 있어요. 그래서 저는 언어교육을 통해 어떤 말은 써도 되고 어떤 말은 쓰면 안 된다는 식으로 바른말을 규정하고 가르치는 것을 경계합니다. 우리가 지금 가지고 있는 언어라는 공유지의 영역은 경계가 명료하진 않은 상태죠. 그래서 써야 할 말과 쓰지 말아야 할 말을 인위적으로 구분해내기보다는 우리말의 원형적인 구조와 내용을 습득하면서 우리가 공유하는 언어의 영역을 확장해서 볼 수 있는 안목을 기르는 게 언어교육에서 중요합니다. 한 예로 요즘 세대들이 새롭게 만들어내는 말들, 낯선 신조어들을 많은 사람들이 잘못된 말로 생각하지만 사실 그 말을 잘 들여다보면 대부분 일정한 원리에 따라 만들어진 것을 알 수 있고, 특히 널리 쓰이는 말일수록 우리말 조어방식에 충실하다고 할 수 있거든요. 그래서 언어교육을 할 때는 말이 만들어지고 작동하는 원리, 즉 문법의 원리를 가르치는 것이 중요하고, 그 이해를 바탕으로 자신이 쓰는 말을 객관화·대상화할 수 있도록 하는 게 중요합니다. 그러면 자신이 쓰는 말을 깊이 이해할 수 있을 뿐 아니라 낯선 말이 새롭게 들어와 쓰인 이유와 맥락을 파악하려는 문제의식이 생기게 됩니다. 이는 그 말을 쓰는 사람의 상황과 마음을 이해하는 계기가 될 수 있고요. 한마디로 우리말이라는 공동영역을 확장적으로 살펴볼 수 있는 안목이 생기는 것입니다. 일반적으로 지금까지는 문법을 맞고 틀리고를 결정하는 것으로 협소하게 이해한 측면이 있지요. 이런 면에서 국어학이 문법적 원리에 대한 이해를 바탕으로 우리가 공유하며 쓰는 말을 관찰하고, 그 양상을 통해서 사람들이 그런 말을 쓰는 이유를 생각하며 현실의 문제를 포착하고, 이렇게 포착한 현실의 문제를 어떻게 해결할지 모색하는 데 관심을 기울인다면, 자연스럽게 국어학과 인문학을 연결할 수 있는 길을 찾게 되지 않을까 생각합니다.

백낙청 제가 1965년 이후 국어학계의 경향에 대해서 약간 부정적인 말씀도 드렸는데 거기에 대한 논평도 곁들여주시면 좋겠습니다.

최경봉 1965년 이전의 국어학계는 언어가 인간의 사고를 결정지으며, 민족어가 그 민족의 세계관을 반영한다는 관점에 기반해 언어의 존재의미와 언어현실에 개입하는 논리를 찾는 경향을 보였습니다. 그러다 1965년 이후부터 인간이 보편문법을 공유한다는 관점에서 언어의 내적 구조를 관찰하고 설명하는 경향이 강해졌죠. 그런데 그 경향 속에서 국어학계가 현실의 언어 문제를 연구대상에서 배제하려 한 것은 문제라 할 수 있습니다. 현대 언어학의 관점을 유지하더라도 언어연구자로서 언어 문제에 적극적으로 발언하고 비평하는 일들이 가능했을 텐데요. 그럼 이제 우리 국어학이 현실의 언어 문제에 어떻게 접근할 수 있을까요? 백선생님께서 인문정신의 본질로 말씀하셨던 "현재에 대한 비평적·인문적 개입"(백낙청 『어디가 중도며 어째서 변혁인가』, 창비 2009, 382~83면)과 연관을 짓는다면, 국어학자들이 이전처럼 규범을 만드는 데서 비평적 개입의 의미를 찾을지 아니면 다른 측면에서 그것의 의미를 찾을 것인지 생각해볼 수 있을 것 같습니다. 지금은 언어규범을 만드는 것이 과제이던 시대에서 벗어난 만큼, 아까 말씀드렸듯이 현실에서 사람들이 왜 그런 말들을 쓸까 연구하고, 그렇게 포착된 언어사용의 경향을 통해서 현실의 문제를 설명하고 해결방안을 모색하는 방향으로 나아갈 필요가 있습니다. 1965년 이후 촘스키 이론을 받아들이면서 국어학의 연구경향이 바뀌고 이 과정에서 국어학계가 언어의 현실을 외면한 측면이 있는데, 이제는 현실 언어에 직접적으로 개입했던 근대적 관점과는 다른 관점에서 현실과의 관련성을 찾아가면서 국어학의 비평기능을 회복하는 것이 필요하다는 생각을 해봤습니다.

백낙청 저도 현대 언어학이 우리 국어연구 또는 영어연구에 도입되면서 분석력이라든가 비판력을 높여준 측면을 무시하는 건 아니에요. 그 언어학 자체가 종전의 규범적인 문법연구, 즉 영어로 하면 'prescriptive'하던 것을 'descriptive'한 문법연구로, 다시 말해 문법이 언어를 규제하려 하기보다 실제로 사용되는 언어의 구조를 기술하는 쪽으로 바꾼다 하지만, 촘스키는 물론 참 훌륭한 분인 한편 전형적인 18세기식 합리주의자고 계몽주의자라고 봐요. 촘스키는 스스로 규범을 만드는 게 아니라 있는 걸 기술하고 분석한다고 주장하지만 모든 언어에 공통된 어떤 심층적 구조가 있다는 설정 자체가 한편으로는 서구의 합리적 이성의 산물이라고 할까요. 그래서 실제로는 굉장히 규범적이면서 실제 인간이 사용하는 언어에 대한 관심을 감퇴시키고 왜곡하는 면이 있다고 봅니다. 이 풍조는 우리 학계에 들어오면서 더 심해져서 그것이 들어온 이래의 우리 국어학계의 학풍변화를 무슨 획기적인 단계로 인식하는 건 과대평가 아닌가 싶습니다. 여기서 분명히 말씀드릴 건 이게 국어학계에 한정되는 문제는 아니고요, 우리의 일상생활에서 영어 범람도 문제지만 일제에서 해방된 이후의 학문이 어떤 의미로 미국이나 유럽 위주로 재식민지화된 면이 있다고 보거든요. 사회과학이나 역사학계도 관련된 문제라고 봅니다. 그게 꼭 촘스키식 계몽주의 형태로만 나타난 게 아니라 그걸 정면으로 부정한다는 포스트모더니즘의 방식으로도 드러납니다. 굉장히 다양하게 병폐가 양산되고 있고 그야말로 전지구적인 문제이기에 넓고 깊은 시각으로 이런 문제를 조망할 필요가 있다는 취지로 말씀드렸던 겁니다. 이제 한분씩 간략한 마무리 발언을 부탁드립니다.

대화를 마치며

정승철 이번에 백선생님께서 보내주신 기획안을 보고 사실 당황했습니다.(웃음) 국어학을 전공한 제가 어떻게 대답해야 되나 굉장히 어려운 부분도 있었고 대답을 준비하는 과정에서 새로 공부해야 하는 것도 상당히 많았거든요. 어쨌든 한국어 문제에 대해 폭넓고 깊이있게 훑어볼 수 있었고, 비판적으로 바라볼 수 있는 기회가 되었습니다. 저한테는 아주 유익한 자리였습니다. 이 대화의 독자가 국어학 전공자에 한정되지 않을 테니 마지막으로 한가지만 덧붙이고자 합니다. 여러가지로 소통의 상황이 바뀐 요즈음, 표준어가 과연 필요한지 생각해봐야 한다는 거죠. 즉 표준어의 효용가치가 사투리의 소멸(즉 문화적 다양성의 상실)을 상쇄할 만한가, 개인의 언어생활에 국가표준어를 강제해도 되는가, 표준어는 '바른 말'이고 사투리는 '틀린 말'로 보는 사회 분위기의 형성이 정말로 국어 또는 국가 발전에 도움이 되는가 따져봐야 할 시기가 되었다는 겁니다. '말'은 자신이 속한 사회로부터 자연스럽게 물려받는 거예요. 사투리는 아무런 잘못도 없는데 그러한 말을 '틀렸다'고 쓰지 못하게 하는 건 심각한 인권침해지요. 이제까지 받은 침해는 다 용서해주더라도 이제부터는 소통하고 싶은 사람들끼리 표준어든 사투리든 자신이 원하는 말로 이야기할 수 있는 사회, 저는 그걸 '방언사용권'이라 부르는데요, 그러한 방언사용권이 존중되는 사회가 만들어졌으면 합니다. 고맙습니다.

최경봉 저는 그간 몇권의 책을 내면서 오늘 이야기한 주제와 관련한 생각을 피력한 적이 있었는데, 이번 대화를 준비하면서 그동안 제가 뱉어놓은 말들을 다시 살펴보고 생각을 가다듬을 수 있었습니다. 특히 백선생님께서 제기하신 국어학계 문제를 심각하게 생각해봤습니다. 제가 1965년을 현대 국어학의 기점으로 정한 것은 그것의 긍정적인 측면을 특별히 부각하려 했기 때문이라기보다는 국어학자들이 규범의 수립이라는 근대적 과제를 마무리했다고 판단하면서 언어 자체에 대한 과학적 탐구에 몰입하게 된 것을 국어학의 변곡점으로 주목했기 때문인데요. 그러한 흐름의 문제점을 그간 막연하게는 인식해왔지만 이 좌담을 계기로 생각을 좀더 구체화해볼 수 있었던 것 같습니다. 선생님들과 의견을 주고받으며 제 안목이 더불어 높아진 듯한 느낌이 들어 뿌듯합니다. 마지막으로 오늘 대화내용 중 "근대 적응과 극복의 이중과제"를 오늘날 어문 문제에 접근하는 틀로 제시하신 백선생님의 견해에 공감하면서, 남북언어 통합 문제와 관련해 한마디 덧붙일까 합니다. 남북언어의 통합논의에서는 이질화 극복이 강조되면서 단일한 한국어의 완성이라는 근대적 관점이 과도하게 부각된 측면이 있죠. 이런 점에서 근대의 극복에 방점을 찍고 남북언어의 통합 문제에 접근하는 태도가 필요하지 않을까 생각합니다. 남북언어의 통합을 단일화 혹은 동질성 회복이 아닌 상대의 언어를 포용하여 우리말의 영역을 넓히는 차원에서 바라봐야 한다는 거죠. 그렇다면 남과 북이 상대를 의식하며 규범화의 강도를 낮추는 어문정책을 추진하는 것도 통일을 준비하는 일이 될 수 있을 겁니다.

임형택 오늘 우리가 정말 모처럼 한국어 문제를 놓고 긴 시간에 걸쳐서 대화를 가졌습니다. 좁은 의미의 국어학의 경계를 소통해서 말과 글, 글이라는 건 글쓰기인데 복잡하고 난감한 문제들을 종횡으로 폭넓게 논의했고 그런 가운데 중요한 점들이 제기되었으며 미처 생각하지 못한 점들도 점검한 듯합니다. 유익하고 흥미로운 대화였다고 평가할 수 있지 않을까요. 글쓰는 사람, 문학하는 사람, 국어학하는 사람들이 한번 관심을 가지고 읽어주실 것을 기대합니다. 마지막으로 앞의 논의과정에서 말할 기회를 얻지 못했던 문제 하나를 첨가하렵니다. 한자·한문세계에서 우리가 이탈하여 어문생활을 한 것이 한 세기를 훨씬 넘겼습니다. 이제 우리의 전반적인 어문생활은 한자로부터 벗어났다고 보아도 좋겠지요. 여기에 도달하기까지에 한글전용론과 한자혼용론의 논쟁이 격렬했던 상황을 대략 언급했습니다만, 한글전용은 이미 되돌릴 수 없는 대세가 됐습니다. 이 대목에서 우리가 진지하게 고려할 사안이 있음을 지적하려 합니다. 한자·한문도 우리의 문화적 자산이며 그것을 적극적이고도 창조적으로 활용할 방안을 강구하자는 제안입니다. 예를 들어 한자의 고유한 표의성·형상성은 사람의 능력에 따라서는 문화적 효용가치를 무한대로 발휘할 수 있을 겁니다. 이 모든 것을 위한 종합적·체계적 연구가 요망된다는 점을 말씀드리는 것으로 제 얘기는 끝내겠습니다.

백낙청 서두에 이런 좌담이 저의 개인적인 숙원사업이라고 말씀드렸는데 오늘 소원을 많이 달성했다고 느낍니다. 오전에 두시간 가까이 진행했고 오후엔 네시간을 대화했으니 굉장히 긴 좌담입니다. 미리 말씀드렸듯이 이 좌담은 우선 일부만 발췌해서 계간지에 수록할 예정입니다. 발췌본이라 해도 계간지 '대화' 항목으로는 이례적으로 긴 분량이 되겠지만요. 이후에 전문을 독자들이 더욱 유익하고 친숙하게 접근할 수 있는 단행본 형태로 간행하려고 합니다.

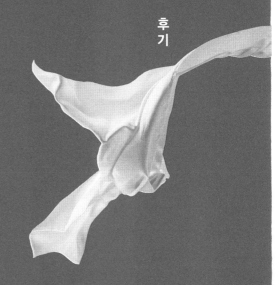

후
기

국어에 관한 편견, 환상, 오해

정승철

「국어기본법」의 '국어'는 '표준어'다?

2005년 1월 27일에 제정된 「국어기본법」(같은 해 7월 28일 시행, 총 5장 27조 및 부칙으로 구성)은 국어의 사용을 촉진하고 국어의 발전과 보전의 기반을 마련하기 위한 기본적인 사항을 규정한 국어 관련 법률이다. 대한민국 헌법에 '국어'가 전혀 언급되어 있지 않으므로 국어의 정의가 어떠한지를 알기 위해서는 이 법률 속에서 관련 조항을 살피는 일이 우선한다.

제3조(정의) 이 법에서 사용하는 용어의 뜻은 다음과 같다.
1. "국어"란 대한민국의 공용어로서 한국어를 말한다.
2. "한글"이란 국어를 표기하는 우리의 고유문자를 말한다.

위 조항에서 '한글'은 국어를 표기하는 문자라 했으니 그리 문제될 건 없는데 '국어'의 경우에는 사정이 좀 다르다. 위의 '국어' 정의가 『표준국어대사전』(1999)의 '표준어' 정의("한 나라에서 공용어로 쓰는 규범으로서의 언어")와 거의 같기 때문이다. 이에 따르면 '국어'는 "공용어"(한 나라 안에서 공식적으로 쓰는 언어)로서의 한국어를 이르는 말이고 한국의 '표준어'는 "규범"으로 정한 공용어로서의 한국어를 이르는 말이다. 결국 「국어기본법」의 '국어'는 '표준어'를 가리키는 것이나 다름없다.

제4조(국가와 지방자치단체의 책무) ① 국가와 지방자치단체는 변화하는 언어 사용 환경에 능동적으로 대응하고, 국민의 국어능력 향상과 지역어 **보전** 등 국어의 발전과 보전을 위하여 노력하여야 한다.(강조는 필자)

위의 제4조 제1항은 「국어기본법」에서 지역어가 언급된 유일한 조항이다. 그 분량이나 내용상의 소략함은 차치하고서라도 문맥상으로 지역어는 '보전(保全, 온전하게 보호하여 유지함)'의 대상일 뿐 '능력 향상'이나 '발전'의 대상이 되지는 못한다. 그러한 까닭에 이 규정들에서는 국어와 표준어를 동일시하는 가운데, 지역어가 마치 표준어의 발전에 기여하는 부수적 요소로 간주된다는 느낌을 받는다.

하지만 「국어기본법」은 「'국어'기본법」이지 「'표준어'기본법」이 아니다. 이 법률이 표준어만의 발전을 목표로 소용되는 것이 아니라는 말이다. 각지의 지역어(방언 또는 사투리)를 쓰는 사람들도 분명히 우리의 국민일진대 이와 같은 표준어와 지역어 간의 불평등한 위계설정은 틀림없이 대한민국 헌법의 '평등권'(제11조)을 위배한다. 그러므로 국가와 지방자치단체는 「국어기본법」의 본래 취지에 근거하여 다양한 지역어들의 보전 및 진흥을 위해 지역균등하게 또 적극적으로 자신의 역할을 수행할 필요가 있다. 아울러 국어와 표준어를 동일시하거나 표준어와 지역어(또는 지역어와 지역어) 사이에 위계를 정하는 태도가 일종의 편견임을 인지하고 이에서 하루빨리 벗어나야 할 일이다.

하나의 '국가'는 단일한 언어공동체일까

언어공동체란 "같은 언어를 사용하면서 공동생활을 하는 사회 집단"(『표준국어대사전』)을 가리킨다. 그런데 어떤 두 사람도 완전히 똑같은 말을 사용하지는 않으므로 이 정의는 사실상, 일정한 언어 특징과 담화방식을 공유하는 사람들이 특정한 실재적·가상적 공간에 모여 서로 소통하며 살아가는 사회집단을 뜻하는 말이 된다. 대체로 각각의 개별 화자는 하나가 아니라 다수의 언어공동체에 소속되어 살아간다.

이러한 언어공동체는 그것이 드러내는 동질성(또는 정체성)의 상대적 정도에 따라 그 크기가 다양하다. 일반적으로 말해 가장 큰 언어공동체는 '국가'다(가장 작은 것은 '가정'). 하지만 특별한 경우가 아니라면 국가가 그 자체로 단일한 언어공동체를 이루지는 않는다. 단적으로 미국(영어, 스페인어, 인디언어 등을 사용)이나 중국(한어, 조선어, 몽골어 등을 사용)처럼 여러개의 언어가 함께 사용되는 나라에서는 적어도 해당 언어 숫자만큼의 언어공동체가 존재하는 것이다. 물론 언어뿐만 아니라 방언도 한 국가의 하위 언어공동체를 구분하는 요소가 된다.

그런데 한국의 경우에는 단일민족국가, 단일언어국가에 대한 인식이 점차 이상화하고 광복 후 그러한 이상이 국가적으로 강화되어 1국가-1민족-1국어 체제를 목표로 강력한 단일언어사용 정책이 추진되었다. 이에 국어와 표준어를 동일시하는 태도까지 가세하여 국가 전체를 단일한 언어공동체 이른바 '표준어공동체'로 만들려는 노력이 지속적으로 행하여졌다. 그럼에도 산업화가 너무나 급속히 진행되면서 우리에게는 그런 공동체 지향 정책이 지니는 득과 실을 헤아려볼 기회마저 주어지지 않았다. 그저 온 국민의 의사소통수단을 표준어 하나로 통일해야 빨리 국가발전을 이룩할 수 있다는 환상 아래, 범국가적으로 강력한 표준어정책이 무작정 시행되었던 것이다.

하지만 아무리 작은 언어공동체라 하더라도 그 공동체를 구성하는 성원들 모두가 똑같은 언어 특징을 보유하지는 않는다. 가령 우리 주위만 둘러봐도 '차장(버스 안내양), 응접실(거실), 국민학교(초등학교), 삐삐(무선 호출기)'를 아는 세대, '당근이지(당연하지), 놀토(등교 안 하는 토요일), 별다방/스벅(스타벅스), 플렉스('돈을 많이 씀'을 좋은 뜻으로 이르는 말)'를 아는 세대가 하나의 언어공동체 안에 공존하고 있는 것이다. 그렇다고 해당 공동체 성원들 사이의 소통이 불가하지는 않다.

한 언어공동체의 구성원들은 언어적으로 구별되는 이웃집단과의 지리적·사회적 경계를 의식하고 자기들끼리 내부적으로 결속하는 성향을 보인다. 그러한 사람들 사이의 소통은 언어차가 발견되면 일차적으로 문맥적 판단에 의존하며 이차적으로는 애정이 있으면 상대방의 언어 특징을 이해어(실제로 구사하지는 않으나 이해할 수는 있는 말)로 저장해놓음으로써 소통을 가능하게 한다. 이러한 사정은 상이한 언어공동체 구성원들 간에도 대체로 마찬가지다. 다만 언어차가 매우 클 경우에 한하여 그 사이에 중간적 존재(중간방언, 통번

역자)를 두거나 공용어를 내세워 소통하기도 한다.

그런데 한 나라 안에서라도 지리적으로 상당히 멀리 떨어져 있는 이질적인 언어공동체의 구성원과 직접 만나 대화하는 일은 그다지 흔한 상황이 아니다. 공용어 사용의 조건이 일상적이지는 않다는 말이다(공용어가 쓸모없다는 뜻은 아니다). 그러므로 국민 전체가 언제든 소통가능하도록 개개인에게 공용어(또는 표준어)를 완전히 습득시켜 그들을 단일한 언어공동체의 일원으로 만들려는 시도는, 실현가능하지도 않지만 여러모로 헤아려볼 때 비효율적이다(이른바 '영어공용어론'의 폐단이 바로 여기에 있다).

이보다 더 큰 문제는 국민 모두에게 공용어(또는 표준어)를 제도적으로 강요할 경우에 아무런 이유없이 피해를 보는 사람이 생겨난다는 사실이다. 그들은 한 지역에서 자라 자연스레 그 지역어를 익혔을 뿐 아무런 잘못이 없는데 원하지 않더라도 자존심에 상처를 입어가며 일정 비용을 들여 자신의 말을 고치는 수고를 감당해야 한다. 그것은 곧, 우리 국민이라면 누구든지 "정치적·경제적·사회적·문화적 생활의 모든 영역에 있어서" 차별을 받지 아니한다는 대한민국 헌법의 '평등권'에 어긋나는 일이기도 하다.

이러한 문제를 배제(적어도 최소화)하기 위해 국가 언어공동체의 공용어는 "권장어"(정승철 『방언의 발견』, 창비 2018, 7면)가 되어야 한다. '표준어'처럼 반드시 써야 하는 것이 아니라 자신의 의지나 처지에 따라 써도 되고 쓰지 않아도 되는 그런 '권장어' 말이다. 이와 같은 권장어는 일단 정해지면 각종 사전에 실려 필요한 사람들에게 소용된다.

언어 '오염'인가, 언어 '변화'인가

광복 후부터 신문지상에 간간이 출현하던 '언어오염'이란 말이 1980년대에 이르러서는 모든 신문·방송의 기사나 칼럼에 종종 등장하는 일상적인 단어가 되어버렸다. 이때의 "오염"은 주로, 비표준적인 발음이나 단어(외국어 포함) 또는 '잘못'된 표현 등이 쓰인 경우를 가리키는 것으로 여겨진다.

서울말이 우리나라 표준말이라지만 서울에서는 서울말을 들을수 없는 것이 오늘의 실태이다. … 모두 사투리에 오염되어 있는 젊은 층들이기 때문이다. 요사이 젊은 친구들이 만나서 "반갑네"란 말을 주고받는 사례를 많이 본다. 40년 전만 해도 "반갑네"란 말한마디로 서울·경기 밖의 외도 사람인 것을 즉각 알아맞힐 수 있었다. 서울·경기에서는 "반가우이" 하지 "반갑네"란 말은 '절대'라고 할 만큼 쓰지 않는 말이다. … 교과서→교꽈서, 효과→효꽈, 조건→조껀, 사건→사껀, 문법→문뻡, 헌법→헌뻡. 위의 낱말의 둘째 음절은 까닭 없는 된소리다.
— 한갑수 「우리말을 정확히 사용하자」, 1980년 10월 9일자 『동아일보』

국어의 훼손은 우선 표준말을 잘못 사용하는 데서 찾을 수 있다. 사전에서는 '남비'가 표준어로 올라 있으나 상품명 간판에 이르기까지 사투리인 '냄비'를 버젓이 쓰고 있는가 하면 '아지랭이'를 여전히 '아지랑이'로 쓰는 경우도 흔하다.
— 심층 취재 「거칠어진 우리말을 가꾸자」, 1985년 10월 9일자 『동아일보』

위의 두 인용문은 "젊은 층"에서 사용하는 '반갑네'란 표현과 '교과서[교꽈서], 문법[문뻡]' 등의 된소리 발음 그리고 '냄비, 아지랑이'와 같은 단어가 국어를 "오염"시키고 "훼손"하므로 이들을 바르게 고쳐써야 한다고 강력히 주장한 글이다. 그럼에도 이 글에서는 왜 이들 표현이 국어오염(汚染, 더럽게 물듦) 및 훼손(毁損, 헐거나 깨뜨려 못쓰게 만듦)의 사례가 되는지에 대해 합리적 근거를 전혀 제시하고 있지 못하다. 단적으로 말해 [문뻡]보다 [문법]이, '냄비'보다 '남비'가 더 깨끗·순수하다거나 완전하다는 어떠한 언어학적 증거도 없다.

더욱 흥미로운 점은, 위의 진술에서 언급된 "오염"의 사례들이 30~40년이 지난 오늘날에 상당수 '표준'으로 수용되었다는 사실이다. '반가우이'는 이젠 구어에서는 아예 듣기 힘든 말이 되었으며 '교과서[교꽈서]'의 한 예를 제외하고는 '효과[효:꽈/효:과], 조건[조껀], 사건[사:껀], 문법[문뻡], 헌법[헌:뻡], 냄비, 아지랑이'가 모두 지금은 표준어·표준발음이 되었다. 오염되었다던 말들이 어찌된 일일까.

현재의 시점에서 거슬러올라가보면 이들은 "진행 중인 언어변화"(정승철 『한국의 방언과 방언학』, 태학사 2013, 193면)와 관련된 예로 보인다. 당시에는 일부 특정한 사람들에 한하여 [문법]이 [문뻡]으로, '남비'가 '냄비'로 바뀌는 변화가 일어나고 있었는데 시간이 흘러 지금은 그 변화된 형태가 거의 모든 사람들에게 받아들여져 완성된 변화로 귀결되고 결국 '표준어'로 인정받게 되었다는 말이다. 이로써 보면 1980년대 이후의 많은 신문·방송의 기사나 칼럼에서는 변화 이전의 보수형('[문법], 남비' 등)을 '표준'으로 상정하고 이에 대하여 새로 출현한 신형('[문뻡], 냄비' 등)을 언어의 '오염' 또는 '훼손'으로 불러온 셈이다.

언어는 고정되어 있지 않고 끊임없이 변화한다. 어떠한 이유로 발음이 불편해지거나 또 이전의 표현이 너무 식상해지거나 해서 언어 변화가 일어난다. 이와 같은 상황에서 언중들은 된소리화 등의 소리 변화도 시켜보고 줄임말 심지어 '외계어'도 만들어 사용해보게 된다. 이러한 변화는 새로움을 추구하는 젊은이들이 특히 선호한다. 하지만 표준어와 국어를 동일시하는 이들에게 그러한 신형은 비표준어로 '국어'가 아니므로 '언어오염'으로 비친다. 특정 젊은이들에게 일어난 변화를 기성세대가 '오염'으로 오해하는 가운데 언어의 변화가 계속 진행되어가는 것이다. 사실 그 대부분이 사회적으로 채택받지 못하고 사장되더라도 진행 중인 언어변화는 생동하는 국어의 한 모습이다.

공통어를 새롭게 생각하기

최경봉

공통어와 표준어

대중에게 표준어는 익숙하지만 공통어는 그리 익숙지 않은 말입니다. 그런데도 이 글에서 공통어란 말을 굳이 쓰는 건, 표준어를 공통어, 즉 '한 나라에서 두루 쓰는 언어'의 뜻으로 썼을 때 오해가 생길 수 있기 때문입니다.

'표준'이 '일반적이며 평균적인 것'을 뜻하는 말임을 생각한다면, 표준어와 공통어를 같은 뜻으로 쓰기 어려운 상황을 이해하기 힘들 겁니다. 사실 1933년에 제정된 「한글마춤법통일안」의 규정에서 표준어는 곧 공통어였습니다. 표준어를 "大體〔대체〕로 現在〔현재〕中流〔중류〕社會〔사회〕에서 쓰는 서울말로 한다."와 같이 규정했었으니까요. 조선 초부터 정치, 경제, 문화의 중심지는 서울이었으니 서울말은 전국적으로 두루 쓰는 공통어였을 것이고, 근대사회를 움직이는 주축은 중류층이었을 테니 그들의 말은 전(全)계층에 두루 통용되는 공통어였을 것입니다.

그런데 이러한 원론적 규정을 사전 편찬처럼 언어규범을 확정하는 일에 적용하기는 쉽지 않은 일이었습니다. 서울말은 다른 지역 말과의 비교를 통해 그 실체를 파악할 수 있다 하더라도, 언어의 사용례가 충분하게 축적되어 있지 않았던 1930년대에 '대체로'의 범위는 명확하지 않았고, 중류 계층이 분명하게 형성되어 있지 않은 상황에서 중류층이 쓰는 말의 실체는 여전히 불분명했으니까요.

이런 상황에서 '대체로 쓰이는 말'과 '중류 사회의 말'이라는 기준은 '규칙에 맞는 표현' 혹은 '바른 본'이 대신하게 됩니다. 1936년에 제정한 표준어가 1930년대 서울말과 차이가 나게 된 건 이 때문입니다. 당시 서울말에서 일반화되었던 '곰팽이, 지팽이, 애끼다'가 아닌 '곰팡이, 지팡이, 아끼다'를 표준어로 정했던 것이나, 같은 의미였지만 형태만 달랐던 '가르치다(敎, 指)'와 '가리키다(敎, 指)'를 '가르치다(敎)'와 '가리키다(指)'로 구별한 것이나, '다르다(異)'와 혼용되었던 '틀리다(誤, 異)'의 의미를 굳이 '틀리다(誤)'로 제한한 것에서도 '바른 본'을 중시하는 규범의식을 확인할 수 있습니다. 이런 맥락에서 사람들은 '두루 쓰는 말'보다 '바른 본의 말'에 방점을 찍고 표준어를 이해하게 되었고, 자연스럽게 공통어와 표준어는 비슷하지만 다른 단어가 되었습니다.

그런데 중요한 건 지금도 언어현실보다는 '바른 본'을 좇아 규범어의 형태와 의미를 결정하는 것이 당연시된다는 것입니다. 개별 어휘소를 대상으로 한 표준어사정 결과를 국가가 어휘 목록으로 고시하고, 고시된 목록의 어형을 기준으로 새로 등장하는 어휘의 표준성을 판단하는 일이 계속되니까요. "전 국민이 공통적으로 쓸 수 있는 자격을 부여받은 단어"라는 『표준국어대사전』의 표준어 정의에서 "자격을 부여받은"이란 풀이말은 이런 과정을 의식한 표현일 겁니다.

그런 점에서 '표준어'가 아닌 '공통어'란 말을 앞세우는 것은 '바른 본의 말'보다 '두루 쓰는 말'에 방점을 찍고 언어의 규범성을 판단한다는 뜻이 됩니다. 그런데 국어정책에서 공통어 문제에 접근할 때 가장 먼저 봉착하는 건 '공통어'의 범위를 정하는 문제일 겁니다. 특히 지역공간과 지역언어가 분명하게 연결되던 시대와 달리 지금은 지역공간과 지역언어의 연결고리가 분명하지 않은 시대라 할 수 있으니, 공통어가 생성되고 활용되는 공간적 범위를 서울로 한정할 수 있느냐는 문제는 진지한 토론 주제가 될 수밖에 없습니다.

공통어로서 서울말의 위상 변화

현재의 언어상황을 표준어 제정 당시와 비교해보면, 서울말의 위상은 확연히 변했다고 할 수 있습니다. 가장 큰 변화는 표준어정책이 지속되면서 서울말이 지역방언의 틀을 벗어난 거라 할 수 있겠지요. 정치, 경제, 문화의 중앙집중현상이 심화되고 미디어와 통신매체의 발달로 문화적 결속력이 커지면서 이제 공통어가 서울말이라는 의식 자체가 희미해진 것입니다. 이런 상황에서 공통어를 서울말이라고 특별하게 한정하는 것은 언어정책상 거의 의미가 없을 겁니다. 서울말 화자를 서울지역 거주민으로 한정할 수 없는 것처럼 공통어의 사용현황 조사를 서울지역으로 한정할 수 없는 상황이 된 거죠.

정보화시대에는 서울과 지역 간의 실시간 교류가 끊임없이 이루어지고 사이버 공간에서의 언어생활 비중이 늘어나면서 언어의 지역적 경계가 갈수록 희미해지게 됩니다. 이런 상황은 공통어의 생성과 활용이 서울이 아닌 전국 단위로 이루어지게 됨을 뜻합니다. 특정

지역에서 생성되고 활용되는 방언이 세력을 키워 공통어의 역할을 하던 시대에서 전국을 기반으로 공통어가 생성되고 활용되는 시대가 되면서, 근대적 공통어 개념으로 현재의 공통어를 설명하기가 어려운 상황이 된 겁니다. 이러한 변화는 국어사전의 표제어가 확장되는 양상을 통해서도 확인할 수 있습니다.

"검은띠, 호빵, 딩동댕, 맨얼굴, 시끌버끌하다, 신통찮다, 아싸, 어물쩡대다, 얼어죽다, 얼음땡, 여리여리하다, 오물조물, 왜냐면, 용케, 울그락불그락, 짜맞추다, 빈집털이, 신김치, 손글씨, 아름다움, 주눅들다, 기러기아빠, 덮어쓰기, 얼짱, 속쓰림, 새터, 가시오가피, 서리태, 빡세다, 얄짤없다, 삥뜯다, 삑사리, 통굽, 빵야, 속닥하다, 손뼘, 애엄마, 안마, 탱자탱자, 털복숭이, 패대기, 간판급, 군필자, 금고털이"

위의 예는 2009년에 간행된 『고려대 한국어대사전』에서 새롭게 등재한 표제어 중 일부인데, 새로운 표제어의 수록 양상은 공통어에 대한 인식양상을 잘 보여줍니다. 국어사전 편찬자는 새롭게 쓰이는 어휘형을 관찰하고 이것을 사전에 등재할 것인지 말 것인지를 판단하는데, 그 판단은 일반적인 쓰임을 보이느냐 그렇지않느냐에 대한 객관적 평정(評定) 작업을 통해서 이루어집니다. 이때 평정 작업에서 중요한 기준은 해당 어휘가 어느 지역에서 그리고 어느 계층에서 쓰이는 말인지가 아니라 얼마나 자주 쓰이는지입니다. 사전에서의 어휘 평정이 전국의 모든 계층과 세대에서 만들어지고 사용되는 모든 언어자료를 대상으로 이루어지게 된 거지요.

초기 사전에서는 해당 어휘가 서울말에 속하는지 아니면 지역방언에 속하는지를 판별하고, 지역방언이라면 서울말에 없는 특별한 의미를 지닌 것인지 아닌지를 판별해 규범적인 표제어를 결정했습니다. 그런 점을 생각하면 현대 사전의 규범성 판단방식은 근본적으로 달라졌다고 할 수 있을 겁니다. 위에 든 예에서 '시끌버끌하다, 서리태, 속닥하다, 오물조물, 울그락불그락, 패대기' 등은 이전에도 쓰이던 말이기 때문에 새로운 말이라고 할 수는 없습니다. 다만 널리 쓰이면서도 규범성을 인정받지 못해 사전에 실리지 않았던 어휘들인 거죠. 이런 어휘들이 방언이 아닌 일반 표제어로 국어사전에 오를 수 있었던 것은 그 어휘의 현실적 위상을 인정했기 때문입니다. 결국 특정 어휘를 사전에 올리며 공통어의 범위를 판단할 때 이 어휘가 서울말인지 지역방언인지는 고려의 대상이 아니었던 겁니다.

그런데 '어줍잖다'나 '으시대다' 같은 말들은 전국적으로 널리 쓰이는데도 위의 사전에서조차 여전히 잘못된 말로 취급합니다. 이유는 단순합니다. '어쭙잖다'와 '으스대다'만 국가가 고시한 표준어 목록에 올라있기 때문입니다. 이럴 경우 국어심의위원회에서 복수표준어로 인정하지 않는 한 사전은 이를 일반 표제어로 올릴 수 없습니다. 사전의 규범성 판단기준이 달라졌다지만 기존 표준어규정집에 오른 특정 어휘들에 대한 규범성 판단만은 국가의 결정에 따라야 하는 것이죠.

이처럼 국가 주도의 표준어정책은 경직성을 피할 수 없지만 복수표준어를 적극적으로 확대하는 추세에 있는 만큼 규범성의 판단기준은 결국 사용빈도가 될 것이고, 공통어는 사용빈도 조사를 통해 자연스럽게 드러나게 될 것입니다. 사용빈도를 통해 어휘뿐만이 아니라 발음이나 문장표현 등의 규범성을 판단하게 되면 공통어의 실체는 더 분명해지겠지요.

공통어로서의 공공언어

"왜 3일간 쉬는데 사흘간 쉰다고 하지?" 연휴가 사흘이라고 발표되자 많은 이들이 4일간 쉰다고 오해했다는 기사에, 어떻게 '사흘'이란 말을 모를 수 있느냐는 탄식이 뒤따랐습니다. 이는 우리말에 대한 무지와 무관심의 실태를 보여주는 사례일 수 있겠지만, 어쩌면 '사흘'과 '나흘' 등으로 기간을 나타내는 방식이 쇠퇴하는 징후일 수도 있을 겁니다. 그런 점에서 '사흘' 논란은 공공언어에서의 어휘선택 문제를 다시 생각하게 합니다.

현실에서 두루 쓰이는 표현들이 자연스럽게 공통어를 이루는 양상은 언어규범화의 강도가 낮아졌다는 징표입니다. 그런데 일상어에서의 규범화 강도가 낮아진다는 건 공공언어 통제의 필요성이 높아진다는 걸 뜻합니다. 공공언어는 우리 사회의 모든 구성원이 보고 듣고 읽는 것을 전제로 사용하는 언어인 만큼, 공공언어에서는 언어적 최대공약수를 찾아쓰는 노력이 필요하기 때문이죠. 그런 점에서 보면 공통어의 수용폭을 넓히는 것만큼 중요하게 생각해야 할 것이, 공공언어에 대한 통제방법을 정교화하는 것입니다.

공공언어에 대한 통제는 쉽고 명료한 공공언어 쓰기를 유도하는 것이 핵심입니다. 그간 낯선 한자어와 외래어에 대한 통제가 집중적으로 이루어졌던 건 그 때문입니다. 반면 '사흘'처럼 두루 쓰이면서도 혼선을 초래할 수 있는 말에 대한 통제는 생각하지 않았죠. 그런 말에 따른 혼선은 우리말 교육으로 해결해야 할 문제였던 겁니다. 그러나 두루 쓰이는 우리말이라도 정보전달에서 혼선을 초래하는 상황에서 더 일반적으로 쓰이는 대체 표현이 있다면, 정확한 정보전달이 필요한 공문서나 보도자료 등에서는 '사흘' 대신 '3일'을 쓰는 것을 적극 고려할 필요가 있을 것입니다. 이것이 공공언어를 쉽고 명료하게 한다는 원칙을 구현하는 방법이라 할 수 있으니까요.

이러한 조정은 표준어를 사정하는 과정에서도 이루어진 적이 있었습니다. '마추다'와 '맞추다'를 '맞추다'로 단일화한 것이 그런 경우라 할 수 있지요. '마추다'와 '맞추다'로 구분하여 쓰던 말을 '맞추다'로 단일화한 것이 언어사용의 수월성을 고려한 결과란 점에서, 이는 공공언어의 정보전달력을 높인 사례로 참고할 수 있을 겁니다. 이런 방안을 확대적용한다면 '세마리, 석자, 서말' 등으로 구분해온 수의 표현을 통합하는 것도 생각해 볼 수 있을 겁니다. '세, 석, 서'의 구분이 현실적으로 큰 의미가 없다면 공공언어에서는 이중 가장 일반적인 '세'를 선택해 '세마리, 세자, 세말'로 쓰도록 할 수 있는 거지요.

어휘문제에 초점이 가 있지만 문장표현에서의 통제도 같은 원칙을 적용할 수 있을 겁니다. 피동과 능동 표현 중에선 능동표현을, 주어가 생략된 문장과 드러난 문장 중에선 주어가 드러난 문장을 선택하도록 하는 등의 통제는 공공언어를 쉽고 명료하게 만든다는 취지에 부합한다고 할 수 있습니다. 그렇다면 공통어를 확장적으로 보는 정책과 별개로 언어적 통제를 강화해야 할 영역을 분명히 하고 통제방법론을 구체화하는 것이 필요하겠지요.

통일시대의 공통어

현재의 공통어에 급격한 변동이 일어날 가능성은 거의 없지만 남북통일에 따른 국가영역의 변동으로 공통어가 확장될 가능성은 남아 있습니다. 그렇다면 공통어의 확장가능성을 염두에 두면서 미래를 준비할 필요가 있을 것입니다.

현재 언어현실을 인정해 복수표준어를 확대하는 것은 남북의 언어통일을 준비하는 일로 볼 수 있습니다. 언어통일도 결국 남북의 언어현실을 인정하며 통합하는 방향으로 가야 하는 거니까요. 2011년 이후 복수표준어 정책을 적극적으로 추진하며 비표준어에서 표준어로 전환된 어휘들 중에 이미 북한의 문화어로 쓰이는 어휘들이 많다는 사실은 시사하는 바가 큽니다. 남북의 언어사용실태를 파악하고 양쪽의 언어규범을 비교하면서 복수표준어를 적극적으로 확대할 필요가 있음을 보여주는 거지요.

앞선 대화에서도 강조했지만 이질화된 언어를 단일화한다는 관점으로 통일시대의 공통어를 상상하는 건 곤란합니다. 이질화되었다고 하기에는 우리말이라는 동질성이 두드러지고, 우리말에 새겨진 남북의 경험과 감정은 그것 자체로 존재의미가 있기 때문입니다. 한 예로 남북이 '낙지'와 '오징어'를 달리 이해하는 상황을 생각해봅시다. 이해의 차이로 오해가 생길 수는 있겠지만 이를 언어의 단일화를 통해 해결할 수 있을까요? 어휘 의미는 긴 시간 축적된 공동체의 경험과 감정을 반영하는 것이니, 인위적인 단일화의 결과는 현실에 뿌리내리기 어려울 겁니다.

물론 명확한 정보전달이 필수적인 공공언어의 경우에는 단일화가 효율적이라고 생각할 수도 있을 겁니다. 그러나 공공언어 역시 언어의 통합이라는 원칙에서 이루어져야만 효율적이고 민주적인 의사소통을 담보할 수 있습니다. 공통어가 확장된 만큼 남북이 서로 낯설어하는 말에는 각자의 익숙한 말을 병기하도록 하는 통제가 이뤄져야 한다는 거지요.

그렇다면 통일시대의 공통어는 새롭게 기획하여 만들어내는 것이 아니라, 남북이 서로의 경험과 감정을 이해하고 이를 존중하면서 이뤄나가는 거라 할 수 있습니다. 다시 '낙지'와 '오징어' 문제를 볼까요? 남쪽은 문어과나 오징엇과의 연체동물을 '갑오징어, 오징어, 한치, 낙지'로 구분하지만 북쪽에서는 '갑오징어'만을 '오징어'라 하고 나머지 모두를 '낙지'라 합니다. 그럼 그런 쓰임을 인정하면서 이해하고 소통하는 것, 그 과정이 우리말의 공동영역을 확장하는 과정 곧 통일시대의 공통어를 이루는 과정이 되는 것입니다.

'문심혜두'와 어문교육의 방향

임형택

1

문심혜두(文心慧竇)는 문심(文心)과 혜두(慧竇)를 결합한 말이다. 문심과 혜두는 일상적으로 쓰이는 단어가 아니어서 우리에게 친숙하진 않지만 있기는 있었다. 그런데 합성어로서 문심혜두는 다산(茶山) 정약용(丁若鏞)의 글 말고는 중국과 우리나라의 문헌을 두루 검색해보았으나 용례를 발견하지 못했다. 다산이 인간교육의 출발단계에 적용해서 문심혜두란 개념을 처음 사용한 것으로 보인다. 이후로 누구도 이어받아 쓰지를 않았다.

이번 대화의 자리에서 나는 이 다산의 취지를 살려서 문심혜두를 '국어교육의 열쇠 말'로, 나아가서 '인문교육'의 방향으로 설정하는 것이 바람직하다는 견해를 표명한 바 있었다.

다산은 문심혜두란 개념을 사람을 가르치는 방법론에 있어 깨우침을 주려고 의도하였다. 이런 다산의 취지는, 그의 국정개혁론이 전체적으로 다 그렇듯이 수용될 길이 없어 실로 오늘에 이르도록 실현

될 계제를 얻지 못했다. 문심혜두는 인간교육의 문제와 관련해서, 인문정신의 회복을 위해서 다산이 오늘의 우리를 교시하는 말씀으로 새겨볼 수 있지 않을까 한다.

나는 지금 다산이 약 200년 전에 제기했던 문심혜두를 교육현장에 호출하는 셈이다.

2

『문심조룡(文心雕龍)』이란 책은 중국문학사에서 내용이 가장 풍부하고 체계적인 문학이론서이다. 그야말로 중국 최고의 이론비평서로서 정평이 있는 고전이다.

'조룡'이란 용무늬를 아로새긴다는 뜻으로 글을 아름답게 수식하는 것을 비유한 표현이다. 『문심조룡』이 출현한 시기는 6세기 초인데 그 당시 중국의 문학풍조는 수사미(修辭美)를 중시했다. 그런 시대 분위기를 반영해서 '조룡'이 서명에 들어간 것이 아닌가 한다. 표제의 '문심조룡'에서 문학이론서로서의 중심적 의미는 '문심'에 있음이 물론이다.

『문심조룡』은 서문에 해당하는 편에서 "무릇 문심이란 글짓기를 하는 마음을 이른다"고 정의하였다. 문심은 문사(文思)와 동의어다. 곧 '문장'(文章)을 가리켰던바 이때 문장이란 한문세계에서 독특하게 성립한 개념으로 광의의 문학이라고 간주할 수 있다.

혜두의 의미는 슬기를 뜻하는 慧자와 구멍을 뜻하는 竇자가 결합된 것이므로 곧 '슬기구멍'이다. 지혜의 원천은 인간의 양능(良能)이다. 다산은 문심에다가 혜두란 말을 붙여서 사람이 타고난 창조적 능력을 개발하는 일이 가르침의 출발이요 기본이라고 역설한 것이다.

요컨대 다산 공부법의 요체는 문심혜두이다. 문심혜두라는 신개념을 공부법으로 제기한 다산의 의도는 어디에 있었으며, 다산은 공부를 어떻게 해야 좋다고 생각했을까?

3

다산의 글에서 문심혜두란 말이 쓰인 곳은 「천문평(千文評)」과 「사략평(史略評)」이다. 이 「천문평」·「사략평」과 함께 「통감절요평(通鑑節要評)」이 다산의 교육평론 연작 세편이다.

한자학습서인 『천자문』 그리고 한문학습서로서 첫 단계인 『사략』과 다음 단계인 『통감절요』는 근대 이전에 교재로 널리 통용되던 책이다. 이들이 필수 교과서처럼 된 유래가 오래였고 이후로도 그 부동의 위치를 지켰다. 이 세권의 책에 대해 교재로서 부적절함을 각각 논리적으로 날카롭게 비판한 것이 위 세편이다. 방법론에 그치지 않고 교육철학적 의미를 내포하고 있다.

다산은 대체 교재를 직접 만들기도 했다. 한자학습서로서 『아학편(兒學編)』, 한문학습의 초보로서 『제경(弟經)』이 그것이다. 이 두종의 책자는 『여유당전서(與猶堂全書)』에 실려 있지 않고 따로 전한다. 다산이 두종의 대체 교재와 함께 교육평론 세편을 지은 시점은 그의 강진 유배 초기로 추정된다.

다산이 강진 땅에 유배를 가서 살았던 기간은 전후 18년이다. 먼저 8년은 강진읍내서 지냈고 이후에는 다산초당에서 지냈다. 앞의 8년 동안에 다산은 '읍중제자'로 일컬어지는 강진읍내 아이들을 가르쳤다. 이들 중에 학자로서 두각을 드러낸 인물은 이청(李晴)이다. 『제경』의 한 이본에 이청의 짤막한 발문이 적혀 있다. 여기서 이청은 『아학편』 이천자를 배우면 『제경』을 배우고, 그러고 나서 『효경(孝經)』과 『논어(論語)』로 들어간다고 증언하였다. 다산이 스스로 겪어야 했던 읍내시절의 현장 경험을 통해서 세상에 두루 유포된 교재의 문제점을 절감하게 되어, 대체 교재를 편찬한 한편 이론적으로 문제 제기를 한 것이다. 그런 과정에서 착안했던 개념이 다름 아닌 문심혜두이다.

다산은 인간의 성장경로에서 8~16세의 기간을 '동치독서(童穉讀書)'로 설정하고 있다. '독서'는 지금 한국어에서 '공부'에 해당하는 말이다. 다산이 설정한 동치독서는 현행 교육제도에 맞춰보면 초등학교 6년에 고등학교 3년의 기간이다. 그 과정을 다산은 한 글자, 한 글귀 배워나감으로써 지식을 넓혀 문심혜두를 열어가는 기간으로 중요시했다. 그런데 이 과정에서 널리 사용되는 교재에 문제점이 대단히 많다는 것이 다산의 지론이다.

초등학교와 중학교에 해당하는 9년 동안에 적절치 못하고 부실하기 짝이 없는 『천자문』과 『사략』·『통감』을 가지고 고식적인 방식으로 가르쳐서는 문심혜두의 열쇠를 열어가기를 기대할 수 없다는 것이었다. 문제점을 다산은 심각하게 고민하였다. 교육평론 연작 세편은 비평대상이 된 교재 세권을 들어서 문제점을 구체적으로 지적하고 지향할 방도를 제시하고 있다. 여기서 각 편의 요지를 간략히 짚어보기로 한다.

「천문평」 문자는 인류가 사물을 인식하는 수단(기호)이라는 의미의 말로 시작하고 있다. 상형자로부터 출발하여 문자체계를 완성한 한자의 특성에 그의 사고가 꽂힌 것이다. 다산은 이 원초적 지점을 교육의 출발선으로 잡는다. 아동에게 한자학습을 지도할 때 글자들을 상호연계하면서 유추해나갈 수 있도록 해야 한다는 것이 논지의 핵심이다. 기존의『천자문』은 이 점을 고려하지 않고 엮였기에 부적절하다고 비판하였다.

「사략평」『사략』은 중국의 19대에 걸친 역사를 간추려 서술한 책인데 그중에서 상고사 부분을 주로 가르쳤다. 한문을 초보 단계에서 가르치기 위한 것이었다. 그런데 이 시간대의 기록이 허황하고 이치에 닿지 않는 말들을 뒤섞어놓아 곤란하다는 지적이다. 이걸 가지고 초보과정에서 어린 아이들의 두뇌를 깨우치는 긴요한 일이 어떻게 가능하겠느냐는 반문이다.

「통감절요평」『통감절요』는 15책에 이르는 적지 않은 분량의 중국 역사서이다. 『사략』 다음에 들어가는 한문학습의 교재였다. 한문을 읽고 쓰는 공부를 가장 중요하게 생각한바 그 능력을 '문리(文理)'라고 일렀다. 문리를 얻는데『통감절요』를 읽는 것이 제일 유리하다고 여겼던 까닭에 이를 교과서로 삼아서 15권의 분량을 지루하게 몇해간 두고두고 가르쳤다. 동치독서의 과정을 거의 대부분 '통감 읽기'에 바친 셈이었다. 다산은 여기에 문제점 세가지를 지적한다. 첫째는『통감절요』의 내용 자체가 역사서로서 부실하다는 점이고, 둘째는 '아무리 듣기 좋은 노래도 삼세번'이라고 이것만 줄곧 배우면 싫증을 일으키기 마련이라는 점이며, 셋째는 마땅히 경사(經史)와 백가의 지식을 널리 섭취해야할 텐데 지식이 좁아질 수밖에 없다는 점이었다.

이상 세편의 요지를 통해 다산은 교육의 목표로 잡은 문심혜두가 열리도록 하기 위해서 연계·유추의 작용을 중시했음을 알 수 있다.

그런 한편 수용자의 입장에 서서 과제에 접근했다. 자율성을 생각하여 "문심혜두가 저절로 개발"이 될 수 있도록 해야 함을 주장하였고, 그 연장선에서 참신한 느낌을 가지고 흥미를 이어가게 해야 한다고 역설하였다.

이 과제와 관련하여 다산이 처음부터 비상하게 주목한 곳이 있었다. 다름 아닌 인류가 문자를 창조한 원초이다. 그런데 이 원초의 지점을 문학적 창조에서 복원할 도리를 생각한 작가로, 다산에 앞서 연암(燕巖) 박지원(朴趾源)이 있었다. 연암은 글쓰기라는 행위가 원초의 생생한 감동을 후세에 잃어버린 현상을 개탄했다. 연암은 글쓰기에서 원형적 창발성의 회복을 사고하였다. 연암과 다산이 공히 강조점은 같지 않았어도 문자창조의 원초에 주목한 사실이 흥미롭다.

4

다산이 공부법으로 문심혜두를 일깨운 것은 19세기 초반이었고 지금은 21세기 초반이다. 그 사이에 사람들의 생활문화는 얼마나 달라졌고 정치사회 또한 얼마나 변하였는가. 유사 이래 경험해보지 못한 대변혁이 이 땅에서 일어났다.

19세기에서 20세기로 넘어서는 어름에는 전통적인 중국 중심의 세계에서 서구 주도의 근대세계로 이동하였다. 그에 따라 문자생활도 한자와 한문을 보편적으로 사용하던 데서 자국어문 위주로 바뀐 한편 영어의 비중이 높아졌다. 또한 지식과 기술의 놀라운 확대·발전과 아울러 학문의 전문화가 이루어졌다. 한문서적은 전통적인 의미를 상실하여 이제 더이상 지식의 원천으로서 중시될 대상이 아니게 되었다.

이런 상황변화를 모르지 않으면서 문심혜두를 들고 나온 데는 내 나름의 의도가 있다. 우리가 지난 세기에 경험한 근대를 성찰하면서 극복할 도리를 고민하고 금세기에 예견되는 문명의 대전환에 대비하는 일이 급선무라고 생각한 때문이다. 이를 위해서는 선차적으로 챙겨야할 사안이 있는바 다름 아닌 청소년의 어문교육이다. 여기서 문심혜두를 관건으로 포착한 것이다.

다산이 문심혜두를 말했던 당시는 공부할 것이 한자·한문이고 한문고전이었다. 또한 교육이라면 인간을 양성하는 일인데 시대가 요구하는 인간형이 같지 않음을 고려하지 않을 수 없다. 공부의 내용과 목표가 크게 달라진 것이다. 다산의 문심혜두는 오늘의 교육장에 그대로 가져올 수 없는 것임이 분명하다. 변통의 지혜가 요망되는 대목이다. '변(變)'과 '불변(不變)'의 융통성을 발휘할 필요가 있다. 이와 관련해서 몇가지 소견을 들어둔다.

'창조적 지혜의 원천'을 개발하는 문심혜두에 사람을 가르치는 요령이 있다. 오늘의 어문교육에서도 추구해야 할 기본원칙이 아닐까. 그렇다 해서 기계적으로 도입하려드는 방식은 곤란하다. 일종의 경구나 화두처럼 생각해도 좋겠지만 구체적이고도 실천적으로 수행해야 할 과제이다.

오늘의 교육장에 문심혜두를 호출하는 경우 문심은 무엇을 지칭하는지 분명히 하는 것이 필요하다. 앞서 문심이란 '글 짓는 마음', 곧 '광의의 문학'으로 간주할 수 있다고 하였다. 광의의 문학은 인문학에 다름 아니다. 문심혜두는 곧 '인문적 심성'을 열어주는 것을 의미한다.

결론적으로 말해서 어문교육의 기본방향은 인문적 심성을 열어주는 데 있다. 하지만 오늘의 현실에는 너무나 동떨어진 원칙론으로 들릴 것이다. 그도 그럴 것이, 지난 세기말부터 금세기로 넘어오면서 세계화로 급발진을 한 나머지 어문교육의 현장은 상업주의·기능주의로 편향한 때문이다. 이후 20년을 경과하자 지금 자본주의 근대에 대해 근본적으로 반성을 하지 않을 수 없는 인류적 위기를 체감하고 있다. 이에 인문학의 의미를 중요하게 떠올린 것이다. 국어교육은 문사철의 전통적 교양에 입문하는 길을 열어주는 교과가 되어야 하며 외국어교육도 서양의 인문전통을 이해하는데 한몫하는 것이 바람직하고 본다.

다산이 공부법으로서 문심혜두를 비상하게 강조했던 취지는 창조적 인간을 양성하자는 데 있었다. 우리가 교육에서 그 근본 취지를 살려내자면 인문적 심성을 길러주기 위한 방법론이 함께 가야할 터다. 이 방법론 또한 앞서 간추린 몇가지, 자율성과 동기유발, 연계·유추작용 등은 지금도 유용한 방도이다. 기실 이런 방도는 오늘의 교육현장에서도 항용 당위처럼 말들은 하지만 과연 얼마나 실효가 있는지 의문이다. 입시 위주의 교육현실에서는 아무리 좋은 방도도 공염불이 되고 만다.

끝에 다산이 직접 언표하지 않았던 사안 두가지를 덧붙이는 말로 이 글을 마치려고 한다. 소통과 비판정신이다.

사람은 매사에 소통이 중요하다. 소통이 없으면 그 공부는 트일 수가 없는 법이다. 공부하는 사람들은 작은 공부건 큰 공부건, 현실과의 소통과 사람과의 소통, 분절화된 지식의 소통, 이 3통(通)이 있어야 함을 거듭 강조한다.

사람을 가르침에 당해서 비판정신은 필수불가결의 요소가 아닐 수 없다. 사람으로서 비판정신이 없으면 혼이 빠진 것이나 마찬가지다. 근대교육에서 비판정신을 길러주는 교육을 실시했던가? 일제식 민지시기와 군부독제시기에 실시했던 교육은 정신을 차리고 돌아보면 비판정신을 소거한 순종적 인간을 양성하는 교육 위주였다. 그래서 기회주의적으로 출세를 도모한 인간들이 이 땅을 횡행하게 된 것이다. 오늘 어문교육의 현장에는 인문적 심성에 기반한 참다운 비판정신을 갖춘 인간을 양성해야 한다는 엄중한 과제가 놓여 있다.

한국어라는 '공동영역'

백낙청

좌담 도중에 언어를 '커먼즈' 혹은 '공동영역'으로 볼 것을 제안했는데,〔본서 160면〕 약간 부연할 필요를 느낀다. 마침 편집자도 그런 생각을 했는지 같은 주문을 해왔다. 언어를 '커먼즈'로 본다는 것이 어떤 발상의 전환을 뜻하는지, 동시에 어떤 언어적 실천을 요구하는지는 실로 가볍게 넘길 일이 아닌 것이다.

영어의 commons를 그대로 가져온 '커먼즈'를 우리말로 어떻게 옮길지는 아직 합의가 없는 듯하다. 공동소유의 경작지·목초지·산림지를 가리키는 단어로서 '공유지'라는 원래의 번역어에는 큰 무리가 없었다. 그러나 공유토지나 공유재화를 넘어 다양한 형태의 공유자산으로 '커먼즈'의 의미가 점차 확대되었고 나아가 물질적인 공유지를 포함한 모든 커먼즈의 성립에 인간의 창조행위가 기본이 된다는 점이 인식되면서 '공동영역'이 유력한 대안으로 떠올랐다. '공유영역'도 사용되지만 '공유경제'와의 혼동 우려도 있거니와 무엇보다 '소유'의 문제에 초점이 가서는 안 된다는 점에서 덜 적합한 것 같다.[1]

아무튼 언어를 공동영역으로 파악한다는 것은 근대의 통설이라 할 수 있는 도구론적 언어관을 거스르는 일이다. 말이 인간생활의 유용한 도구라는 사실을 부인하는 것은 아니다. 또한 호모사피엔스(homo sapiens)라는 사람종들이 처음부터 언어능력을 갖고 태어났다고 굳이 단정하는 것도 아니다. 하지만 적어도 현생인류(homo sapiens sapiens)가 짐승처럼 말 못하는 존재로 출현해서 점차 언어라는 도구를 발견하고 발전시켰다는 가설 역시 과학적으로 입증된 바 없는 것으로 안다.

그런데도 도구론적 언어관이 널리 퍼진 것은 근대인의 과학주의·기술주의에 부합하는 발상이기 때문일 것이다. 인간이 인간역사를 한참 경유하는 도중에 자신의 편의를 위해 언어를 만들어쓰게 되었다는 설명이야말로 근대과학의 기계주의와 근대사회의 공리주의에 딱 맞는 사고방식이기 때문이다. 그러나 언어가 인간이 자기 편의에 따라 만들어낸 것이고, 있으면 편하지만 없어도 되는 물건인가? 오늘의 신생아들도 태어날 때는 말을 못하기는 하지만, 그러다가 (대개는 '엄마' 또는 거기 해당하는 소리를 시작으로) 말을 배우기 시작하는 게 '도구 개발'에 해당하는 행위일까?

그보다 인간이라는 존재는 이미 형성되어 있는 모어(母語)의 공동영역 속으로 태어나며 그가 자라나고 살아가는 과정 전체가 이 공동영역에 참여하고 그 발전 또는 훼손에 어떤 식으로든 기여한다고 보는 것이 훨씬 온당한 발상일 듯하다. 여기에는 모든 언어사용자가 예의 공동영역에 자기 나름의 책임을 져야 한다는 실천상의 의미가 따라온다. 이는 몇몇 개인이나 집단의 의도적 기획으로 언어를 바꿀 수 있다는 근대주의자의 (역시 기술주의적인) 시도를 배격하는 동시에,

---

1) 그간 커먼즈 개념 논의의 진행에 대한 간략한 소개로 황정아 「팬데믹 시대의 민주주의와 '한국모델'」, 『창작과비평』 2020년 가을호 30~31면 참조.

언어는 '언중'의 집단적 선택에 따라 일종의 자연현상처럼 변화하는 실체이니 우리는 그 추이를 관찰하고 분석하고 뒤따라갈 수 있을지 언정 개입할 생각을 말아야 한다는 '탈근대주의적' 무책임성도 비판하는 입장이 된다.

이야기하는 김에, 언어와 관련해서 흔히 들먹이는 '언어는 존재의 집'(die Sprache ist das Haus des Seins)[2]이라는 하이데거의 유명한 발언에 대해 한마디 할까 한다. 이 명제를 하이데거가 말하는 '존재'(das Sein)[3]에 대한 사유에 동참함이 없이 아무 데서나 되뇌는 것은 조금이라도 차분히 생각하면 말이 안 되는 소리다. '존재'가 실재하는 유형 또는 무형의 존재일반이라면 언어가 그 '집'이라는 게 도대체 무슨 뜻일 수 있는가? 기껏 의미를 부여한다면 '사회적 존재'가 인간의 의식을 규정한다는 맑스의 주장을 뒤집고 '언어가 의식을 규정한다'는 싸피어-워프 가설(Sapir-Whorf hypothesis)에서도 한걸음 더 나아가, 인간의 언어활동이 그의 존재를 규정한다는 극단적 관념론밖에 안 될 것이다. 언어가 '존재의 집'이라는 명제가 의미를 지니려면, 서양 형이상학 일체의 전통적 사고로부터 일대 전환을 이룩하여, 있음과 없음의 어느 한쪽에도 집착하지 않는 사유를 할 때나 가능하다. 그런 사유와 실천을 통해 자신의 인간됨을 구현하는 언어적 현존 내지 '시적 인간'을 상정할 수 있어야 하는 것이다. 당연히 이는, 언어가 인간이 소유하는 도구나 속성 중 하나라는 발상으로부터의 근본적인 전환을 뜻하기도 한다.

---

2) 마르틴 하이데거 「휴머니즘 서간」, 『이정표 2』, 이선일 옮김, 한길사 2005, 147면. 원제는 "Brief über den 'Humanismus'"(1949)로 '휴머니즘'에 따옴표가 달려 있으며 Martin Heidegger, *Wegmarken*, 1967에 수록됐다.

3) 사실 '존재'라는 우리말이 어떤 식으로든 존재하는 것=존재자를 떠올리게 하므로 '~임' 등 다른 번역어를 찾아봄직하지만 여기서는 그냥 관행을 따른다.

수많은 언어 중 한국어라는 특정 공동영역으로 눈을 돌리면, 근대라는 한민족과 한반도 주민들의 시련기에 그것이 문자 그대로 파란만장한 역사를 겪어왔고 그 보존을 위한 처절한 투쟁이 진행되었음을 실감하게 된다. 일제식민지시대에 한국어의 말살을 도모하는 이민족 통치자에 맞서 분투한 조선어학회의「'한글마춤법통일안' 머리말」(본서 부록4)이나「『조선말큰사전』머리말 및 편찬의 경과」(부록5)만 읽어도 한국어를 쓰고 사는 인간으로서 옷깃을 여미지 않을 수 없다. 동시에 그분들의 노력이 그만한 열매를 맺은 데는 동시대 민중의 호응과 한국어 활성화의 일선에 섰던 문학인·지식인들의 적극적 참여가 있었다는 점도 잊어서는 안 된다.

이민족의 직접통치가 없던 시기라 해서 한국어의 운명이 순탄했을 리가 없다. 중국문화의 압도적 영향 아래 살면서 우리 고유의 글자 한글이 창제되기 이전의 긴 역사도 우리말이 살아남기에 유리한 환경이 아니었지만, 더 먼 과거로 돌아가 삼국시대에 중국의 문화를 대대적으로 받아들이기 시작하여 옛적의 왕 이름이나 관직명이 사라지고 창씨개명에 해당하는 작업이 (일제강점기 같은 강압에 의하지는 않았다 해도) 이루어진 대대적인 문명전환기에도 이 땅의 언어(들)은 큰 혼란과 위험을 견뎌냈을 것이다.

일제통치의 종식이 곧바로 분단으로 이어지고 전쟁을 거쳐 오늘에 이르면서 미국 주도의 세계화 물결에 휩쓸린 현대에도 한국어라는 공동영역은 또 하나의 큰 시련을 겪고 있다. 아니, 어떤 의미로 더 큰 위기에 처한 면도 있다. 영어에 밀려 한국어가 소멸할 위기라기보다, 영어건 한국어건 언어 자체가 '공동영역'으로서의 생명력을 잃고 자본의 활동무대이자 자원으로 변할 위기인 것이다. 이런 현상을 두고 흔히 자본주의가 '사용가치'를 '교환가치'로 격하했다고 개탄

하기도 하지만, 실은 언어와 천지만물을 인간이 '사용하는 가치'로 보는 태도 자체가 '교환가치' 득세의 출발점이었다고 볼 수 있다.

따라서 지금이야말로 우리는 언어라는 공동영역에 대한 인식, 한국어라는 공동영역에 대한 존중과 사랑을 되새기며 그 보존과 발전에 대한 우리의 책임을 정성껏 수행하는 일이 필요하다. 물론 영어보다는 한국어가 한국인에게는 그래도 더 편리한 도구라는 계산도 가능하지만, 거기에 머물러서는 영어를 포함한 모든 현대인의 언어가 황폐해지는 현실을 이겨낼 수 없으며, 설혹 그 틈에서 한국어라는 도구가 살아남더라도 황폐해진 또 하나의 언어를 보유하는 데 불과하다. 한국어가 한국인에게는 가장 편리한 도구로 살아남고 더욱 편리한 도구로 발전하기 위해서도 공동영역에 대한 존중과 헌신이 긴요한 것이다.

그러한 존중과 헌신을 실천하는 방법은 물론 사람에 따라 그리고 시기와 상황에 따라 다를 것이다. 다만 누구에게나 요구되는 것은 말을 아끼는 마음이다. 말을 아낀다고 하면 할 수 있는 말을 안 하고 넘어가는 일종의 처세술을 흔히 생각하지만, 필요한 말을 하되 상투적인 표현을 애써 피하고 안 해도 될 말을 최대한 자제하며 꼭 말해야 할 때 가장 적절한 낱말을 사용하는 '말 아끼기'야말로 시인의 본업이자 예술의 요체이기도 하다. 이는 말공부뿐 아니라 마음공부가 되어 있어야 가능한 일이다.

이런 말공부는 '바른 말, 고운 말 쓰기' 운동과는 다른 차원이다. 사람이란 상황에 따라 '막말'이나 심지어 욕설을 적절히 구사하는 것이 오히려 '시중(時中)'에 해당할 수 있으며, 한 언어집단의 공동영역은 격조 높고 우아한 표현들과 더불어 언중의 감정을 정확하게 표현할 막된 말도 있어야 품격과 활력을 두루 갖출 수 있는 것이다. 현대 한국문학만 해도 이문구(李文求)나 송기숙(宋基淑) 소설의 충청도, 전라도 사투리와 시원한 막말들이 없다면 얼마나 가난해지겠는가.

말공부, 글공부에 수반하는 마음공부는 한국어의 굴곡진 역사와 현재의 곤경에 대한 사실적 인식도 포함해야 한다. 한국인이라면 당연히 느끼는 아픔 또한 있어야 한다. 동시에 그런 역사를 뚫고 여기까지 온 공동영역이 지닌 활력과 잠재력에 대한 냉철한 탐구와 뜨거운 응원이 따라야 할 것이다. 이는 언어의 역사뿐 아니라 겨레 전체, 한반도 주민 전체의 역사에 직결되는 말이다. 언어의 상품화·황폐화가 뻔히 진행되고 있는데도 우리가 희망을 잃지 않는 것은 한국어라는 공동영역에 거처하며 이를 지켜온 민중이 곧 동학과 3·1운동을 경험했고 '촛불혁명'을 일으킨 사람들이기 때문이다.

공동영역에 기여하는 구체적인 방안으로 언어교육과 인문교육, 언어정책 등 여러 현안에 관해서는 좌담에서 상당수 언급되었다. 소략한 토론이나마 장차 더 폭넓고 깊이있는 탐구의 계기가 되기를 바란다. 거듭 강조할 점은, 그런 탐구와 대응조치들이 '공동영역'으로서의 한국어에 대한 깊은 인식과 존중심을 바탕으로 진행되어야 한다는 것이다. 좌담 도중 내가 내놓은 이런저런 제안들도 그 부족함이 어떠하건 기본적으로 그런 마음에서 나온 것임을 밝히고 싶다.

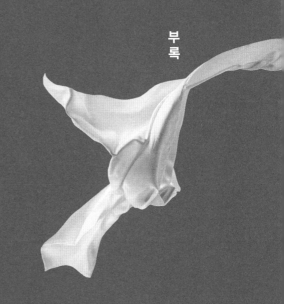

부록

일러두기
1. 부록1「훈민정음언해」서문을 제외한 자료들은 오늘날 독자의 이해를 돕기 위해 되
   도록 현대의 표기법으로 바꾸어 수록했다.
2. 부록2「국문론」은 1897년 주시경이 '주상호'라는 이름으로 2회에 걸쳐『독립신문』
   에 실은 글이다. 이 책에서는 편의상 작성 순서에 따라 두편의「국문론」에 임의로
   번호를 붙였다.

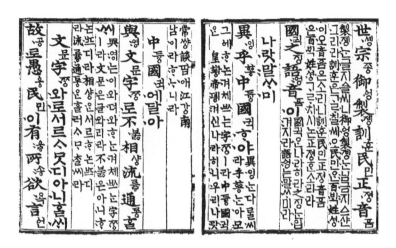

「훈민정음언해」 서문, 1459년에 간행된 『월인석보(月印釋譜)』 권1에 수록.

중세 한국어

나·랏:말쏘·미 中듕國·귁·에달·아

文문字·쫑·와·로 서르 스뭇·디 아·니홀·씨

·이·런 젼·ᄎ·로 어·린 百·빅姓·셩·이 니르·고·져·홇·배 이·셔·도

ᄆ·ᄎᆷ:내 제 ·ᄠ·들 시·러 펴·디:몯 홇·노·미 하·니·라

·내 ·이·ᄅᆞᆯ 爲·윙·ᄒᆞ·야:어엿·비 너·겨

·새·로 ·스·믈여·듧 字·쫑·ᄅᆞᆯ 밍·ᄀᆞ노·니

:사·ᄅᆞᆷ:마·다:ᄒᆡ·ᅇᅧ:수·ᄫᅵ 니·겨 ·날·로 ·ᄡᅮ·메

便뼌安한·킈 ᄒᆞ·고·져 홇 ᄯᆞᄅᆞ·미니·라

현대어 풀이

우리나라의 말이 중국과 달라

한자와는 서로 통하지 아니하므로

이런 까닭으로 어리석은 백성이 말하고자 하는 바가 있어도

마침내 제 뜻을 능히 펴지 못하는 사람이 많다.

내가 이를 불쌍하게 생각하여

새로 스물여덟자를 만드니

사람마다 하여금 쉽게 익혀 매일 씀에

편안하게 하고자 할 따름이니라.

「국문론」 ①

배재학당 학원 주상호씨〔주시경〕가 국문론을 지어 신문사에 보내었기에 왼쪽에 기재하노라. 사람들 사는 땅덩이 위에 다섯 큰 부주 안에 있는 나라들이, 제가끔 본토 말이 있고 제가끔 본국 글자들이 있어서 각기 말과 일을 기록하고, 간혹 말과 글자가 남의 나라와 같은 나라도 있는데, 그중에 말하는 음〔音〕대로 일을 기록하여 표시하는 글자도 있고, '무슨 말은 무슨 표시'라고 그려놓는 글자도 있는지라.

글자라 하는 것은 단지 말과 일을 표하는 것이라, 말을 말로 표시하는 것은 다시 말하잘 것이 없거니와, 일을 표시하자면 그 일의 사연을 자세히 말로 이야기를 하여야 될지라. 그 이야기를 기록하면 곧 말이니, 이런 고로 말하는 것을 표시로 모아 기록하여 놓은 것이나 표시로 모아 기록하여 놓은 것을 입으로 읽는 것이나 말에 마디와 토〔吐〕가 분명하고 서로 음이 똑같아, 이것이 참 글자요, 무슨 말은 무슨 표라고 그려놓는 것은 그 표에 움직이는 토나 형용하는 토나 또다른 여러가지 토들이 없고, 또 음이 말하는 것과 같지 못하니, 이것은 꼭 '그림'이라고 이름하여야 옳고 '글자'라 하는 것은 아주 아니될 말이라.

또, 이 두가지 글자들 중에 배우기와 쓰기에 어렵고 쉬운 것을 비교하여 말하면, 음을 좇아쓰게 만드는 글자는 자·모음('모음'이란 것은 소리가 나가는 것이오, '자음'이란 것은 소리는 아니 나가되 모음을 합하면 모음의 도움으로 인하여 분간이 있게 소리가 나가는 것이라)에 분간되는 것만 각각 표하여 만들어놓으면 그후에는 말을 하는 음이 돌아가는 대로 따라 모아쓰나니, 이러함으로 자연히 글자수가 적고 무리가 있어 배우기가 쉬우며, 글자가 몇이 안 되는 고로 획수를 적게 만들어쓰기도 쉬우니, 이렇게 글자들을 만들어쓰는 것은 참 의사와 규모와 학문이 있는 일이오, 무슨 말은 무슨 표시라고 그려놓는 것은 물건의 이름과 말하는 것마다 각각 표시를 만들자 한 즉 자연히 표시들이 몇만개가 되고, 또 몇만개 표시의 모양을 다 다르게 그리자 한 즉 자연히 획수가 많아져서 이 몇만가지 그림들을 다 배우자 하면 몇해 동안 애를 써야 하겠고, 또 획수들이 많은 고로 쓰기가 더디고 거북할뿐더러 이 그림들의 어떠한 것이 이름진 말 표시인지 움직이는 말 표시인지 알 수가 없고 또 잊어버리기가 쉬우니, 이는 시간을 공연히 허비하고 애를 공연히 쓰자 하는 것이니 참 지각없고 미련하기가 짝이 없는 일이라.

옛적 유럽 속에 있던 혜니쉬아〔페니키아〕란 나라에서 만든 글자들은 자·모음을 합하여 스물여섯자로되, 사람들의 말하는 음들은 다 갖춘 고로, 어떤 나라 말의 음이든지 기록하지 못할 것이 없고 또 쓰기가 쉬움으로 인하여 지금 문명한 유럽 속의 여러 나라들과 아메리카 속의 여러 나라들이 다 이 글자로 제 나라 말의 음을 좇아 기록하여 쓰는지라.

조선글자가 혜니쉬아에서 만든 글자보다 더 유조하고 규모가 있게 된 것은, 자·모음을 아주 합하여 만들었고 단지 받침만 때에 따라 넣고 아니 넣기를 음의 돌아가는 대로 쓰나니, 혜니쉬아 글자모양으로 자·모음을 옳게 모아 쓰려는 수고가 없고 또 글자의 자·모음을 합하여 만든 것이 격식과 문리가 더 있어 배우기가 더욱 쉬우니 우리 생각에는 조선글자가 세계에서 제일 좋고 학문이 있는 글자로 여겨지노라.

조선이 가장 처음에는 말을 기록하는 표시가 없는 까닭에, 기자〔箕子〕께서 조선에 오신 후로부터 한토〔漢土, 중국〕 학문을 전하고자 하신 즉 이를 말로

만 가르치실 수가 없어 한토글자(한문)를 가르치셨고, 한토의 사적을 배우려하는 사람들도 그 글자를 모르고는 염량하기가 어려운 고로 차차 그 글자를 공부하는 사람들이 많아졌는지라.

이 글자들은 무슨 말은 무슨 표시라고, 도무지 학문이 없게 그려놓은 그림인 고로 배우기가 어렵고 쓰기가 어려우나, 이 그림으로 학문도 그려서 배우며 사기도 그리며 편지도 그려서 사정도 통하였으니, 그전에 이런 그림글자나마 없을 때보다는 좀 도움됨이 있어 몇천년을 써내려오다가 조선 세종대왕께서 문명의 정치를 힘쓰시어 더욱 학문을 나라 안에 넓히고자 하시고 서울과 시골에 학교를 많이 세우시며 국내에 학식이 있는 선비들을 부르시어여러가지 서책들을 많이 만들어내시며 백성을 다 밝게 가르치자 하시니, 한문글자가 배우기와 쓰기에 어렵고 지리한 것을 염려하시고, 서장국 글자(서장국(西藏國)은 오늘날의 티베트이며 서장국 글자는 파스파 문자를 뜻함)를 인하여 말하는 음을 좇아쓰게, 글자들을 어리석은 아이라도 하루 동안만 배우면 다 알게 만드시어, 국내의 백성을 가르치시며(이름은 '훈민정음'이라 하셨으니, 뜻은 "백성을 가르쳐 음을 바르게 하시는 것"), 한문책들을 이 글자로 뜻을 새겨서 판에 박아내시고, 또 새 책들도 많이 만드시어 그 한문글자를 모르는 인민들도 다 알게 하옵셨는지라.

이 글자들은 자음이 여덟가지 표시요, 모음이 열한가지 표시로 합하여 만드셨는데, 흐린 자음은 맑은 자음에다가 획을 더 넣고 자음마다 모음을 합하여 맑은 음 일곱줄은 바른편에 두고 흐린 음 일곱줄은 왼편에 두고 그 가운데에 모음을 끼어서 이것을 이름을 '반절'이라 하고 특별히 글자음의 높고 낮은 데에다 세가지 표시하는 것이 있으니 낮은 음 글자에는 아무 표시도 없고

(없는 것이 표시라), 반만 높이는 음글자에는 점 하나를 치고 더 높이는 음글자에는 점 둘을 치는지라, 참 아름답고 은혜롭도다.(미완)

—『독립신문』1897. 4. 22.

　(전호 연속) 큰 성인께서 하신 사업이여, 글자 음이 음률에 합당하고 반절 속이 문리가 있어 어리석은 어린 아이라도 하루 동안만 공부하면 넉넉히 다 알 만하도다. 전국 인민들의 공연히 때 허비하는 것을 덜어주시고 남녀 노소 상하 빈부 귀천 없이 다 일제로 편리하게 하셨으며, 더욱 오늘날 우리나라 문명, 정치상에 먼저 쓸 큰 사업이로다. 그 크신 은공을 생각하면 감격함을 이기어 다 기록할 수 없도다.

　이렇게 규모가 있고 좋은 글자는 천히 여겨 내버리고, 그렇게 문리가 없고 어려운 그림을 애쓰고 배우는 것은 글자 만드신 큰 은혜를 잊어버릴뿐더러 우리나라와 자기 몸에 큰 해와 폐가 되는 것이 있으니, 배우기와 쓰기 쉬운 글자가 없으면 모르되, 어렵고 어려운 그 몹쓸 그림을 배우자고 다른 일은 아무것도 못 하고 다른 재주는 하나도 못 배우고 십여년을 허비하여 공부하고서도 성취하시 못하는 사람이 반이 넘으며, 또 십여년을 허비하여 잘 공부하고 난대도 그 선비의 아는 것이 무엇이뇨. 글자만 배우기도 이렇게 어렵고 더딘데, 인생 칠팔십년 동안에 어렸을 때와 늙을 때를 빼어놓고, 어느 겨를에 직업상 일을 배워가지고 또 어느 겨를에 직업상 실상으로 하여붙는지 틈이 있을까 만무한 일이도다. 부모 앞에서 밥술이나 얻어먹을 때에는 이것을 공부하노라고 공연히 인생이 두번 오지 아니하는 청년을 다 허비하여버리고 삼사십 지경에 이르도록 자기 일신 보존할 직업도 이루지 못하고 어느 때나 배우려 하느뇨.

어찌 가련하고도 분하지 아니하리오. 이러함으로 백성이 무식하고 간난하여 자연히 나라가 어둡고 약하여지는지라. 어찌 이것보다 더 큰 해와 폐가 있으리오.

글자라 하는 것은 다만 말만 표하였으면 족하건마는, 풍속에 거리껴서 그리 하는지, 한문글자에는 꼭 무슨 조화가 붙은 줄로 여겨 그리 하는지 알 수 없으니 진실로 애석한 일이로다. 우리나라 사람들이 종시 이것만 공부하고 다른 새 사업을 배우지 아니하면, 우리나라가 어둡고 약함을 벗지 못하고 머지 아니하여 자기 조상들에게서 전하여 받아내려오는 전답과 가장과 자기의 신골과 자손들이 다 어느 나라 사람의 손에 들어가 밥이 될지 알지 못할 증거가 눈앞에 보이니 참 놀랍고 애탄할 곳이로다. 어찌 조심하지 아니할 때리오.

만일 우리로 하여금 그림글자를 공부하는 대신에 정치 속에 의회원공부나 내무공부나 외무공부나 재정공부나 법률공부나 수·육군공부나 항해공부나 위생상 경제학공부나 장색공부나 장사공부나 농사공부나 또 그밖의 각색 사업상 공부들을 하면, 어찌 십여년 동안에 이 여러가지 공부 속에서 아무 사람이라도 쓸 만한 직업의 한가지는 졸업할 터이니, 그후에 각기 자기의 직분을 착실히 지켜 사람마다 부자가 되고 학문이 열리면, 그제야 바야흐로 우리나라가 문명, 부강하여 질 터이라.

간절히 비노니 우리나라 동포형제들은 다 깨달아 실상 사업에 급히 나가기를 바라노라, 지금 우리나라 한시간은 남의 나라 하루 동안보다 더 요긴하고 위급하오니 그림 한가지 배우자고 이렇게 아깝고 급한 때를 허비하지 말고 우리를 위하여 사업하신 큰 성인께서 만드신 글자는 배우기가 쉽고 쓰기도 쉬우니 이 글자들로 모든 일을 기록하고 사람마다 젊었을 때에 여가를 얻어 실상 사업에 유익한 학문을 익혀 각기 할 만한 직업을 지켜서 우리나라 독립에 기둥과 주초가 되어 우리 대군주 폐하께서 남의 임금과 같이 튼튼하시게 보호하여 드리며 또 우리나라의 부강한 위엄과 문명한 명예가 세계에 빛나게 하는 것이 마땅하도다.(완)

—『독립신문』 1897. 4. 24.

「국문론」 ②

주상호씨가 국문론을 지어 신문사에 보내었기에 좌에 기재하노라. 내가 달포 전에 국문을 이용하여 신문에 이야기하기를, "국문이 한문보다는 매우 문리가 있고 경계가 밝으며 편리하고 요긴할 뿐만 아니라 영문보다도 더 편리하고 글자들의 음을 알아보기가 분명하고 쉽다"라고 했다. 지금은 국문을 어떻게 써야 옳은지 말하겠다.

어떤 사람이든지 남이 지어놓은 글을 보거나 내가 글을 지으려 하거나 그 사람이 문법을 모르면 남이 지어놓은 글을 볼지라도 그 말뜻의 옳고 그름을 제대로 판단하지 못하는 법이며, 내가 글을 짓더라도 능히 문리와 경계를 옳게 쓰지 못하는 법이니 어떤 사람이든지 먼저 말의 법식을 배워야 한다. 이때까지 조선 안에 조선말의 법식을 아는 사람도 없고, 또 조선말의 법식을 배울 수 있는 책도 만들지 않았으니 어찌 부끄럽지 아니하리오.

그러나 다행히 근일에 학교에서 조선말의 경계를 궁구하고 공부하여 가만히 분석한 사람들이 있으니, 지금은 선생이 없어서 배우지 못하겠다는 말도 못할 터이다. 문법을 모르고 글을 보거나 짓는 것은 글의 뜻을 모르고 입으로 읽기만 하는 것과 꼭 같다. 바라건대 지금 조선 안에 학업의 직임을 맡은 이는 단지 한문학교나 또 그외에 외국문자 가르치는 학교 몇곳만 가지고 이 급한 세월을 보내지 말고 조선말로 문법책을 정밀하게 만들어서 남녀 간에 글을 볼 때에도 그 글의 뜻을 분명히 알아보고 글을 지을 때에도 법식에 맞고 남이 알아보기 쉬우며 문리와 경계가 밝게 짓도록 가르쳐야 하겠다. 또는 불가불 국문으로 옥편을 만들어야 한다. 옥편을 만들자면 갖가지 말의 글자들을 다 모으고 글자들마다 뜻도 다 자세히 내어야 하니, 불가불〔不可不〕 글자들의 음을 분명하게 표시해야 할 터인데 그 높고 낮은 음의 글자에 각기 표시를 하자면 음이 높은 글자에는 점 하나를 치고, 음이 낮은 글자에는 점을 치지 말고 점이 없는 것으로 표시해 옥편을 꾸민다면, 누구든지 글을 짓거나 책을 보다가 무슨 말의 음이 분명하지 못한 곳이 있는 때에는 옥편만 펴고 보면 환하게 알 것이다.

근일에 높고 낮은 음들을 분간하되 위의 글자는 높게 쓰고 아래의 글자는 낮게 쓰니, 설령 사람의 목 속에 있는 '담〔痰, 가래〕'이라 할 것 같으면, 이 담이라 하는 말의 음은 높으니 위의 '다' 자에 미음〔ㅁ〕을 받치면 된다. 흙이나 돌로 쌓은 '담'이라 할 것 같으면 이 담이라 하는 말의 음은 낮으니 아래 '다' 자에 미음을 받치면 높고 낮은 말의 음을 분간할 것이다.

마침 위의 글자와 아래의 글자가 이렇게 되는 경우는 높고 낮은 말의 음이 표시가 없어도 분간이 되지만, 만일 중간 글자가 이런 경계와 같은 것을 만나면 중간 글자는 위 글자와 아래 글자가 없으니 어찌 분간할 수가 있겠는가. 가령 약국에서 약을 가는 '연〔硯, 약절구〕'이라 할 것 같으면, 이 연이라는 말의 음은 높으나 '여' 자에 니은〔ㄴ〕을 달 수밖에 없고, 아이들이 날리는 '연

〔鳶〕'이라 할 것 같으면 이 연이라 하는 말의 음은 낮으나 '여' 자에 니은을 달 수밖에는 없다. '여'는 위의 여 자와 아래의 여 자가 없으니, 이런 경우를 만나면 위에서 '담' 자를 가지고 말한 것과 같이 위의 글자와 아래의 글자를 가지고 높고 낮은 말의 음을 분간할 수가 없다. 그러니 점 치는 법이 아니라면 높고 낮은 말의 음을 분간하는 것이 공평하지 못하리니, 불가불 옥편에는 점을 찍는 법을 써야 하겠다.

또 글자들을 모아 옥편을 꾸밀 때 '문 문(門)'이라 할 것 같으면 한문을 전혀 못 배운 사람이 한문으로 門자는 모르지만, 문이라 하는 것은 열면 사람들이 드나들고 닫히면 사람들이 드나들지 못하는 것인 줄은 다 안다. 문이라 하는 것은 한문글자의 음일지라도 곧 조선말이니, 문이라고 쓰는 것이 마땅할 것이다. 또 '음식(飲食)'이라 할 것 같으면 '마실 음(飲)', '밥 식(食)'인 줄 모르는 사람이라도 사람들이 입으로 먹는 물건을 음식이라 하는 줄은 다 안다. 이런 말도 마땅히 쓸 것이다. '산(山)'이나 '강(江)'으로 말할 것 같으면 이런 말들은 다 한문글자의 음이지만 또한 조선말이니, 이런 말들은 다 쓰는 것이 무방할뿐더러 마땅하려니와 만일 한문을 모르는 사람들이 한문의 음으로 써놓은 글자의 뜻을 모를 것 같으면 단지 한문을 모르는 사람들만 모를 뿐 아니라(미완)

—『독립신문』1897. 9. 25.

(전호 연속) 한문을 아는 사람일지라도 한문의 음만 취하여 써놓은 고로 열 글자면 일곱이나 여덟은 모르나니, 차라리 한문글자로나 쓸 것 같으면 한문을 아는 사람들이나 시원하게 뜻을 알 것이다. 그러나 한문을 모르는 사람

에게는 어찌하리오. 이런즉 불가불 한문글자의 음이 조선말이 되지 않은 것은 쓰지 말아야 옳을 것이요, 또 조선말을 영문으로 뜻을 똑같이 번역할 수가 없는 구절도 있고, 영문을 조선말로 뜻을 똑같이 번역할 수 없는 구절도 있으며 한문을 조선말로 뜻을 똑같이 번역할 수가 없는 구절도 있고 조선말을 한문으로 뜻을 똑같이 번역할 수가 없는 구절도 있나니 이는 세계 모든 나라의 말이 간혹 뜻이 똑같지 않은 구절이 더러 있기는 서로 마찬가지나, 또한 뜻이 그 글자와 비슷한 말은 서로 있는 법이다. 한문이나 영문이나 또 그외에 아무 나라말이라도 조선말로 번역할 때에는 그 말뜻의 대체만 가지고 번역해야지, 만일 그 말의 구절마다 뜻을 새겨 번역할 것 같으면 번역하기도 어려울 뿐더러 그리하면 조선말을 잡치는 법이다. 어떤 나라 말이든지 특별히 조선말로 번역하려는 주의〔主意〕는 외국 글을 아는 사람을 위하여 번역하려는 것이 아니라 외국 글을 모르는 사람을 위하여 번역하는 것이다. 주의가 이러한즉 아무쪼록 외국 글을 모르는 사람들이 다 알아보기 쉽도록 번역해야 옳을 것이다.

또 아직 글자들을 옳게 쓰지 못하는 것들이 많으니 설령 '이것이'라고 할 말을 '이것이'라고 쓰는 사람도 있고 '이거시'라고 쓰는 사람도 있으니, 이는 문법을 모르기 때문이다. 가령 어떤 사람이 어떤 책을 가리키며 '이것이 나의 책이다'라고 할 것 같으면, 그 물건의 원래 이름은 책인데 '이것'이라고 하는 말은 그 책에 대해 잠시 대신 이름한 것이다. 그런즉 '이것'의 두 글자는 그 책에 대해 대신 이름한 말이요, 뒤의 '이' 한 글자는 그 대신 이름한 말 밑에 토로 들어가는 것이다. 그 토 '이' 자를 빼고 읽어볼 것 같으면 사람마다 '이것'이라고 부르지, '이거'라고 부르는 사람은 전혀 없다. 그러나 토 '이'

자까지 합해놓고 읽어볼 것 같으면 음으로는 '이것이'라 하는 것과 '이거시'라 하는 두가지가 조금도 다르지 않다. 이렇게 다르지 않은 까닭은 반절 속에 '아' 자 줄은 다 모음인데 모음글자들은 음이 다 느리니 '이' 자도 모음글자요, 또한 음이 느리므로 '이것이'라 할 것 같으면 'ㅅ' 받침의 음이 중간에 있어서 '이' 자는 '시' 자의 음과 같고, '것' 자는 '거' 자의 음과 같은 까닭이다.

음이 이렇게 돌아가는 줄은 모르고 '이것시'라 쓰는 사람은 '이것'의 '이' 자는 옳게 썼지만 그 토는 '이'라고 쓸 것을 '시'라고 썼으니 한가지는 틀렸다. '이것시'라 쓰는 사람은 '이것'이라 쓸 것을 '이거'라 썼으며 '이'라고 이 글자를 쓸 것을 '시' 이 글자로 썼다. 이름한 말이나 그 이름한 말 밑에 들어가는 토나 두 글자가 다 틀렸으니 문법으로는 대단히 실수한 것이다. 이 아래 몇가지 말을 기록하여 놓으니, 이 몇가지만 가지고 미루어볼 것 같으면 다른 것들도 또한 다 이와 같은 것이다. 가령 '먹(黑)으로'라고 할 것을 '머그로'라고 하지 말고, '손(手)에'라고 할 것을 '소네'라고 하지 말고, '발(足)은'이라고 할 것을 '바른'이라고 하지 말고, '마음(心)이'라고 할 것을 '마미'라고 하지 말고, '밥(飯)을'이라고 할 것을 '바블'이라고 하지 말고, '붓(筆)에'라고 할 것을 '부세'라고 하지 말아야 한다. 이런 말의 경계들을 다 올바로 찾아써야 하겠다.

또 글씨를 쓸 때는 왼편에서 시작하여 오른편으로 가면서 쓰는 것이 상당히 편리하다. 오른편에서 시작하여 왼편으로 써나갈 것 같으면 글씨를 쓰는 손에 먹도 묻을 뿐만 아니라 먼저 쓴 글씨의 줄은 손에 가려서 보이지 않으니, 먼저 쓴 글의 줄들을 보지 못하면 그다음에 써내려가는 글의 줄이 혹 비뚤어질까 염려도 되고, 먼저 쓴 글씨 줄들의 뜻을 생각해가면서 차차 앞줄을

써내려가기가 어려우니 글씨를 왼편으로부터 오른편으로 써내려가는 것이
매우 편리하겠다.

——『독립신문』 1897. 9. 28.

① 일러두기(例言)

1. 본업(本業)은 각 위원이 연구한 열가지의 주제에 대해 의논하여 일치한 결정을 내린바 결과를 통괄하여 간명히 기재함.

1. 본업(本業)은 매 주제에 따라 각 위원이 연구한바 의견의 요점을 가려 요약하고 주석을 달아 서로 같고 다름을 참고 및 조사하게 함.

1. 각 위원의 상세한 의견을 둘러보고 검토하는 데 제공하기 위해서 각해 연구안(各該研究案)을 별도로 첨부함.

1. 국문(國文)의 연원과 자체(字體) 및 발음의 연혁

본 주제에 대한 각 위원의 연구안을 살펴보니 연원은 대부분 일치하고 자체발음(字體發音)은 큰 차이 없이 거의 같음.

② 국문연구소에서 논의한 10가지 논제와 결론

1. 국문의 연원과 자체 및 발음의 연혁은?

검토내용: 국문의 연원에서는 신라향가를, 자체의 연혁에서는 『훈민정음』 『용비어천가』 『사성통고』 『사성통해』 『훈몽자회』 『삼운성휘』 『정음통석』 등 역대 문헌의 자체와 자형 기원설을, 발음의 연혁에서는 모음과 자음의 구별, 『훈민정음』과 『용비어천가』를 비롯한 문헌의 발음 등을 검토했다.

2. 초성 중에 ㆁ, ㆆ, ㅿ, ◇, ㅱ, ㅸ, ㆄ, ㅹ 여덟자를 다시 쓰는 것이 옳은가?

결론: 쓰지 않는다.

3. 초성에서 ㄲ, ㄸ, ㅃ, ㅆ, ㅉ, ㆅ 등 여섯자를 병서하여 된소리를 표기하는 것은 어떠한가?

결론: 된소리 표기는 ㅅㄱ, ㅅㄷ, ㅅㅂ, ㅅㅈ와 같이 된시옷을 써서 표기하지 않고

ㄲ, ㄸ, ㅃ 등처럼 같은 자를 병서한다.

4. 중성 중에, ㆍ자를 폐지하고, ㅡㅣ자를 창제하는 것이 옳은가?

결론: ㆍ의 본음(本音)이 ㅣ와 ㅡ의 합음(合音)이라는 증거가 분명하지 않으므로 ㅡㅣ를 만드는 것은 옳지 못하다. ㆍ는 ㅏ와 혼동되지만, 글자는 달라도 발음은 같은 예가 외국에도 있으므로 ㆍ를 폐지할 필요는 없다.

5. 종성의 ㄷ, ㅅ 두 자를 쓰는 것과 ㅈ, ㅊ, ㅋ, ㅌ, ㅍ, ㅎ 등도 종성에 구별하여 표기하는 것이 옳은가?

결론: 표기를 항상 고정되게 하려면 ㄷ, ㅅ 두자를 쓰고 ㅈ, ㅊ, ㅋ, ㅌ, ㅍ, ㅎ과 같은 받침도 써야 한다.

6. 자모(字母)의 일곱개 음을 구분하고 청탁(淸濁)을 구분하는 것은 어떠한가?

결론: 자모는 다섯개의 음, 즉 아(牙), 설(舌), 순(脣), 치(齒), 후(喉)로 구분하고 청탁(淸濁), 즉 맑고 탁한 소리에 격음(激音)을 추가하여 '청음, 격음, 탁음'으로 구분한다.

7. 사성표(四聲票)를 쓰지 않는 것과 국어음의 고저법(高低法)은 어떠한가?

결론: 국어에 성조가 없으므로 사성표는 불필요하고 고저 즉 장단(高低卽長短)만 구분하여 장음은 글자의 왼쪽 어깨에 한 점을 찍는다.

8. 자모를 읽는 방식을 어떻게 정해야 하는가?

결론: ㅇ 이응 ㄱ 기역 ㄴ 니은 ㄷ 디은 ㄹ 리을 ㅁ 미음 ㅂ 비읍 ㅅ 시읏 ㅈ 지읏 ㅎ 히읗 ㅋ 키읔 ㅌ 티읕 ㅍ 피읖 ㅊ 치읓

ㅏ 아 ㅑ 야 ㅓ 어 ㅕ 여 ㅗ 오 ㅛ 요 ㅜ 우 ㅠ 유 ㅡ 으 ㅣ 이 ㆍ ᄋᆞ

9. 자모의 순서는 어떻게 정해야 하는가?

결론: 초성은 아설순치후의 순서로, 그리고 청음을 먼저 놓고 격음을 나중

에 놓으며 중성은 『훈몽자회』의 것을 그대로 따른다. 8에서의 배열 순서대로.

10. 철자법(초중종성의 결합법)은 어떻게 해야 하는가?

결론: 풀어쓰기를 하지 않고 훈민정음 예의(例義)대로 모아쓰기를 한다.

— 최경봉 『근대 국어학의 논리와 계보』, 일조각 2016, 85~86면.

머리말

본회는 한글마춤법통일안을 제정하여 이에 일반 사회에 발표한다.

이 통일안이 이루어짐에 대하여 그 경과의 개략을 말하면 1930년 12월 13일 본회 총회의 결의로 한글마춤법의 통일안을 제정하기로 되어, 처음에 위원 12인(권덕규(權悳奎), 김윤경(金允經), 박현식(朴顯植), 신명균(申明均), 이극로(李克魯), 이병기(李秉岐), 이윤재(李允宰), 이희승(李熙昇), 장지영(張志暎), 정열모(鄭烈模), 정인섭(鄭寅燮), 최현배(崔鉉培)으로써 2개년간 심의(審議)를 거듭하야 1932년 12월에 이르러 마춤법 원안의 작성을 마치었다.

그리고 또 위원 6인(김선기(金善琪), 이갑(李鉀), 이만규(李萬珪), 이상춘(李常春), 이세정(李世楨), 이탁(李鐸))을 증선(增選)하여 모두 18인의 위원으로써 개성에서 회의(1932년 12월 25일~1933년 1월 4일)를 열어 그 원안을 축조(逐條)토의하여 제1독회를 마치고, 이를 다시 수정하기 위하여 수정위원 10인(권덕규, 김선기, 김윤경, 신명균, 이극로, 이윤재, 이희승, 장지영, 정인섭, 최현배)에게 맡기었다.

그후 6개월을 지나 대체의 수정이 끝났으므로, 또 위원 전체로써 다시 화계사(華溪寺)에서 회의(1933년 7월 25일~8월 3일)를 열어 그 수정안을 다시 검토하여 제2독회를 마치고, 또 이를 전체적으로 정리하기 위하야 정리위원 9인(권덕규, 김선기, 김윤경, 신명균, 이극로, 이윤재, 이희승, 정인섭, 최현배)에게 맡기어 최종의 정리를 다 마치었으며, 본년 10월 19일 본회 임시총회를 거치어 이를 시행하기로 결의되니, 이로써 이 한글마춤법통일안이 비로소 완성을 고(告)하게 되었다.

이와 같이 이 통일안이 완성하기까지에 3개년의 시일을 걸치어 125회의

회의가 있었으며 그 소요의 시간수로는 실로 433시간이란 적지 아니한 시간에 마치었으니, 과연 문자 정리란 그리 용이한 일이 아님을 알겠다. 우리는 이렇듯 가장 엄정한 태도와 가장 신중한 처리로써 끝까지 최선의 노력을 다하여 이제 이 통일안을 만들어서 우리 민중의 앞에 내어놓기를 주저하지 아니하는 바이다. 그러나 이것이 다만 오늘날까지 혼란하게 써오던 우리글을 한번 정리하는 첫 시험으로 아나니, 여기에는 또한 불비한 점이 아주 없으리라고 스스로 단정하기 어려울 것이다. 더구나 시대의 진보로 여러가지 학술(學術)이 날로 달라감을 따라 이 한글에 있어서도 그 영향이 없지 아니할 것이다. 그러므로 본회는 앞으로 더욱 이에 유의를 더하고자 하는 것이니 일반 사회에서도 때로 많은 가르침이 있기를 바란다.

끝으로 이 통일안이 완성함에 이르기까지 정신적 내지 물질적으로 많은 성원과 두터운 양조(襄助)를 주신 경향 유지인사에게, 특히 공탁(孔濯), 송진우(宋鎭禹), 김성수(金性洙) 기타 제씨(諸氏)와 각 보도기관 및 한성(漢城)도서주식회사에 대하여 깊이 감사의 뜻을 표한다.

한글 반포 제487회 기념일

조선어학회

1. 머리말

말은 사람의 특징이요, 겨레의 보람이요, 문화의 표상이다. 조선말은 우리 겨레가 반만년 역사적 생활에서 문화활동의 말미암던 길이요, 연장이요, 또 그 결과이다. 그 낱낱의 말은, 다 우리의 무수한 조상들이 잇고 이어보태고 다듬어서 우리에게 물려준 거룩한 보배이다. 그러므로 우리말은 우리 겨레가 가진 정신적 및 물질적 재산의 총 목록이라 할 수 있으니, 우리는 이 말을 떠나서는 하루 한때라도 살 수 없는 것이다.

그러나 조선말은 조선사람에게 너무 가깝고 너무 친한 것이기 때문에 도리어 조선사람에게서 가장 멀어지고 설어지게 되었다. 우리들이 항상 힘써서 배우고 닦고 한 것은 다만 남의 말, 남의 글이요, 제 말과 제 글은 아주 무시하고 천대해왔다. 날마다 뒤적거리는 것은 다만 한문의 자전과 운서뿐이요, 제 나라 말의 사전은 아예 필요조차 느끼지 아니하였다. 프랑스 사람이 와서는 프랑스 말로써 조선어사전을 만들고, 미국, 영국 사람이 와서는 각각 영어로써 조선어사전을 만들고, 일본사람이 와서는 일본말로써 조선어사전을 만들었으나 이것은 다 자기네의 필요를 위하여 만든 것이요, 우리의 소용으로 된 것이 아니었다.

제 말의 사전을 가지지 못한 것은 문화민족의 커다란 수치일 뿐 아니라 민족 자체의 문화향상을 꾀할 수 없음을 절실히 깨달아 이 수치를 씻고자, 우리 문화 향상의 밑천을 장만하고자, 우리가 우리 손으로 조선말사전의 편찬 사업을 처음으로 계획한 것은 융희4(서기 1910)년부터의 일이었으니, 당시 조선광문회에서 이 일을 착수하여 수년 동안 재료 작성에 힘을 기울였던 것이다. 그러나 사정으로 인하여 아깝게도 열매를 맺지 못하였고 십여년 뒤에 계명구락부에서 다시 시작하였으나 이 또한 중도에 그치고 말았었다.

이 민족적 사업을 기어이 이루지 않고서는 아니 될 것을 깊이 각오한 우리 사회는, 이에 새로운 결의로써 기원 4261년 한글날에 조선어사전편찬회를 창립하였다. 처음에는 조선어학회와 조선어사전편찬회가 두 날개가 되어, 하나는 맞춤법, 표준말 들의 기초 공사를 맡고, 하나는 낱말을 모아 그 뜻을 밝히는 일을 힘써오다가, 그뒤에는 형편에 따라 조선어학회가 사전편찬회의 사업을 넘겨 맡게 되었으니 이는 조선어학회가 특별한 재력과 계획이 있어서가 아니라 다만 까무려져가는 사전편찬회의 최후를 거저 앉아 볼 수 없는 안타까운 심정과 뜨거운 정성이 있기 때문이었다.

포학한 왜정의 억압과 곤궁한 경제의 쪼들림 가운데서 오직 구원한 민족적 정신을 가슴 속에 깊이 간직하고 원대한 문화적 의욕에 부추긴바 되어, 한 자루의 모자라진 붓으로 천만가지 곤난과 싸워온 지 열다섯해만에 만족하지 못한 원고를 인쇄에 붙이었더니, 애닯도다, 험한 길은 갈수록 태산이라, 기어이 우리 말과 글을 뿌리째 뽑아버리려는 포학무도한 왜정은 그해, 곧 기원 4275년의 10월에, 편찬회와 어학회에 관계된 사람 삼십여명을 검거하매 사전 원고도 사람과 함께 홍원과 함흥으로 굴려다니며 감옥살이를 겪은 지 꼭 세돌이나 되었었다.

그간에 동지 두분은 원통히도 옥중의 고혼으로 사라지고, 마지막의 공판을 받은 사람은 열두 사람이요, 끝까지 옥에서 벗어나지 못한 다섯 사람은 그 실낱같은 목숨이 바람 앞의 등불 같이 바드러워 오늘 꺼질까, 내일 사라질까, 하던 차에 반갑다, 조국해방을 외치는 자유의 종소리가 굳게 닫힌 옥문을 깨뜨리어 까물거리던 쇠잔한 목숨과 함께 흩어졌던 원고가 도로 살아남을 얻었으니 이 어찌 한갓 조선어학회 동지들만의 기쁨이랴?

서울에 돌아오자 곧 감옥에서 헤어졌던 동지들이 다시 모여 한편으로는 강습회를 차려 한글을 가르치며, 한편으로는 꺾이었던 붓자루를 다시 가다 듬어 잡고 흐트러진 원고를 그러모아 깁고 보태어 가면서 다듬질하기 두해 만에 이제 겨우 그 첫권을 박아 오백한돌인 한글날을 잡아 천하에 펴내게 된 것이다. 그 내용에 있어서는 다시 기움질을 받아야 할 곳이 많으매 그 질적 완성은 먼 뒷날을 기다릴 밖에 없지마는, 우선 이만한 것으로, 하나는 써 조 국광복, 문화부흥에 분주한 우리 사회의 기대에 대답하며 또 하나는 써 문화 민족의 체면을 세우는 첫걸음을 삼고자 한다.

돌아보건대 스무해 전에 사전 편찬을 시작한 것은 조상의 끼친 문화재를 모아 보존하여, 저 일본의 포학한 동화정책에 소멸됨을 면하게 하여, 써 자손 만대에 전하고자 하던 일에 악운이 갈수록 짓궂어 그 소극적 기도조차 위태 한 지경에 빠지기 몇번이었던가? 이제 그 아홉 죽음에서 한 삶을 얻고 보니 때는 엄동설한이 지나간 봄철이요, 침침 칠야가 밝아진 아침이라, 광명이 사 방에 가득하고 생명이 천지에 약동한다. 인제는 이 책이 다만 앞사람의 유산 을 찾는 도움이 됨에 그치지 아니하고 나아가서는 민족문화를 창조하는 활 동의 이로운 연장이 되며, 또 그 창조된 문화재를 거두어들여 앞으로 자꾸 충 실해가는 보배로운 곳집이 되기를 바라 마지아니한다. 끝으로 이 사업진행 의 자세한 경과는 따로 밝히기로 하고 여기에서는 다만 이 사업을 찬조하며 후원하여주신 여러분에게 삼가 감사의 인사를 드리는 바이다.

기원 4280년(서기 1947) 한글날

조선어학회

2. 편찬의 경과

기원 4262년(서기 1929) 10월 31일, 서울 수표동 42, 조선어학회 회관에서 훈민정음 반포 483주년 기념식에 이어 사회각계 인사 103명의 발기로 조선어사전 편찬회를 조직하여 집행위원 다섯 사람을 두어 모든 준비를 갖추어가지고 이듬해 1월 6일부터 다섯분의 편찬위원을 두고 사전편찬의 역사적 사업을 착수하였으니, 이것이 곧 이 "조선말큰사전"의 배태된 보금자리였다.

그때의 어려운 일은 한두가지가 아니었다. 첫째, 이러한 대사업을 경륜하면서 재정적 기초가 빈약하였고, 둘째로는 확정한 표준말과 동일된 맞춤법이 없었다. 그래서 재정적으로는 사회 특지 여러분의 원조를 바랄 수밖에 없었고 표준말과 맞춤법에 관한 일은 조선어학회에서 하기로 하였다.

이리하여 4266년 한글날에 이르러 조선어학회에서는 우선 만난을 무릅쓰고 한글맞춤법통일안을 제정 발표하였다. 그러나 시대와 환경은 해가 갈수록 우리에게 각일각(刻一刻)으로 조급한 느낌을 주게 되매, 사전편찬회와 조선어학회의 힘을 한곳으로 모을 수밖에 없어 4269년 3월에 편찬회는 그 업무 전부를 조선어학회에 넘길 수밖에 없게 되었다.

이에 조선어학회는 이 업무를 전적으로 넘겨맡아 그해 4월 1일부터 새로운 진용으로 다섯분의 편찬위원을 두어 사전의 일을 맡게 하였으니, 이것이 조선어학회로서의 직접 이 "큰사전"을 짓기 시작한 첫 출발이었다. 물론 조선어학회인들 무슨 이렇다 할 성산이 있어서가 아니라 애틋한 마음과 뜨거운 정성으로 우선 목숨보전이나 하려는 비장한 결의에서였다.

그래서 갖은 고난을 거듭하면서 그해 한글날에는 과거 이래 동안 심사하여 오던 "사정한 조선어 표준말 모음"을 결정 발표하고 4271년 가을에는 과거 십년 동안 조사 심리하여 오던 "외래어표기법통일안"을 작성하여 4273년 6월에 결정 발표하였으니 이로써 사전편찬의 기초공사가 대략 정리를 보았다.

그리하여 4272년 여름부터는 사전원고 전체의 체계적 정리를 급히 하여, 4273년 3월에는 비로소 당시의 어렵고 어려운 소위 "출판허가"라는 난관을 일부분 통과하게 되었으니 그동안의 고심 참담은 실로 형언하기 어려운 바 많았다. 휘황한 전등 불빛이 낮과 같은 대도시 서울의 한복판에서 다만 조선어사전 편찬실만이 침침칠야에 잠기어 희미한 불빛으로 까물거리기를 몇해나 하였으며 석탄의 연기가 천공을 가리는 장안에서 오직 사전 편찬실만이 식은 난로로 엄동을 지내기 한두번이 아니었으나 시들어가는 배달겨레의 얼을 불러일으키기 위하여 찬연한 민족문화의 유지 발전을 위하는 단심으로 온갖 어려움을 참고 견디었으며 고달픈 살림살이 가운데도 언제나 웃음소리가 들리었던 것이다.

간난과 신고는 이것뿐이 아니었다. 왜정의 탄압은 날이 갈수록 심하여서 나중에는 조선 말과 글을 없애려고 갖은 애를 썼으며 무서운 탄압이 내리기 시작하였다. 그러므로 하루 바삐 조선말사전을 내놓고야 말겠다는 조급한 생각으로 4274년 봄에 사전원고의 일부를 대동 인쇄소에 넘기어 모든 설비를 갖추어가지고 백여 페이지의 조판교정까지 되었을 때에 조선어학회에는 악마의 손이 뻗혀 4275년 10월에 간부 및 편찬원 전부와 회원 및 관계자 대부분의 33인이 함경남도 홍원경찰서로 잡혀가게 되었으니 이에 조선어학회의 회관은 폐허와 같이 쓸쓸한 빈집이 되고 말았다.

사람이 검거되매, 모든 문서와 사전원고까지도 증거물로 사람과 함께 홍원으로 가져가게 되었으며 다시 사건과 함께 사람들이 함흥형무소로 넘어가 뒤 동지 두분은 드디어 옥중의 원혼이 되고 말았으며, 남아 있는 사람들도 또한 언제 어떻게 될는지 누가 예측하였으랴? 그러는 동안 왜정의 법정에서 재판을 받은 열두 사람 가운데 최후까지 남아 있던 분들이 제 일심의 판결을 불복하고 상고하게 되었으므로 증거물로 압수되었던 사전 원고를 서울로 보내게 되었던바 며칠이 못되어 4278년 8월 15일은 왔다.

온 민족이 해방되자 갇혔던 사람들은 함흥으로부터 서울로 돌아왔으나 사전원고의 간 곳은 알지 못하였다. 비단 조선어학회의 동지들뿐만 아니라 온 사회인사들이 염려와 수심을 금하지 못하였다. 그래서 뜻있는 인사의 협력을 얻어 그해 9월 8일 서울정거장 창고에서 사전 원고를 찾게 되었으니 이십년 동안 쌓고 쌓은 공이 헛되이 돌아가지 않았음은 하늘의 도움이 아니고 무엇이랴!

이날 원고가 든 상자의 뚜껑을 여는 이의 손은 떨리었으며, 원고를 손에 든 이의 눈에는 더운 눈물이 어리었다. 해방된 기쁨을 안고 모여든 사전편찬원들은 해방조선에 이바지하고자 수정과 보유의 붓을 들게 되어 거의 완성에 이르렀으나 언제나 가난한 조선어학회에서는 재정의 곤란으로 예정보다 늦어 이제야 겨우 그 첫째권을 찍어내게 되었다.

이제 옛일을 돌아보건대, 이 사전을 편찬하는 동안에 직접으로 간접으로 혹은 정신적으로, 혹은 물질적으로, 혹은 유형하게, 혹은 무형하게, 여러가지 각도로 이 사업의 달성을 위하여 힘써온 인사들이 얼마나 많은지 실로 이루 헤아릴 수 없다. 사전편찬회 발기인 여러분을 비롯하여, 어휘의 재료수집, 편찬사무의 직접 집필, 편찬진행의 사무적 협력, 맞춤법 제정, 표준말사정, 전문어 주석, 방언채집, 재정적 후원, 언론적 성원 및 인쇄교정에 이르기까지의 직접 관계자 여러분의 힘과, 또한 요즈음의 여러가지 난관을 불구하고 이 책의 출판을 맡아준 을유문화사의 특지와 짧은 시일에 최대의 능력을 기울여 준 협진인쇄공사 여러분의 성의가 모두 한데 뭉치고, 널리는 우리 사회 전체의 민족적 성원과 편달에 의하여서 이 책이 이루어진 것임을 생각하매, 실로 무한한 감사와 함께, 도리어 이 책의 너무나 불완전함에 대하여 송축함을 금할 수 없다. 앞으로 더욱 많은 편달과 성원이 있기를 아울러 바라는 바이다.

기원 4280년 한글날

조선어학회

부록6 『겨레말큰사전』 공동편찬요강(남북공동편찬사업회, 2005)

1. 사전의 성격

① 『겨레말큰사전』은 우리 겨레가 오랜 기간에 걸쳐 창조하고 발전시켜 온 민족어 유산을 조사·발굴하여 총 집대성한 사전이다.

② 『겨레말큰사전』은 사전편찬에서 제기되는 여러가지 문제들을 남과 북이 공동으로 합의·해결한 통일지향적인 사전이다.

③ 『겨레말큰사전』은 수집한 어휘자료 가운데서 남과 북이 공통으로 쓰는 것은 우선 올리고 차이 나는 것은 남과 북이 있는 힘껏 합의하여 단일화한 약 30만개의 올림말을 가진 대사전이다.

④ 『겨레말큰사전』은 정보화시대의 요구에 맞게 전자사전을 동시에 발행할 수 있도록 여러가지 언어정보를 주는 현대사전이다.

2. 사전의 편찬원칙

① 6.15 '남북공동선언' 정신에 맞게 민족공조의 원칙에서 모든 문제를 풀어나간다.

② 남과 북의 언어적 차이를 한꺼번에 다 없앨 수 없는 조건에서 단계를 설정해놓고 하나하나 해결해나가는 방법으로 사전을 완성하되 이를 지속적으로 보충하도록 한다.

③ 남과 북의 언어적 차이를 줄이며 우리말의 민족적 특성을 높이 발양시키는 방향에서 사전을 편찬하기 위하여 부문별 작업 요강 3~5개를 만들어 사전편찬 작업의 공통된 지침서로 삼는다. 작업요강은 '원고집필 요강' '언어규범 단일화 요강' '어휘조사 요강' '남북 국어사전 비교 요강' '사전자료 정보화 요강' 등이다.

234

3. 사전의 올림말과 뜻풀이

ㄱ. 사전의 올림말

① 20세기로부터 오늘에 이르기까지 우리 민족이 쓰고 있거나 썼던 말 중에서 올림말로 올릴 가치가 있는 어휘를 수록한다.

② 기존 사전(『조선말대사전』과 『표준국어대사전』)에 있는 올림말에서 『겨레말큰사전』에 올릴 어휘를 우선 합의·확정한다.

③ 방언, 민속어휘, 동식물 이명, 직업어휘, 문학작품에서 뽑은 말, 새말 등 광범한 분야의 문헌 자료와 생산 현장에서 어휘조사 사업을 진행하여 민족 고유의 어휘표현을 많이 올리도록 한다.

④ 현시대 과학 기술 발전의 요구에 맞게 전문용어를 어느정도 올리되 일상생활에서 널리 쓰이는 말을 영역별로 선별한다.

ㄴ. 사전의 뜻풀이

① 언어학적인 뜻풀이 방식을 기본으로 하며 전문 용어를 비롯한 일부 올림말에 대해서는 백과사전적인 뜻풀이 방식을 적용한다.

② 뜻풀이 문장 구성에서는 어떤 격식에 얽매이지 않으며 보다 친절하고 알기 쉬운 방식으로 서술하도록 한다.

③ 될 수 있는 한 단어의 밑뜻이나 어원 및 유래를 밝히기 위하여 노력한다.

④ 올림말에서 발음, 원어, 문법 정보, 뜻풀이, 용례, 관련어 등의 폭넓은 정보를 주되 남과 북이 합의하여 처리한다.

4. 작업 방식과 사전의 완성 형식

① 남과 북의 공동편찬위원회는 각기 자기 산하에 3~5개의 작업조를 구성하여 사전편찬사업을 밀고 나간다.

② 공동편찬위원회는 사전편찬 요강과 작업요강들의 심의, 사전 초고 심사 검토, 사전편찬과 관련한 국제토론회 조직, 매개 작업조에서 제기된 학술적인 문제들을 심의·결정하며, 작업조에서는 작업요강 작성과 자료조사, 초고 집필 등 사전편찬작업을 직접 집행한다.

③ 남은 『표준국어대사전』, 북은 『조선말대사전』을 모체로 제각기 올림말 선정과 뜻풀이 작업, 새말 보충작업을 진행한다.

④ 언어규범의 남북단일화 문제와 사전원고 집필에서 생기는 언어학적인 문제는 양측 부문별 작업조 (언어규범 단일화조, 원고 집필조)들이 편찬위원회 모임과는 따로 지속적인 협의를 거쳐 완성하는 방법으로 진행할 수 있다.

⑤ 남과 북에서 제각기 만든 『겨레말큰사전』의 원고를 합쳐 완성할 때에는 몇개 부분으로 나누어 집중적으로 진행하며 단계적으로 편찬위원회의 심사를 받아 편집·완성한다.

⑥ 완성된 원고는 남과 북의 합의 아래에서만 출판할 수 있으며 합의된 원고는 표현 하나도 자의로 고칠 수 없다.

2005년 7월 10일

『겨레말큰사전』 남북공동편찬위원회

평양

우리 사회의 갈등 중에는 애당초 대립점을 잘못 잡아서 서로가 자기 주장
만 되풀이해대는 경우가 많다. '한글전용 대 한자교육'의 다툼도 그중에 하
나가 아닐까 한다.

한글전용론은 문자생활의 규범에 관한 주장이요 한자교육론은 교육의 내
용에 관한 주장이다. 논리적으로 별개의 범주에 속하기 때문에 생산적인 논
쟁이 처음부터 어렵게 되어 있는 것이다.

물론 현실적으로는 충돌할 이유가 충분하다. 한자교육을 가장 효과적으로
보급하는 방법은 한자를 혼용해서 친숙하게 만들 뿐 아니라 한자를 안 배우
고는 문자생활을 제대로 못하도록 강제하는 길이다. 마찬가지로 한자교육을
아예 안 해버리면 사람들이 좋든 싫든 한글전용을 할 수밖에 없게 된다. 그러
나 둘다 편의 위주의 접근이지 진지하게 대화하려는 자세가 아니다.

나는 한자교육이 초등학교 때부터 상당히 폭넓고 지속적으로 시행되어야
한다는 생각이지만, 그 수단으로 한자를 본문에 노출시켜 쓰자는 혼용론은
반대한다. 이유는 여러가지가 있지만 그중 둘만 짚어보겠다.

첫째로 한자를 모르는 사람에게 너무 큰 불이익을 주는 차별행위가 된다
는 점이다. 한자말의 뜻을 모르는 사람도 소리 내서 읽을 수는 있어야 하고
국어사전에서 들춰볼 수 있는 권리를 지녀야 하지 않는가. 한글은 '우리 것'
이니까 한글만 써야 한다는 민족주의적 논리도 있지만 내가 보기에 정말 중
요한 것은 한글만 깨치면 누구나 최소한의 문자생활에 참여할 수 있어야 한
다는 민주주의적 논리다.

둘째로 한자를 굳이 '남의 것'이라고 배척하지 않더라도 한국어에서 한자
말의 비중을 줄여 나가는 것은 중요한 과제인데, '혼용'은 이에 역행하는 조

치다. 한자의 조어(造語) 능력이 탁월한 것은 사실이다. 그러나 토박이말을 밀어낼뿐더러 비슷비슷한 소리가 나는 짧은 단어를 너무 많이 만들어서 한국어의 변별력을 감퇴시키는 부작용이 크다. 이 부작용을 지식인의 문자생활에서는 한자혼용이 해결할 수 있지만, 모두가 함께 쓰는 입말에서 한국어가 알아듣기 힘들고 생소한 낱말투성이의 언어가 되는 사태를 막아주지는 못한다. 결과적으로 영어 등 변별이 잘 되는 외국어의 범람에 일조하기까지 하는 것이다.

그런데 위에 말한 두가지 모두가 한자교육을 더 많이 해야 하는 이유와도 통한다(한자교육의 필요성 역시 이들 두가지밖에 없다는 건 아니다).

첫째 한자교육을 못 받은 사람이 한국어를 제대로 이해하기 힘들다는 사실은 곧 언어생활상의 민주적 평등권 차원에서도 광범위한 한자교육이 필요함을 말해준다. 실제로 한자교육에 부정적이고 최소한의 한자를 괄호 속에 써넣는 것조차 반대하는 사람이 정작 자신은 한글을 한자로 변환할 줄 알기 때문에 한자를 못 배운 사람들의 헛갈리고 답답한 사정을 몰라주는 경우가 흔하다.

둘째 한자말에 대한 의존을 줄이고 한국어의 표현력과 소통능력을 키워나가기 위해서도 사람들이 한자를 잘 알아야 한다. 한국어와 한문을 두루 연구한 전문가들의 공헌도 물론 중요하지만 한국어를 일상적으로 사용하는 모든 사람의 의식적·무의식적 협동 또한 필수적인 것이다.

이렇게 보면 '한글전용 대 한자교육'으로 갈라져서 싸울 이유가 없음이 분명해진다. 오히려 두개의 논쟁이 따로 있고 그 해답은 비교적 쉽다고 봐야 한다. 즉 한자교육이 필요하냐 안 필요하냐는 논쟁과, 한자를 노출시키는 것을 국가의 공식 방침으로 삼을 거냐 말 거냐는 논쟁인데, 여기서 한자교육은 필요하고 노출은 곤란하다는 결론을 내기는 그다지 어렵지 않다.

물론 한자를 괄호 속에 쓰는 것조차 배제할 건가 하는 전용론 내부의 논쟁이 남는다. 그러나 민주주의를 중시하는 한글전용론이라면 독자에게 필요한 정보를 추가해서 제공하는 것마저 막을 까닭이 없다. 그리고 국가주의와 민족주의의 획일화 압력을 경계한다면 공문서나 교과서가 아닌 여타 기록물에서 한자와 외국어를 내놓고 섞어쓰건 반대로 한글 아닌 것은 아라비아 숫자마저 한글로 바꿔쓰건 각 개인의 선택과 사회의 자체조절기능에 맡겨야 할 것이다.

—『중앙일보』2004. 10. 13.

부록8 이딸리아는 어디에 있는 나라인가(염종선, 2011)
— 정부의 외래어표기법과 창비의 외래어표기법

창비 트위터나 페이스북에는 외래어표기법에 대한 질문이나 항의성 글들이 종종 올라온다. 창비는 왜 '이탈리아' '톨스토이' 같은 단어를 '이딸리아' '똘스또이'라고 쓰느냐, 그럼 '오렌지'가 아니라 '어륀지'라고 써야 한다는 말이냐, 외래어표기법은 사회적 약속인데 맘에 안 들더라도 정해진 규범을 준수해야 하지 않느냐 등의 글이다. 창비는 (몇년 전 발간을 시작한 교과서나 교과연계 도서를 제외하고는) 수십년 동안 '독특한' 외래어표기법을 사용해왔고, 비판과 지지의 엇갈린 반응을 얻곤 했다.

정부가 고시한 외래어표기법에서는 인정하지 않는 경음(된소리)을 사용하는 것이 원음(原音)을 중시하는 창비 외래어표기법의 가장 두드러진 특징이다. 그 대표적인 예가 '빠리'인데, 눈 밝은 독자라면 창비에서 나온 홍세화의 저서 이름이 '나는 파리의 택시운전사'가 아니라 '나는 빠리의 택시운전사'라는 것을 알고 있을 것이다. 이 책의 저자가 주창하는 관용의 정신도 '똘레랑스'가 아니라 '똘레랑스'라고 표기되어 있다.

1986년에 제정되어 현재 통용중인 정부 고시 외래어표기법에는 "파열음 표기에는 된소리를 쓰지 않는 것을 원칙으로 한다"는 조항이 있다. 따라서 [p] [t] [k]라는 음가는 어느 언어이든 개의치 않고 ㅍ, ㄷ, ㅋ로 적어준다. 우리에게 가장 영향력있는 언어인 영어의 표기에서는 별 문제가 없다. 영어에서 [p] [t] [k]는 거의 대부분의 경우에 우리말 격음(거센소리) [ㅍ] [ㅌ] [ㅋ]로 발음되기 때문이다. 펜(pen), 팁(tip), 킹(king)으로 적어주면 된다. 영어와 같은 게르만어 계통인 독일어도 그렇다. 그런데 프랑스어, 이딸리아어, 에스빠냐어 등 로망스어 계열과 러시아어 등 슬라브어 계열의 언어에서 [p] [t] [k]는 격음이 아니라 경음 [ㅃ] [ㄸ] [ㄲ]에 가깝게 소리난다. 여기서부터 문제가 발생한다. 정부의 표기법에 따른 톨레랑스(tolérance), 이탈리아(Italia), 투르게네프(Turgenev)가 아니라 똘레랑스, 이딸리아, 뚜르게네프가 원음에 가까운 표기이기 때문이다.

우리말 자음에 ㅍ, ㅌ, ㅋ만 있고 ㅃ, ㄸ, ㄲ가 없다면 모르되, 엄연히 존재하는 이들 경음을 인정하지 않고 표기에서 원천 배제하는 것은, 마치 걸리적거린다고 다섯 손가락 중에서 네 손가락만 쓰는 것과도 같다. 더구나 그것은 다분히 영어중심적인 발상이다. 영미인들은 프랑스나 러시아 등 외국에서 들어온 단어에 나오는 [p] [t] [k]를 (우리식으로 표현하자면) [ㅍ] [ㅌ] [ㅋ]로 읽어주면 그만이다. 영어에는 [ㅃ] [ㄸ] [ㄲ]에 해당하는 발음이 없기 때문에 어쩔 수 없는 점도 있다. 그런데 우리가 프랑스나 러시아 등에서 들어온 말을 굳이 영어식 발음으로 읽을 이유가 없지 않은가. 과거에는 대개의 문헌이나 정보, 각종 용어와 고유명사가 영미권을 통해 들어왔지만, 지금은 하루에도 수천, 수만명씩 전세계 곳곳으로 여행과 비즈니스, 학술회의를 하러 다니는 세상이 아닌가. 굳이 영어라는 깔때기를 고집할 이유가 없는 것이다.

사실 원음을 존중해야 한다는 의식이 발전하기는 했다. 과거에는 전부 영어식 또는 우리말 한자어 발음대로 읽어주던 것들도 이제는 현지어 발음을 따르는 경우가 늘었다. 옛날에는 '베니스'(Venice)란 영어식 표현 일색이었다가 요즘에는 '베네찌아'(Venezia)란 현지어가 힘을 얻고 있다. '플랜더스'(Flanders)와 '플랑드르'(Flandre), '비엔나'(Vienna)와 '빈'(Wien)도 마찬가지 경우이고, 지금은 '무라까미 하루끼'(村上春樹)를 '촌상춘수'라고 읽는 사람은 없다. 그러나 유럽어의 경우, 발음 표기만은 아직 영미식을 버리지 못하고 있는 것이다. 경음을 배제했기 때문이다.

결정적인 계기가 한번 있기는 했다. 2004년 정부의 외래어표기법에 타이(태국)어 표기가 추가로 제정되면서 마침내 부분적으로 파열음의 경음 표기가 허용되었다. 타이어에서는 우리말처럼 평음(예사소리)-격음-경음의 3항 대립구도가 있어, 그간 허용하지 않던 경음표기를 하지 않으면 안되게 된 것이다. 밧(baht)-푸껫(Phuket)-빡남(Paknam)의 예처럼 평음(ㅂ)과 격음(ㅍ) 외에 드디어 경음(ㅃ)이 시민권을 얻은 것이다. 그런데 추측건대 그보다 10년쯤 전에 타이어 표기법을 만들었다면 각각은 밧, 푸켓, 팍남 혹은 바트, 푸케트, 파크남 정도로 정해졌을 것이다. 외래어표기법의 '파열음에 된소리를 쓰지 않는다'는 조항이 워낙 완강했기 때문이다.

여하튼 늦게나마 표기가 현실화되어 경음이 도입된 것은 환영할 만한 일이었다. 모르긴 해도 1990년대 중반부터 불기 시작한 타이 푸껫섬으로의 한국인 신혼여행 붐이 한몫을 했을 것이다. 직접 현지인의 발음을 들어보니 그곳의 지명을 그곳의 발음대로가 아니라 영어식으로 읽고 쓰는 기존의 표기 정책이 이상하게 여겨졌을 테고, 그래서 결국 새로운 표기법이 만들어졌을 것이다. 하지만 결정적으로 아쉬운 점은 이를 계기로 프랑스어, 이딸리아어, 에스빠냐어, 러시아어 등에서도 경음을 도입했다면 외래어표기법 전반이 개선됐을 텐데 이런 기회를 놓쳤다는 것이다.

원음에 가깝게 표기하는 것이 왜 그리 중요한가. 외래어란 외국에서 들어와 굳어져버린 우리말이므로 우리식대로, 우리 어법에 맞게쓰면 되지, ㄲ이나 ㅋ이냐가 뭐 그리 중요하단 말인가라고 생각할 수도 있다. 물론 창비도 우리말로 굳어져버린 외래어의 경우 관례를 존중한다. 그러나 아직 관용화가 안 되어 원음에 가깝게 쓰지 않으면 식별이 어려운 '외래어'나 외래어가 아닌 '외국어'를 표기할 경우에 창비식 표기법은 더욱 긴요해진다.

이런 비유도 들 수 있다. 원주율을 의미하는 파이(π)의 값은 3.14159265 3589793238…이다. 그런데 우리 일상에서는 이 계속되는 무리수를 전부 적어줄 수 없기 때문에 π=3.14라고 근삿값으로 정의한다. 외래어표기도 이런 점이 있다. 일상에서 쓰기 쉽게 근삿값을 정의하되, 그것은 원래의 값을 기준으로, 원래의 값을 부단히 의식한 가운데 나온 것이어야 하는 것이다. 한글은 외국어 원음에 아주 가까이 표기할 수 있는 능력이 있으며, 지금은 사라져버린 자모까지 복원한다면 원음 모사 가능성은 몇배로 확장될 수 있다. 그러나 그렇다고 해서 외국어를 100퍼센트 똑같이 모사할 수 있는 것은 아니며, 또 그게 가능하다고 해도 하나하나의 단어를 매우 정밀하게 표현하기 위해 없어진 자모를 부활시키거나 엄청나게 복잡한 규정을 만들어가면서까지 할 일은 아니다. 그런 점에서 '오렌지'가 아니라 '어륀지'라고 하는 것은 과잉이다. 그런데 우리말이 지닌 가능성을 십분 살려 외국어를 원음에 가깝게 드러내면서 우리말 규범에도 맞게 표기해주는 일은 얼마든지 가능하다. 그것이 이를테면 표기에서 3.14의 지점을 찾는 일이다.

외래어를 적을 때 경음을 사용하지 않는다는 현재의 정부 표기법 조항은 π=3이라고 하면 되지 뭐하러 소수점 아래 두 자리까지 적느냐고 하는 것과 비슷하다. 편의를 빙자해 '자연수 이외는 사용하지 않는다'라는 행정적 규제를 만드는 일이다. '현지인이 '이딸리아'라고 발음하는데 그것을 '이탈리아'로 적어야 한다고 고집하는 것은 '바람 풍'은 틀리고 '바담 풍'이 맞다고 우기는 것과 다르지 않다. '이딸리아'는 뒤늦게 나타난 어떤 새로운 나라가 아니라, 그곳에 사는 사람들이 늘 그렇게 부르며 살아왔던, 바로 그 나라인 것이다.

외래어에서 경음 표기를 하려면 일일이 국적을 알아야 하는데 그게 어렵다는 의견도 있다. 그러나 정부의 표기법에서도 동일한 Paul이라도 영국인 Paul은 폴(폴 매카트니)로, 독일인 Paul은 파울(파울 첼란)로 국적에 따라 달리 적어주도록 되어 있다. 그곳 사람들이 그렇게 부르기 때문이다. 더구나 지금은 '정부·언론 외래어심의 공동위원회'가 두달마다 열려 새로운 인명·지명 등의 외래어표기를 논의해서 정하고 있다. 그렇다. 바로 그런 것이 정부가 해야 할 일이다. 원칙을 정하고 경음의 용례를 축적해주는 것은 이런 전문위원회의 활동에 포함시키면 될 일이다. 그러면 일개 출판사의 편집자들이 참고할 바 없는 외로운 작업을 하느라 교정지 앞에서 머리를 쥐어뜯을 일도 없을 것이다.

창비의 표기법을 두고, 이미 정해진 사회적 약속, 더 구체적으로는 정부의 표기규범을 준수하지 않는 것은 문제라고 생각할지도 모른다. 그러나 법과 규정은 시대에 따라 변하는 것이다. 창비식 표기법 또한 관용화의 진전에 따라 부분적으로 수정되곤 한다. 시대와 맞지 않는 호적법이 폐기되고 간통죄가 흔들리는 것처럼, '사장면'에 의해 추방당했던 '짜장면'이 귀환한 것처럼, 외래어표기법도 시대에 따라 변할 수 있는 것이다. 남북한 간의 표기 규범과 형태의 통일이라는 과제도 우리 앞에 있다. 그것은 우리 모두가 딛고 있는 토대가 돌이킬 수 없도록 딱딱하게 굳어진 것이 아니라 변화의 유동성 속에 열려 있음을 말해준다. 우리가 원하는 것은 법을 어기는 것이 아니라 더 합당한 법을 만드는 데 이바지하는 것이다.

—『창작과비평』 2011년 겨울호 494~98면.

부록9 인용문 현대어 풀이

49면~50면

① 죽산안씨가 아들 정철과 정황에게 보낸 편지

아기네 앞 답하여 올리는 편지 나는 의심 없이 잘 있습니다. 형제분도 잘 계십시오. 날이 많이 험하니 더욱 걱정하고 걱정합니다. 이 심한 더위에 조심 들 하십시오. 우리 큰집도 모두 무사히 있습니다. 돼지 큰 머리도 두곳에서 부조로 주려 하신다 합니다. 사지 말라고 자연스레 이렇게 되었습니다.

어미 안 1571년 6월 28일.

② 효종이 딸 숙명공주에게 보낸 편지

너는 시댁에 가 (웃어른께 정성을) 바친다고는 하지마는 어찌하여 고양이 는 품고 있느냐? 행여 감기나 걸렸으면 약이나 하여 먹어라.

51면~52면

우리 신문이 한문을 쓰지 않고 한글만 쓰는 것은 상하 귀천이 다 보게 하기 위함이다. 또 한글을 이렇게 띄어쓰기를 한 것은 아무라도 쉽게 신문의 글을 자세히 알아보게 하기 위함이다. 각국에서는 사람들이 남녀를 무론하고 자 기 나라의 언어를 먼저 배운 후에야 외국어를 배우는데 조선에서는 한글은 배우지 않고 한문만 공부하는 까닭에 한글을 잘 아는 사람이 드물다. 한글과 한문을 비교해 볼 때 한글의 우수한 점은 첫째 배우기 쉬운 글이며, 둘째 이 글이 조선의 글이므로 상하 귀천이 모두 보고 알아보기가 쉽기 때문이다. 그 럼에도 한문만 쓰면서 한글은 폐한 까닭에 한글로 쓴 것은 조선 인민이 오히 려 잘 알아보지 못하고 한문을 잘 알아보니 얼마나 한심한 일인가.

— 1896년 4월 7일자 『독립신문』 창간 논설 일부.

그리고 대황제 폐하께서 갑오년(1894) 중흥(中興)의 기회를 맞아 자주독립의 기초를 확정하시고 새로이 경장(更張)하는 정령(政令)을 반포하실 때에 특히 한문과 한글을 같이 사용하여 공사 문서(公私文書)를 국한문으로 섞어 쓰라는 칙교(勅敎)를 내리셨다. 모든 관리가 이를 받들어 근래에 관보와 각 부군(府郡)의 훈령, 지령과 각군(各郡)의 청원서, 보고서가 국한문으로 쓰였다. 이제 본사에서도 신문을 확장하려는 때를 맞아 국한문을 함께 쓰는 것은, 무엇보다도 대황제 폐하의 성칙(聖勅)을 따르기 위해서이며, 또한 옛글과 현재의 글을 함께 전하고 많은 사람들에 읽히기 위함이다.

— 1898년 9월 5일자 『황성신문』 창간사 일부.

59면~60면

경성학교 영어 교사 이형식은 오후 두시 사년급 영어시간을 마치고 내려쪼이는 유월 볕에 땀을 흘리면서 안동 김장로의 집으로 간다. 김장로의 딸 선형이가 올해 미국 유학을 가기 위하여 영어를 준비할 차로 이형식을 매일 한 시간씩 가정교사로 고빙하여 오늘 오후 세시부터 수업을 시작하게 되었음이라.

— 이광수 「무정」, 1917년 1월 1일자 『매일신보』

십이월을 잡은 어떤 눈이 몹시 오는 날, 성재는 인력거를 타고 집에 돌아왔다. 사람 많이 왕래하지 않는 계동 골목에는 오직 성재의 타고 온 인력거 자리뿐이었다. 광명등에 여기저기 불이 반짝반짝 켜질 때에 성재는 기운 없이 인력거에서 내려서 좁고 낮은 대문을 들어서며, "성순아!" 하고 불렀다.

─ 이광수 「개척자」, 1917년 12월 14일자 『매일신보』

83면

문체는 꼭 우리말로 써주셔야 되겠습니다. 비록 국한문을 섞어쓴다 할지라도 한문에 조선말로 토를 다는 식을 취하지 말고 순연한 우리말로써 쓰는 것이 좋겠습니다. 예를 들어 말하면 「一葉落而天下知秋」라 하면 「一葉이 落하야 天下가 秋됨을 知한다」함과 같이 쓰지 말고 「한 잎이 떨어짐을 보니 天下가 가을됨을 알겠다」라고 씀과 같습니다.

─「투고하시는 이에게」, 『개벽』 16호, 개벽사 1921, 146면.

86면

옥련의 모친은 눈에 애교가 있더라. 정상부인에 눈에 살기만 들었더라. 옥련의 모친은 얼굴이 희고 도화색을 띠었더니 정상부인의 얼굴이 희기는 하나 청기가 돈다.

─ 이인직 「혈의 누」, 이용남 『신소설 바로읽기』, 국학자료원 2001, 256면.

그해 가을에 거기서 십여리 되는 어느 부잣집에 강도가 들어 주인의 옆구리를 칼로 찌르고 현금 오백여원을 늑탈한 사건이 일어났다. 그 강도는 박진사집 사랑에 있는 홍모라, 자기의 은인인 박진사의 곤고함을 보다 못하여, 처음에는 좀 위협이나 하고 돈을 떼어 올 차로 갔더니 하도 주인이 무례하고 또 헌병대에 고소하겠노라 하기로 죽이고 왔노라 하고 돈 오백원을 내어놓느

다. 박진사는 깜짝 놀라며,

"이 사람아, 왜 이러한 일을 하였는가. 부지런히 일하는 자에게 하늘이 먹고 입을 것을 주나니…… 아아, 왜 이러한 일을 하였는가" 하고 돈을 도로 가지고 가서 즉시 사죄를 하고 오라 하였더니, 중도에서 포박을 당하고 강도, 살인, 교사 급 공범 혐의로 박진사의 삼부자는 그날 아침으로 포박을 당하였다.

— 이광수 「무정」, 1917년 1월 9일자 『매일신보』

87면〜88면

근래 조선어를 연구하자는 소리가 사면에서 들린다. 그러나 그 연구라는 것은 다 감정적이오, 학술적이지 않다.

—『조선어연구의 실제』 권5:45, 1926.

이는 참으로 문학사의 진상을 탐구하기 가한 재료라 할 만하다 〔…〕 수효가 삼십여편에 이른다. 〔…〕 향가를 다시 말하면 향토의 노래라 했다.

—『여조시대의 가요』 권4:280, 1927.

김두봉金枓奉, 1889~미상 한글학자, 독립운동가. 최남선이 주재하던 조선광문회에 참여하여 소년잡지 『청춘』의 편집에 참여. 주시경과 함께 『말모이』를 편찬하였고 그의 학설을 이어받아 『조선말본』을 편찬하며 문법연구의 기초를 닦음.

나도향羅稻香, 1902~1926 소설가. 서울 출생. 본명은 나경손, 도향은 호. 배재고등보통학교를 졸업하고 경성의학전문학교에 입학했으나 문학에 뜻을 두어 일본으로 떠남. 귀국 후 보통학교 교사로 근무. 현진건, 이상화 등과 함께 『백조』 동인으로 참여, 창간호에 「젊은이의 시절」을 발표하며 작가 생활을 시작. 「벙어리 삼룡」 「물레방아」 「뽕」 등을 씀.

박승빈朴勝彬, 1880~1943 법률가, 국어연구가. 강원도 철원 출생. 조선변호사협회 대표와 보성전문학교 교장 등으로 활동함. 지석영을 계승해 음소주의 철자법을 정교하게 다듬었으나 1930년대 전개된 조선어학회와의 철자법논쟁에서 설득력을 얻지 못함. 1953년 「한글간소화방안」이 마련될 때 그의 철자법이 재조명을 받음. 조선어연구회를 조직하고 격월간지인 『정음』을 발간했으며 『조선어학』을 씀.

안확安廓, 1886~1964 국학자. 이왕직아악부에서 촉탁으로 일하면서 음악 및 국문학에 관련된 방대한 왕실 소장 자료들을 접함. 서양의 일반언어학적 방법을 바탕으로 실증적·실재적·실용적인 국어 연구를 추구. 「조선어의 가치」 외 음악과 미술사 등 분야를 넘나드는 140여편의 논문을 남겼고 『조선문법』 『조선 문학사』 등의 저서를 씀.

양주동梁柱東, 1903~1977 시인, 국문학자. 경기도 개성 출생. 와세다대학교 영문과 졸업. 신라향가, 고려가요 등을 연구하고 해독하면서 국어학의 제반 문제를 폭넓게 다룸. 조선어학회의 표준어사정위원으로 활동했으며 동국대학교 교수를 역임함. 『조선고가연구』『여요전주』 등을 간행함.

염상섭 廉想涉, 1897~1963 소설가. 서울 출생. 게이오대학교 문학부에서 수학. 오산학교 교사로 재직하다 신문과 잡지 편집인으로 일하며 다수의 평론과 소설을 발표. 초기에는 암울한 분위기의 자연주의적 경향이 짙었으나 뛰어난 현실인식을 바탕으로 식민지 현실을 고발하는 작품을 씀. 주요 작품으로 「표본실의 청개구리」「만세전」「삼대」 등이 있음.

유근 柳瑾, 1861~1921 독립운동가. 경기도 용인 출생. 독립협회에서 활동했고 남궁억, 장지연 등과 『황성신문』을 창간해 주필 및 논설위원을 맡음. 『동아일보』 창간에 참여했으며 1962년 건국훈장 독립장을 추서받음.

유길준 俞吉濬, 1856~1914 개화파 정치가. 근대적 의미의 문법을 최초로 체계화한 인물. 1909년 최초의 국어문법서라 할 수 있는 『대한문전』을 집필함. 우리말의 특수성을 강조하는 등 어문민족주의적 성향을 띠었으며 문법 기술의 궁극적 목적을 실용에서 찾음. 근대적 국한문체의 효시인 『서유견문』을 씀.

이기문 李基文, 1930~2020 국어학자. 평안북도 정주 출생. 서울대학교 국어국문학과를 졸업하고 동대학원에서 석사학위와 박사학위를 받음. 서울대학교 국어국문학과 교수와 미국 워싱턴대학교 교환교수, 국어학회 대표이사, 대한민국학술원 회원 등으로 활동. 주로 국어의 역사연구에 힘을 쏟았으며 『국어사개설』『속담사전』 등의 저서를 남김.

이능화 李能和, 1869~1943 사학자. 충청도 괴산 출생. 영어, 프랑스어 등 외국어에 능통하였으며 한성법어학교의 교장으로 재직함. 1907년 7월에는 국문연구소 위원으로 참여해 국문연구의정안 보고서를 작성함. 『조선불교통사』

『조선여속고』『조선무속고』 등의 저서를 남김.

이윤재 李允宰, 1888~1943 국어학자이자 교육자, 독립운동가. 경상남도 김해 출생. 교사로 재직하며 국어를 가르치면서 구국을 위한 교육계몽운동에 힘씀. 조선어사전편찬회 편찬위원으로 활동했으며 조선어학회 기관지인『한글』의 편집 및 발행 책임을 맡음. 한글보급과 우리말사전 편찬에 주력하다가 조선어학회 사건으로 체포되어 함흥형무소 복역 중 순국. 유고로『표준한글사전』이 간행됨.

이태준 李泰俊, 1904~미상 소설가. 강원도 철원 출생.『조선중앙일보』에서 기자 생활을 했고 이화여자전문학교에서 강의함. 김기림, 이효석, 정지용 등과 구인회를 조직했으며 문학잡지『문장』을 주관. 해방 후 월북. 북조선문학예술총동맹 부위원장 등을 지내다 숙청되었으며 사망 시기는 미상.『달밤』『복덕방』『황진이』등의 소설과 고전적인 글쓰기 교본『문장강화』를 씀.

이희승 李熙昇, 1896~1989 국어학자. 경기도 개풍 출생. 경성제국대학 조선어문학과 졸업. 조선어학회 사건으로 일제 말까지 복역함. 해방 후 조선어학회 이사로 국어재건활동에 앞장섰으나 한자 문제 등으로 조선어학회와 대립해 국어문화보급회 등 별도의 학술단체를 조직해 활동. 서울대학교 국어국문학과 교수를 역임했고 저서로『국어대사전』『국문학연구초』등이 있음.

조윤제 趙潤濟, 1903~1976 국문학자. 경상북도 예천 출생. 경성제국대학 조선어문학과 졸업. 민족사관에 입각해 우리 시가사와 국문학사를 체계적으로 정리. 미군정기 한글학회의 '우리말도로찾기'에 반대해 한자혼용론을 펼침. 서울대학교 교수 등을 역임.『조선시가사강』『국문학사』등을 씀.

주시경 周時經, 1876~1914 국어학자. 배재학당에서 수학함.『독립신문』교정업

무를 하며 표기법 원칙의 확립을 위한 연구를 시작했고, 국문연구소의 연구위원으로 참여하여『국문연구의정안』의 완성에 주도적인 역할을 함. 민족정신 고양을 위해 국어운동을 활발히 전개하며 조선어강습원을 열어 최현배, 김두봉 등 후진양성에 힘씀. 최초의 국어사전인『말모이』를 편찬하였고,『국어문법』『말의 소리』등 국어학의 발전에 기틀이 된 많은 저서를 남김.

지석영池錫永, 1855~1935 국어학자. 한의학자. 서울 출생. 근대의학의 도입에 힘쓴 종두법 시행의 선구자이며 독립협회의 주요 회원으로 활약함. 외국의 도서를 국문으로 번역해 소개하는 과정에서 한글의 중요성을 자각함. 국문개혁안인『신정국문』을 제안하고 국문연구회를 조직, 국문개혁과 관련한 연구에 힘썼고 국문연구소 위원으로 활동하며 음소주의 표기법을 주장함.

최남선崔南善, 1890~1957 소설가. 언론인. 서울 출생. 조선광문회를 세워 주시경과 함께『말모이』등을 편찬. 주시경 사후 조선언문회의 회장을 맡아 주시경의 유지를 이어나갔으나 1927년 박승빈의 계명구락부에 가담하여 사전편찬사업을 벌이면서 주시경학파와는 다른 길을 걷게 됨.

최현배崔鉉培, 1894~1970 국어학자. 주시경의 국어사상을 국어정책으로 실현한 인물. 조선어강습원에서 주시경의 가르침을 받아 국어학연구를 시작했으며 한글전용과 풀어쓰기를 주장함. 통일된 표기법을 정리한『우리말본』을 펴냈고 조선어학회의『조선말큰사전』작업에 참여. 조선어학회 사건으로 투옥되었다가 해방 후 출옥, 미군정청 문교부 편수국장으로 재직하며 구어재건 정책을 이끎.

홍기문洪起文, 1903~1992 국어학자. 1930년대에 조선어학의 과학화를 주장함.『조선일보』폐간 후 기자직을 잃고 국어학 연구에 전념하여 훈민정음 및 고

어 연구에서 뚜렷한 진전을 이룸. 부친 홍명희를 따라 1948년 입북 후 김일
성종합대학 교수로 재직하며 국어학연구와 문화활동에 주력하여 사회과학
원 훈장을 받음.『조선왕조실록』을 한글 번역함.

현진건 玄鎭健, 1900~1943 소설가. 호는 빙허. 대구 출생. 이상화, 백기만 등과 함
께 동인지『거화』를 발간했고 1936년 일장기말소사건으로 1년간 투옥될 때
까지『동아일보』기자로 활동.『백조』동인으로 활동했으며「빈처」「술 권하
는 사회」「운수 좋은 날」등의 단편과『무영탑』등 장편소설을 씀.

사진 출처

48면　「유중외대소민인등척사윤음」: 한국고문서자료관

54면　『국어문법』육필원고: 한글학회

74면　표준어사정위원회 제2독회 기념사진: 한글학회

　　　　「사정한 조선어 표준말 모음」: 한글학회

76면　조선어강습원 졸업장: 한글학회

82면　『시문독본』초판: 한국학중앙연구원 한국학도서관

　　　　『시문독본』제6판: 한국학중앙연구원 한국학도서관

99면　국어순화운동 추진계획 국무회의 보고서: 국가기록원

144면　『태서신사람요』인지제명표: 한국학중앙연구원 장서각

148면　『동국정운』: 건국대학교 도서관

209면　「훈민정음언해」서문: 『월인석보』권1, 서강대학교 도서관

한국어, 그 파란의 역사와 생명력

초판 1쇄 발행 / 2020년 9월 25일

지은이 / 백낙청 임형택 정승철 최경봉
펴낸이 / 강일우
책임편집 / 김새롬
조판 / 박지현
펴낸곳 / (주)창비
등록 / 1986년 8월 5일 제85호
주소 / 10881 경기도 파주시 회동길 184
전화 / 031-955-3333
팩시밀리 / 영업 031-955-3399 편집 031-955-3400
홈페이지 / www.changbi.com
전자우편 / human@changbi.com

ⓒ 백낙청 임형택 정승철 최경봉 2020
ISBN 978-89-364-8444-6 93710